現代
エキュメニカル
運動史

ジェンダー正義の視点から読み解く

藤原 佐和子

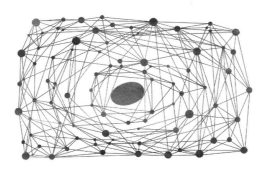

新教出版社

目　次

序　論 ……………………………………………………………………… 9
 1　問題の所在 …………………………………………………………… 10
 2　本書の目的 …………………………………………………………… 12
 3　キリスト教における「ジェンダー正義」……………………………… 14
 4　本書の構成 …………………………………………………………… 21
 5　初出一覧 ……………………………………………………………… 22

第1章　エキュメニカルの冬 …………………………………………… 25

 第1節　「エキュメニカルの冬」とは何か ……………………………… 25
  1-1　いつどのように生まれたか　26
  1-2　どのように広まったか　27
  1-3　なぜ「冬」は到来したのか　28
 第2節　エキュメニカル運動に対する批判 ……………………………… 31
  2-1　伝道の軽視　31
  2-2　世俗的エキュメニズム　32
  2-3　神学的還元主義　34
  2-4　エキュメニカル協議会に対する批判　35
 第3節　これからの運動の方向性 ………………………………………… 37
  3-1　成長モデルの限界　37
  3-2　信徒の参加　39
  3-3　スピリチュアル・エキュメニズム　41
  3-4　「エキュメニカルの冬」の再定義に向けて　42

  コラム①　世界宣教会議（WMC）　44

第2章　信徒の参加 ……………………………………………………… 49

 第1節　信徒の再発見 …………………………………………………… 50
  1-1　信徒の一般的定義　50
  1-2　WCC成立以前の議論　51

1-3　WCC 成立当時の議論　54

　第2節　信徒のミニストリー ……………………………………………… 55
　　2-1　エヴァンストン総会（1954年）　56
　　2-2　信徒部門の設置　58
　　2-3　ニューデリー総会（1961年）　59
　　2-4　信徒をめぐる議論　61
　　2-5　信徒部門の消滅　62

　第3節　インクルーシブコミュニティに向けた信徒の参加 ……… 64
　　3-1　一致と刷新プログラムユニット　64
　　3-2　信徒の新しいプロフィール　67
　　3-3　インクルーシブな教会理解に向けて　69

　　コラム②　国際宣教協議会（IMC）　72

第3章　女性の参加 ……………………………………………………… 77

　第1節　初期の女性指導者たち ………………………………………… 79
　　1-1　ヘンリエッタ・ヴィッサートーフト＝ボダート　80
　　1-2　アムステルダム総会以降　85
　　1-3　トークンウーマン（形だけの女性）への抵抗　89

　第2節　教会における女性と男性のコミュニティ ……………………… 92
　　2-1　1970年代における性差別　92
　　2-2　コミュニティスタディ　93
　　2-3　シェフィールド会議（1981年）　95

　第3節　教会が女性と連帯するエキュメニカルな10年 ……………… 97
　　3-1　「教会女性10年」の目的　97
　　3-2　女性に対する暴力　98
　　3-3　リビング・レターズ　99
　　3-4　ハラレにおけるフェスティバル（1998年）とその後　100
　　3-5　「女性の参加」の神学的根拠　103

　　コラム③　生活と実践（Life and Work）　105

第4章　女性の按手 …… 109

第1節　歴史的経緯 …… 110
- 1-1　ローザンヌからウプサラまで（1927年〜1968年）　110
- 1-2　カルティニーからクリンゲンタールまで（1970年〜1979年）　111
- 1-3　シェフィールドからリマまで（1981年〜1982年）　114

第2節　『女性の按手について』（1964年）…… 114
- 2-1　イニシャル・ステートメント　115
- 2-2　ジュネーヴ会議（1963年）　116
- 2-3　神学者たちからのインプット　118

第3節　カルティニー会議（1970年）…… 118
- 3-1　按手を受けた女性たちの実際的課題　119
- 3-2　「女性の按手」とその先　120
- 3-3　グループ報告　121

第4節　クリンゲンタール会議（1979年）…… 122
- 4-1　諸教会の立場　123
- 4-2　反対論と賛成論　123
- 4-3　半世紀の議論を経て　125

コラム④　信仰と職制（Faith and Order）　127

第5章　ヒューマンセクシュアリティ …… 131

第1節　初期の議論 …… 132
- 1-1　ニューデリー総会期（1961年〜）　132
- 1-2　ウプサラ総会期（1968年〜）　133
- 1-3　ナイロビ総会期（1975年〜）　134
- 1-4　バンクーバー総会期（1983年〜）　135
- 1-5　キャンベラ総会期（1991年〜）　136
- 1-6　ヨハネスブルクにおける中央委員会（1994年）　137

第2節　ランベス会議以後の議論 …… 138
- 2-1　ランベス会議（1998年）　138

2-2　ハラレ総会期（1998年〜）　139
　　　2-3　レファレンスグループ、スタッフグループ　141
　第3節　同性愛者主教按手以後の議論 ………………………………………… 142
　　　3-1　ジーン・ロビンソン主教按手（2003年）　142
　　　3-2　正教会の参加に関する特別委員会　144
　　　3-3　ポルトアレグレ総会期（2006年〜）　145
　　　3-4　釜山総会期（2013年〜）　146
　　　3-5　WCCの限界とこれからの戦略　149

　　　コラム⑤　世界教会協議会（WCC）の成立　151

第6章　ジェンダー正義 ………………………………………………………… 155

　第1節　「ジェンダー正義」とは何か ………………………………………… 156
　　　1-1　国連機関等における「ジェンダー正義」　156
　　　1-2　2000年代の議論　157
　　　1-3　2010年代以降の議論　159
　第2節　「ジェンダー正義」をめぐるエキュメニカルな議論 ……………… 162
　　　2-1　2000年代の議論　162
　　　2-2　2010年代以降の議論　166
　　　2-3　WCC創立70周年における「ジェンダー正義」戦略　173
　第3節　WCC「ジェンダー正義に関する基本原則」（2022年）………… 178
　　　3-1　序文から聖書的・神学的基盤まで　179
　　　3-2　基本原則から結論まで　181
　　　3-3　残された課題──『巡礼路での対話』を手がかりに　184

　　　コラム⑥　ミッシオ・デイ（missio Dei）　188

結　論 …………………………………………………………………………… 191

　1　各章の総括 ………………………………………………………………… 191
　2　カールスルーエ総会における「ジェンダー正義」……………………… 194

3　運動の課題 —— セーファースペース 198
4　研究の課題 —— プロテスタント・エートス 200

参考文献一覧　203

あとがき　217

年　表　222

人名索引　233
項目索引　236

装丁　熊谷博人

序　論

　共同体において信仰を生きることは、宣教に参与する重要な方法である。洗礼を通して、私たちは共にキリストに結ばれた姉妹兄弟となる（ヘブライ10：15）。教会は、すべての人を歓迎するインクルーシブコミュニティ（包含的共同体）になるよう召されている（The Church is called to be an inclusive community that welcomes all）。言葉と行いとによって、またその存在そのものにおいて、教会は来るべき神の支配の予兆となり、そのヴィジョンを証しする。教会とは、信仰者が共に集うことであり、また、平和を携えて出てゆくことでもある。

（WCC世界宣教伝道委員会『いのちに向かって共に』（2013年）より抜粋[1]）

　世界教会協議会（World Council of Churches: WCC）は1948年から現在まで、20世紀以降のキリスト教における最も特徴的な動きと言われる「エキュメニカル運動」（ecumenical movement）のフロントランナーであり続けている。新型コロナウイルスのパンデミックによる延期を経て、2022年8月31日から9月8日にかけて「キリストの愛が世界を和解と一致へと動かす」（Christ's Love Moves the World to Reconciliation and Unity）を主題とするWCC第11回総会がカールスルーエ（ドイツ）で開催された際には、352の加盟教会から派遣された659人の代議員を含めて、4,500人を超える人々が集結した[2]。オンライン会議システムの普及によってWCCはパンデミックを生き延び、カールスルーエ総

---

[1] World Council of Churches, the Commission on World Mission and Evangelism (CWME), "Together towards Life: Mission and Evangelism in Changing Landscapes," in Jooseop Keum ed., *Together towards Life: Mission and Evangelism in Changing Landscapes – with a Practical Guide*, WCC Publications, 2013, p. 22. 翻訳は筆者による。

[2] Ioan Sauca, "Preface by the Acting General Secretary," in World Council of Churches, *Christ's Love Moves the World to Reconciliation and Unity: Report of the WCC 11th Assembly*, WCC Publications, 2023, p. iii.

会の様子はライヴ配信され、日々の礼拝から聖書研究、講演、記者会見、インタビューに至るまで、膨大な動画が世界のどこからでも視聴できるようになった。一方では、リアルな感覚を失いたくないとの思いから、総会では「イエス・キリストのサンダルを履いて歩く足のエキュメニズム（ecumenism of the feet）も確認する[3]」とも語られた。同年、第9代総幹事に選出された南アフリカ合同長老教会のジェリー・ピレー（Jerry Pillay）がどのようなリーダーシップを発揮していくのかを含めて、WCCの動向はこれからも大いに注目されていくことだろう。

他方、カールスルーエ総会が2022年2月に勃発したウクライナにおける戦争[4]の最中に開催された点を鑑みれば、「キリストの愛が世界を和解と一致へと動かす」という主題について、いかにも現実味がなく、空虚なものと見る向きもあって然るべきである。しかし、国連安全保障理事会を含めて、地上の何者もこの戦争を止められないでいる現状を踏まえれば、「キリストの愛の他にない」との痛切な思いに駆られる人々が多くいることもまた、想像に難くない。

このようにWCCの一挙一動は常にアンビバレントな感情を呼び起こし、人々は落胆したり、希望を抱いたりする。それでもなお、弱い立場に置かれた人々の命と尊厳が、パンデミックや戦争によってますます脅かされている現代においてこそ、エキュメニカル運動が神によってすでに与えられている一致―― しかしながら、人間の罪の結果のために見えなくされている一致 ――を回復させていこうとする信仰運動である点は、一層の重みをもって捉え直されるべきではないかと考えられる。

1　問題の所在

世界各地の教会、現場、人々とつながることのできるWCCの運動は、世紀を越えて多くのキリスト者の心を捉え続けており、日本では竹中正夫、神田健次、大津健一、山本俊正、西原廉太、村瀬義史に代表される研究者、聖職

3　*WCC News*, September 8, 2022.
4　World Council of Churches 11th Assembly, "War in Ukraine, Peace and Justice in the European Region," Document No. PIC 01.1 rev, 31 August to 8 September 2022.

者、エキュメニカルワーカーによって、WCCを対象とするエキュメニカル研究 (ecumenical studies) が豊富に蓄積されてきた (巻末参考文献一覧を参照)。しかし、運動の嚆矢として知られるエディンバラ (スコットランド) における世界宣教会議 (1910年) から現在までの軌跡はすでに100年を超え、世界宣教会議 (World Missionary Conference: WMC) を源流とする「宣教と伝道」、「生活と実践」(Life and Work)、「信仰と職制」(Faith and Order) という3つの潮流 (各章末のコラムを参照)、そして「エキュメニカル教育 (フォーメーション)」[5] を含めて4つの潮流は、互いに交差しながら複雑に展開されてきたため、日本語で読むことのできる先行研究の恩恵を受けてもなお、WCCの運動の全体像は十分に把握しがたい。

例えば、1946年にまだ準備段階にあったWCCが国際宣教協議会 (International Missionary Council: IMC) とともに国際関係教会委員会 (Commission of the Churches on International Affairs: CCIA) を発足させたことにより、WCCは国連から協議資格を認められた最初の国際NGOの一つとなった[6]。人種主義、性差別、先住民、障がい、移民、難民、無国籍、気候的正義、核兵器の廃絶・軍縮、宗教間対話など、現在のWCCの活動はきわめて膨大かつ領域横断的である。それゆえ、「WCC」や「エキュメニカル運動」という言葉が意味するところは際限なく拡張しているように思われ、端的に言って摑みどころがない。

そこで懸念されるのは、キリスト者一人ひとりがこの運動について学んだり、取り組んだりすることのできる問題領域が限定的にならざるを得ない点ではない (本書がもっぱらプロテスタントの立場からのエキュメニカル研究であるように)。それよりも考えなければならないのは、WCCやエキュメニカル運動の摑みどころのなさが、これらについてもっとよく知りたいと願う人々や、新たに参加しようと考える人々にとっての障壁となってはいないだろうか、という問題である。

WCCやエキュメニカル運動に関する論文や報告記事において、難解な専門用語や覚えにくい略語が氾濫している点 (その不親切さ) もまた、個々の教会

---

[5] 藤原佐和子「『福音主義』とエキュメニカル運動における教育的実践——エキュメニカル・フォーメーションとは何か」、佐藤司郎・吉田新編『福音とは何か——聖書の福音から福音主義へ』、教文館、2018年、280-309頁を参照。
[6] International Relations, World Council of Churches, "The Role of the World Council of Churches in International Affairs," August 1999, p. 2.

においてこの運動が知られないままになっていたり、ともすれば敬遠されたりする要因となっていることだろう。そもそも、一致、正義、平和、和解のための共働——それはカールスルーエ総会からのメッセージの主題でもある[7]——を呼びかけてきたこの運動を、現実離れしているとか、過度に理想主義的であると見る向きもあるに違いない。それらに加え、何にもまして現代のエキュメニカル運動を捉えにくいものとしているのは、預言者的（prophetic）であることを志向してきたWCCにおける、特定の問題群についての沈黙や寡言ではないだろうか。

2　本書の目的

　書名に「現代」という言葉を冠する本書が試みたいのは、「エキュメニカルの冬」（ecumenical winter）と呼ばれる1990年代以降の運動の停滞期が抱える一連の問題群、すなわち、WCCの運動において「物議を醸す」（controversial）、「教会を分断する」（church-dividing）と警告されたり、タブー視されたり、大抵の場合、巧妙に回避されたりしてきた結果、これまでのエキュメニカル研究ではほとんどカバーされてこなかった問題群——聖職者中心主義（clergy-centrism）、女性の按手[8]、ヒューマンセクシュアリティ、同性愛など——を、恐れずに俎上に載せてみることである。これらの問題がおおむね手つかずのままであったのは、これまでのエキュメニカル研究に従事してきた人々が、多かれ少なかれ、運動の「黄金期」を経験したり見聞したりする機会に恵まれた、問題が可視化される前の世代であったためであろう。

　それに対し、1990年代に主流派プロテスタントの教会において洗礼（堅信礼）を受け、2010年代に少しずつ運動にかかわるようになった筆者は、「エキュメニカルの冬」のただ中に置かれた世代の一人として、WCCやエキュメニカル運動に関して、先に挙げた問題群にかかわる数限りない疑問を抱いてき

7　Message of the WCC 11th Assembly, "A Call to Act Together." 李相勳訳「第11回総会メッセージ——共働への呼びかけ」、『福音と世界』78（6）、2023年6月（特集：世界教会会議（WCC）第11回総会）、新教出版社、37-39頁を参照。
8　本書では、便宜的に"ordination"を「按手」と訳す。

た。例えば、多くの聖職者が参加しているように見えるが、この運動は、個々の教会において圧倒的多数を占めているはずの信徒とはどのような関係があるのか、歴代のWCC総幹事（general secretary）は総じて男性であるが、女性たちはこの運動にあまり貢献してこなかったのか、「女性の按手」や「同性愛」にかかわる話題は、WCCのプログラムにおいてなぜ未だに避けられているのか、などである。国内外を問わず、これらの問いに明快な答えが与えられたことはないが、日本の教会から青年枠でカールスルーエ総会に派遣された若手の女性牧師たちによる報告記事[9]や、これまでに筆者が担当してきたエキュメニカル運動史の講義に対する大学生や神学生の反応を見る限りでは、答えのないままでよいとは思われない。筆者の関心と、今とこれからの運動を担っていく人々の関心がある程度までオーバーラップすると仮定するならば、近年、WCCのプログラムに参加してきた若い世代が経験してきた不可思議な現象——特定の問題群についての沈黙や寡言——は、かえって意欲的に論究されるべきエキュメニカルな研究課題の一つと言えるだろう。

　そこで本書では、副題で示したように「ジェンダー正義」（gender justice）の視点を採用することにしたい。それは一つには、WCC中央委員会が2022年2月にWCC「ジェンダー正義に関する基本原則」（Gender Justice Principles）を承認したというエキュメニカル運動史上のマイルストーンに対する、日本からの応答のためである。そしてもう一つには、とりわけ女性、同性愛者にかかわる問題群が「教会の一致」に対する脅威と見なされてきた点に鑑みて、エキュメニカル運動における最大の未解決課題は、ジェンダーとセクシュアリティにかかわる不正義（injustice）にあるではないかと洞察できるためである。

　はたしてそうだろうかと思われる読者に紹介したいのは、「反ジェンダー運動」（anti-gender movement）という概念である。「反ジェンダー運動」は一

9　鄭詩温「WCC第11回総会——痛みや悲しみ、希望や喜びを共にする人と人との出会い」、『福音と世界』78 (6)、20–23頁。伊勢希「WCC総会からみるエキュメニズムの未来」、『福音と世界』78 (6)、24–27頁を参照。鄭詩温（在日大韓基督教会）は、ジェンダー多様性（gender diversity）やインターセックスについて取り上げた「信仰を生きる虹色の巡礼者たち」（Rainbow Pilgrims of Faith）のワークショップに参加し、保護者の望む性別の身体になるために、幼少期から性器再建手術を繰り返し受けさせられてきた人々の苦しみに触れている。また、伊勢希（日本基督教団）はある青年がLGBTQ＋の人々に対する教会のホスピタリティについて話題にした際、「大人たち」が口を閉ざし、素早く次の話題に移ろうとした場面について述べている。

般的な用語ではないが、「女性や性的少数者など、被抑圧者側からの権利回復の主張を、『普通／一般の人々』が尊重している道徳や家族、そして国家への脅威として位置付ける[10]」動きを指すものである。「道徳」「家族」「国家」を、「伝統」「一致」「教会」に置き換えてみるならば、エキュメニカル運動もまた疑いなくその渦中にあることが見えてくる。言い換えれば、本書が試みたいのは、括弧付きの「女性」やLGBTIQA＋の人々（ノンバイナリーやジェンダー・ノンコンフォーミングの人々を含む）に対するあらゆる暴力、差別、排除に反対する立場から、WCCの運動を批判的に論究してみることである。

本書はエキュメニカル運動史に関する一つの試論に過ぎないが、「エキュメニカルの冬」のただ中にあって担い手が減少しつつある日本におけるエキュメニカル研究や、先行世代のキリスト者たちが心を込めてつないできた信仰運動を継承し、今とこれからの運動を担う人々にとって手がかりとなる資料の提供を目指したい。そのためにはまず、キリスト教の文脈において「ジェンダー正義」がいつからどのように論じられ、実践されてきているかを振り返っておくことが有益であろう。

3　キリスト教における「ジェンダー正義」

管見の限り、キリスト教の文脈に「ジェンダー正義」を導入した最も早い例の一つは、1998年のカナダ合同教会による「ジェンダー正義とパートナーシップのガイドライン」（Gender Justice and Partnership Guidelines）の策定に見られる[11]。また、同教会は2000年に「性差別に関する委員会」（Committee on

---

10　清水晶子「スーパー・グルーによる一点共闘——反ジェンダー運動とトランス排除」、ショーン・フェイ（高井ゆと里訳）『トランスジェンダー問題——議論は正義のために』、明石書店、2022年、385頁。「『外』や『上』からの圧力に抗って『伝統的』な家族やコミュニティを守り、『自分たちの国』を取り戻す、というこのノスタルジックな政治動員は、バチカンのような伝統的な宗教保守に限らず、排外主義などの右派ポピュリズムとも、きわめて親和性が高い」とも指摘される。

11　World Council of Churches, *Stream of Grace*, World Council of Churches, 2005, pp. 65-67. 同書では、韓国基督教教会協議会（National Council of Churches in Korea: NCCK）が2002年に「性暴力の克服と予防に関する教会声明」（Church Statement on Overcoming and Preventing Sexual Violence）の中で「ジェンダー正義」に言及している点や、アジア・キリスト教協議会（Christian Conference of Asia: CCA）が2003年にバンコク（タイ）で「ジェンダー正義と男性と女性の真のパートナーシップに関する諸宗教間協議」（Inter-religious Consultation on Gender Justice and Genuine Partnership

Sexism)を「ジェンダー正義のための委員会」(Committee for Gender Justice)に改称している。

そして、「ジェンダー正義」と宣教を主題とする論文は、ジャマイカの政治学者ジュディス・ソアレス(Judith Soares)によって2001年に発表された。ソアレスは「ジェンダー正義」を「社会的立場、人種、肌の色、宗教、民族、性的指向などにかかわらず、すべての女性と男性が同じ権利、自由、機会、評価、尊重を受けられる社会であること[12]」と定義する。その上でソアレスは、米国のフェミニスト神学者ローズマリー・ラドフォード・リューサー(Rosemary Radford Ruether)の言葉である「単に既存の社会秩序を確立する神なのではなく、歴史上の社会秩序の犠牲者たちの側に立つ神[13]」を引用し、聖書の神を「現状を神聖視しない神[14]」と呼んだ。キリスト教は男性、特定の人種、ブルジョアによる支配と覇権の道具として機能し、教会はジェンダー、人種、階級に基づく抑圧を正当化する聖書解釈を提供してきた一方、抗議と変革のチャンネルにもなり得る可能性も秘めているという[15]。このように2000年代初頭には、教会はジェンダーにかかわる罪(gender sin)を一掃する正義の神学を追い求めなければならない、と論じられていたのである[16]。

これに対し、WCCにおいて「ジェンダー正義」が初めて登場したのは、2016年6月のトロンハイム(ノルウェー)での中央委員会におけるWCCジェンダーアドバイザリーグループ(Gender Advisory Group)の報告書においてであったと見られている[17]。しかしながら、WCCが刊行する『インターナショナル・レビュー・オブ・ミッション』誌(*International Review of Mission*)や『エキュメニカル・レビュー』誌(*The Ecumenical Review*)を調査してみると、韓国

---

of Men and Women)を開催している点にも触れられている。Ibid., pp. 25-27, 52-56を参照。
12 Judith Soares, "Gender Justice and the Christian Mission," *The Journal of Religious Thought*, 57 (2), 2001, pp. 68-69.
13 Rosemary Radford Ruether, "Introduction to the First Edition," in Wendy S. Robins ed., *Through the Eyes of Woman: Bible Studies on the Experience of Women*, WCC Publications, World YWCA Publications, 1995, p. xiv.
14 Soares, p. 69.
15 Ibid., p. 70.
16 Ibid., p. 81.
17 World Council of Churches, "Gender Justice Principles with Code of Conduct," WCC Publications, 2022, p. 8, 19. "Report of the Programme Committee," Document No. GEN PRO 12, p. 2を参照。WCCにおいて「ジェンダー」という用語は1980年代から使われ始めた。

（現在は米国在住）のフェミニスト神学者ナムスン・カン（Namsoon Kang）による2005年の論文を先駆けとして、「ジェンダー正義」は2010年代以降、神学的・宣教学的な観点から議論されるだけでなく、様々な角度から具体的方策が提案されてきたことが明らかになる（第6章を参照）。

この意味では、WCCにおいて「ジェンダー正義」が焦点化されるようになったのは2010年代以降のことであり、それ以来の運動の一つの実りがWCC「ジェンダー正義に関する基本原則」であると言えるだろう。この点を踏まえて、以下では、2010年代以降のキリスト教界で顕著に見られるようになった「ジェンダー正義」をめぐる動きを概観しておきたい。

2010年、国連総会は国連女性開発基金（UNIFEM）、ジェンダー問題・女性の地位向上特別顧問事務所（Office of the Special Advisor on Gender Issues and Advancement of Women: OSAGI）などの4機関を統合して、「ジェンダー平等と女性のエンパワーメントのための国連機関」（United Nations Entity for Gender Equality and the Empowerment of Women）、通称「国連女性機関」（UN Women）を創設した。同年、WCCと世界改革教会共同体（World Communion of Reformed Churches: WCRC）は2007年以降の共働の成果として、ポジティブ・マスキュリニティーズ[18]（positive masculinities）に関する画期的な教会マニュアル『神の像に造られて——ヘゲモニーからパートナーシップへ[19]』（*Created in God's Image – From Hegemony to Partnership*）を共同出版している。

国連人権理事会が2011年に性的指向・性自認（sexual orientation and gender identity: SOGI）に関する初めての決議を、2016年にはSOGIに基づく差別からの保護決議を行なっている点も、エキュメニカル運動に少なからぬ影響を与え

---

[18] このような新たな局面は、2000年代の国際社会の動向をフォローする形で展開されたと考えられる。1995年の「北京宣言及び行動綱領」は国連文書として初めて「男性に対し、平等に向けてのあらゆる行動に完全に参加するよう奨励する」と明言するもので、女性の地位委員会（CSW）などによる「男性」の焦点化は2000年代に進められた。伊藤公雄・多賀太・大束貢生・大山治彦『男性危機？——国際社会の男性政策に学ぶ』、晃洋書房、2022年、66-67頁を参照。UN Women, *Looking within: Understanding Masculinity and Violence against Women and Girls (A Guide for Facilitators)*, 2014, p. 123では「男性のあり方には様々なものがある。有害な男らしさ（harmful masculinity）の物語は変えることができる。ポジティブで、平和的で、ジェンダー公正な形態の男性性は存在するのであり、それを促進すべきなのである」と解説されている。

[19] Patricia Sheerattan-Bisnauth, Philip Vinod Peacock, eds., *Created in God's Image: from Hegemony to Partnership (A Church Manual on Men as Partners: Promoting Positive Masculinities)*, WCRC, WCC, 2010を参照。

ているものと考えられる。

　WCC中央委員会が初めてモデレーター（議長）に女性であるケニア聖公会のアグネス・アブオム（Agnes Abuom）を選出したのは、2013年のことである。同年、第10回総会（釜山）で行われた「エキュメニカル対話」（Ecumenical Coversations）と呼ばれる自由参加型のイベントのうち、「教会における女性と男性のコミュニティ」を主題とする会合では、すべての人を歓迎するインクルーシブコミュニティ（本章冒頭の引用文を参照）を実現することは神からの賜物である点や、「ジェンダー正義は、私たちが追求する一致にとって必要不可欠である[20]」点が確認された。また、総会前集会に参加した男性たちによる画期的な声明文「ジェンダー正義のための共なる闘い」（"Shared Struggle for Gender Justice"）は、総会の公式報告書にも採録された（第6章を参照）。

　特筆に値するのは、WCCと同じくエキュメニカルセンター（ジュネーヴ）に事務局を置くルーテル世界連盟（Lutheran World Federation: LWF）が、2013年に教派ごとのキリスト教世界共同体（Christian World Communion: CWC）として初めて「ジェンダー正義に関する基本方針」（Gender Justice Policy）を採択した点である。これが「エキュメニカルの冬」の時代における重要な進展であったことは、翌年、WCCに「ジェンダー正義に関する基本方針」の策定に向けたジェンダーアドバイザリーグループが招集された点にも表れている[21]。また、LWF、WCCが中心となって2010年に発足させたACTアライアンス（ACT Alliance）は、独自に策定した「ジェンダー正義に関する基本方針」を2017年に採択し、すべての加盟団体（日本の場合には、日本キリスト教協議会（National Christian Council in Japan: NCCJ）とCWS Japanで構成されるACT Japanフォーラム）に対し、2026年までに同様の方針の策定・採択を呼びかけている。

　アングリカン・コミュニオン（全世界聖公会）では、全聖公会中央協議会（Anglican Consultative Council: ACC）が2019年に、『神の正義——女性と男性、少女

20　Erlinda N. Senturias and Theodore A. Gill, Jr., eds., *Encountering the God of Life: Official Report of the 10th Assembly of the World Council of Churches*, WCC Publications, 2014, p. 174.
21　"WCC Advisory Group to Promote Gender Justice," December 5, 2014, https://www.oikoumene.org/news/wcc-advisory-group-to-promote-gender-justice, accessed August 21, 2021.

と少年の間の公正な関係－聖公会の神学大学、神学校、訓練計画で用いるための教材[22]』(*God's Justice: Just Relationships between Women and Men, Girls and Boys – Study Materials for Use by Theological Colleges, Seminaries and Training Schemes in the Anglican Communion*)、2022年に『神の正義―― 神学とジェンダーに基づく暴力[23]』(*God's Justice: Theology and Gender Based Violence*) を発表している。また、2023年にアクラ（ガーナ）で開催されたACC-18は、各管区に対してジェンダー正義ディレクターを任命するように要請した[24]。また、WCRCは2021年に「ジェンダー正義に関する基本方針」を採択している。1995年に北京で開かれた国連第4回世界女性会議から25周年の記念会合として、2021年に国連女性機関（UN Women）が主催した「平等を目指すすべての世代のためのフォーラム」（Generation Equality Forum）に、WCC、LWF、ACTアライアンス、アングリカン・コミュニオン、WCRC、世界YWCA、世界福音同盟（World Evangelical Alliance: WEA）など、多くのキリスト教団体が賛同した点も見落とされるべきでない。

　アジアでは、アジア・キリスト教協議会（Christian Conference of Asia: CCA）が2009年に採択した「HIVエイズに関する基本方針」（HIV and AIDS Policy of the Christian Conference of Asia）で「ジェンダー正義」を鍵概念の一つとして採用しており、ヒューマンセクシュアリティについても「私たちはもはや、教会でこの神の贈り物について議論することの重要性を無視できない[25]」と宣言している。そして、アジア各国の教会協議会（National Council of Churches: NCC）の間には早くから反ジェンダー運動に抵抗してきた事例がある[26]。インド教会協議会（National Council of Churches in India: NCCI）による2011年の「ヒューマン

22　Anglican Consultative Council, *God's Justice: Just Relationships between Women and Men, Girls and Boys – Study Materials for Use by Theological Colleges, Seminaries and Training Schemes in the Anglican Communion*, 2019.
23　Anglican Consultative Council, *God's Justice: Theology and Gender Based Violence*, 2022.
24　The Anglican Consultative Council, "ACC-18: Resolutions and Statements of Support," 2023, p. 11.
25　"HIV and AIDS Policy of the Christian Conference of Asia," in Erlinda N. Senturias, Liza B. Lamis eds., *Building HIV Competent Churches: Called to Prophesy, Reconcile and Heal*, Christian Conference Asia, 2010, p. 39. ジェンダーに基づく暴力（gender-based violence）の問題に警鐘を鳴らし、女性と男性、少女と少年の関係性における正義と尊重の促進を呼びかけている。
26　Manoj Kurian, "Critical Analysis of Churches Stand on Human Sexuality and a Way Forward," in Roger Gaikwad and Thomas Ninan eds., *A Theological Reader on Human Sexuality and Gender Diversities: Envisioning Inclusivity*, National Council of Churches in India (NCCI), 2017, p. 154.

セクシュアリティに関するエキュメニカル文書」("An Ecumenical Document on Human Sexuality") や、その影響を受けたインドネシア教会共同体（Communion of Churches in Indonesia: CCI）による2016年の「LGBTに関するCCI牧会声明」("CCI Pastoral Statement on LGBT") は、反同性愛を公言する諸宗教と足並みを揃えることなく、すべての人の命と尊厳の支持を表明した[27]。また、フィリピン教会協議会[28]（National Council of Churches in the Philippines: NCCP）による2015年の「ヒューマンセクシュアリティを理解するためのセーフスペースを作り出す」("Create Safe Spaces for Understanding Human Sexuality") も好例である。性暴力事件の告発をきっかけとして、香港基督教協進会（Hong Kong Christian Council: HKCC）が2013年に「セクシュアルハラスメントに反対する基本方針」（Policy against Sexual Harassment）を採択し、「ジェンダー正義」を提唱している点も見逃せない[29]。

　日本では、フェミニスト聖書学者の山口里子が2008年の著書『虹は私たちの間に』の副題で、gender justiceを「性と生の正義」と言い換えている[30]。「ジェンダー正義」という訳語が初めて用いられたのは、日本聖公会管区女性に関する課題の担当者である吉谷かおるによる2017年の論攷「『信仰義認』とジェンダー正義──宗教改革によって変わらなかったものを問う」においてであろう。吉谷は「フェミニスト神学では、あらゆる社会構造の中で立場が弱くされている人たちを念頭に、『女性』という言葉を用いているので、もともと性別として女性に分類される人のことだけを問題にしているのではないが、近年では脳と遺伝子をめぐる性科学の研究が進んで、男女には明確な区別がな

27　藤原佐和子「反ジェンダー運動に抵抗するアジアのプロテスタント」、『福音と世界』78 (11)、2023年11月、36-41頁を参照。
28　National Council of Churches in the Philippines, "Create Safe Spaces for Understanding Human Sexuality," approved by the 24th General Convention of NCCP, November 23-26, 2015 at Tagaytay City. *Conversations on the Pilgrim Way*, pp. 67-68. NCCPは①総会がSOGIについて話し合うセーフスペースを作り出すこと、②聖書に基づき神学的に信頼できる資料を策定すること、③様々な性的指向・性自認・性表現（SOGIE）の人々を、その人たちの賜物と恵みを共有できる教会に招いていくことを加盟教会に呼びかけている。現在までに、NCCP加盟10教会のうち、少なくとも5教会がLGBTを肯定する声明文を発表している。
29　Hiu-Tung Jessica Tso, "Adding Insult to Injury: Sexual Harassment in Hong Kong Churches," *Asian Journal of Women's Studies*, 24 (3), 2018, pp. 388-395を参照。
30　山口里子『虹は私たちの間に──性と生の正義に向けて』、新教出版社、2008年、12-13頁を参照。

いこともわかってきた。ジェンダー正義は性の多様性をふまえたジェンダーの平等として実現されなければならない[31]」と論じ、性別二元論（gender binary）を前提としない理解を提示している。

また、日本キリスト教協議会は通算3回目となるNCC主催・宣教会議（御茶ノ水、東京）で採択した「NCC宣教宣言2019」で、以下のように宣言した。

> ……私たちはこれまでの宣教会議でも、女性は宣教の客体ではなく、「主体」であることを確認してきました。また、これからの私たちの「コイノニア」は、女性というカテゴリーに留まらず、あらゆる世代、ジェンダー、セクシュアリティに属する人々が「主体」でなければなりません。日本におけるキリスト者はその人口の1％以下ですが、聖霊に押し出され、自己保存的な志向から解放されて、常に開かれた共同体、より包括的な共同体でありたいと願います[32]。

これを受けて、2021年3月に始まる第41回総会期の活動方針に「ジェンダーとセクシュアリティにおける正義」の問い直しが含まれたことは、「NCCジェンダー正義に関する基本方針」の策定プロセスを後押しした。2021年8月に発足した「ジェンダー正義に関するポリシー策定のためのワーキンググループ」が、NCC青年委員会との共働によって起草した「NCCジェンダー正義に関する基本方針案」は、2023年10月の常議員会で承認され、2024年3月の第42回総会で正式に採択された。以上のように、現在のキリスト教において「ジェンダー正義」は、きわめて重要な宣教の課題の一つとされているのである。

4　本書の構成

本書は、JSPS科研費（課題番号20K12838）の助成を受けた研究課題「現代

31　吉谷かおる「『信仰義認』とジェンダー正義——宗教改革によって変わらなかったものを問う」、新教出版社編集部編『宗教改革と現代——改革者たちの500年とこれから』（新教コイノーニア34)、新教出版社、2017年、46-47頁。初出は『福音と世界』72（2)、2017年2月、41-38頁。
32　日本キリスト教協議会（NCC）「NCC宣教宣言2019」を参照。https://ncc-j.org/wp-content/uploads/2019/07/6bee0d045fdccd020cfdf04576230b1e.pdf, accessed November 19, 2023.

エキュメニカル運動における包括的共同体に関する思想史研究」（2020年度〜2024年度）の成果の一部として、様々な学術誌に掲載されてきた論文を再構成し、最終章とコラムを中心に書き下ろしたものである（次頁の初出一覧を参照）。

　第1章では、1990年代以降のエキュメニカル運動が留め置かれていると言われる「エキュメニカルの冬」を主題とし、それが近年ではどのように分析されているかを検討する。そこでは、運動の内外から投げかけられてきた批判についても検討することになる。第2章では、男性聖職者中心的な運動において周縁化されてきた「信徒の参加」について掘り下げるために、ラオス（laos）、神の民（people of God）などの鍵概念、WCC信徒部門（1955年〜1971年）、1990年代以降の「インクルーシブコミュニティに向けた信徒の参加」（Lay Participation towards Inclusive Community）までの動きを俯瞰する。第3章では「女性の参加」を主題とし、運動史において見えにくい存在とされてきた初期の女性のエキュメニカルリーダーたちに光を当てる。続いて、1970年代後半に始まる「教会における女性と男性のコミュニティに関する研究（コミュニティスタディ）」、1980年代後半に始まる「教会が女性と連帯するエキュメニカルな10年」（Ecumenical Decade of Churches in Solidarity with Women: DCSW）などの取り組みを通して、様々な不正義の交差性（intersectionality）が認識されるまでの過程を描く。第4章では、「女性の参加」の中でも最も教会を分断する問題とされてきた「女性の按手」が、信仰と職制の潮流において、「リマ文書」として知られる収斂文書『洗礼、聖餐、職務』（1982年）の成立までにどのように議論されてきたかを整理し、この問題を俎上に載せることの今日的意義について考える。第5章では、「女性の按手」と並んで最もセンシティブな問題と呼ばれてきたヒューマンセクシュアリティの諸課題、特に1960年代以降の同性愛をめぐるエキュメニカルな議論の展開を整理する。そこでは、WCCをプラットフォームとする取り組みの限界を見極めるとともに、同性愛嫌悪に対する抵抗のためのエキュメニカル戦略について考察する。第6章では、2000年代以降の国際社会、学術研究、エキュメニカル運動において「ジェンダー正義」がどのように論じられてきたかを検討していく。続いて、「WCCジェンダー正義に関する基本原則」の採択に至るまでの経緯を整理し、内容分析を行う。また、同原則に残された課題に対する、WCCヒューマ

ンセクシュアリティに関するレファレンスグループからの問いかけにも注目しておきたい。

　また、本書では、WCCの運動史に関する背景知識を提供するために、各章末にコラム（Column）として、①世界宣教会議（WMC）、②国際宣教協議会（IMC）、③生活と実践（Life and Work）、④信仰と職制（Faith and Order）、⑤世界教会協議会（WCC）の成立、⑥ミッシオ・デイ（missio Dei）を収録している。

5　初出一覧

初出一覧は以下の通りである。

第1章　「世界教会協議会（WCC）におけるエキュメニカルの冬」、『基督教研究』（同志社大学基督教研究会）、第83巻第1号、2021年、19-36頁。日本キリスト教協議会（NCC）教育部主催・2020年度エキュメニズム研修会における公開講演会「球根の中には花が秘められ──『エキュメニカルの冬』を読み解く」（2021年3月19日、オンライン）の原稿を加筆・修正した。

第2章　「世界教会協議会（WCC）における信徒の参加」、『宣教学ジャーナル』（日本宣教学会）、第16号、2022年、114-144頁。同志社大学一神教学際研究センター（CISMOR）における研究発表（2021年12月11日、オンライン）を加筆・修正した。

第3章　「世界教会協議会（WCC）における女性の参加」、『日本の神学』（日本基督教学会）、第59号、2020年、26-48頁。日本基督教学会第66回学術大会における研究発表「世界教会協議会（WCC）における女性の参加とエンパワーメント」（2019年9月9日、於青山学院大学）を加筆・修正した。

第4章　「世界教会協議会（WCC）における女性の按手──ローザンヌからクリンゲンタールまで」、『関西学院大学キリスト教と文化研究』第22号、2021年、73-92頁。同志社大学一神教学際研究センター（CISMOR）における研究発表（2020年12月12日、オンライン）を加

筆・修正した。

第5章　「世界教会協議会（WCC）におけるヒューマンセクシュアリティをめぐるエキュメニカルな議論」、『関西学院大学キリスト教と文化研究』、第23号、2022年、81-103頁。日本基督教学会第69回学術大会における研究発表「世界協会協議会（WCC）におけるヒューマンセクシュアリティ」（2021年9月7日、オンライン）を加筆・修正した。

第6章　修学院フォーラム（日本クリスチャンアカデミー）における発題「『ジェンダー正義』をめぐるエキュメニカルな議論と実践」（2022年5月21日、オンライン）の原稿を加筆・修正した。また、「〈解説〉世界教会協議会（WCC）ジェンダー正義に関する基本原則」、『福音と世界』78（6）、新教出版社、2023年6月、39-41頁を再構成した。

第1章　エキュメニカルの冬

　1993年から2003年にかけて世界教会協議会（WCC）の総幹事を務めたコンラート・ライザー（Konrad Raiser）は、1991年の著書『転換期のエキュメニズム』（*Ecumenism in Transition*）で「現在の運動は不確実性、停滞、方向性とヴィジョンの喪失を特徴としている[1]」と論じている。当時から現在に至るまで、「停滞期」に差しかかっているとの意識や感覚は、エキュメニカル運動に参加する人々の間で広く共有されてきた。

　しかしながら、「停滞期」が当然視されて久しいことを理由として、その喩えである「エキュメニカルの冬」（ecumenical winter）がどのような経緯で用いられるようになり、現在ではどのように理解されるべきかという問題は、これまでのエキュメニカル研究において特段の注意を払われてこなかった。そこで本章では、「停滞期」に至るまでのWCCの運動がどのように批判されてきたのか、これからの運動にはいかなる方向性が示されているかを検討しておきたい。

第1節　「エキュメニカルの冬」とは何か

　「エキュメニカルの冬」という喩えの一般的な意味は、1996年にジリアン・R・エヴァンス（Gillian R. Evans）が著した『エキュメニカル神学の方法』（*Method in Ecumenical Theology*）の序文に見ることができる[2]。それによれば、1962年から1965年にかけて行われた第二バチカン公会議以降、教義に関する

---

[1] Konrad Raiser, *Ecumenism in Transition: A Paradigm Shift in the Ecumenical Movement*, World Council of Churches, 1991, p. 33.
[2] Ivana Noble, *Essays in the Ecumenical Theology I: Aims, Methods, and Contexts*, Brill, 2019, pp. 220-221.

二教会間の公式対話 (official dialogues) にかかわった人々は、一世代のうちに「教会の一致」が達成されるのではないかとの希望を抱いていた。だが実際には、はじめは熱心に取り組んでいた教会でさえ「対話を通して得られた合意 (agreement) を心から自分のものとすることができず[3]」、分かたれた教会生活という慣れ親しんだ状態に後戻りしているという。それでは、「エキュメニカルの冬」という喩えは、どのような流れを経て登場したのだろうか。

1-1 いつどのように生まれたか

ローマ・カトリック教会とルーテル世界連盟 (LWF) の『義認の教理に関する共同宣言』(*Joint Declaration on the Doctrine of Justification*) にかかわったマイケル・ルート (Michael Root) は2009年に来日の際、「『エキュメニズム冬の時代』という言葉を1982年の聖公会と東方正教会との対話の関連文書の中にすでに見いだして[4]」いたと打ち明けている。ルートの指摘する通り、WCC「信仰と職制文書」(Faith and Order Papers) には、1982年にエキュメニカル総主教デメトリウス1世 (Demetrius I) を訪問したカンタベリー大主教ロバート・ランシー (Robert Runcie) が、聖公会－正教会共同教義委員会による「1976年モスクワ合意宣言」を「夏」と呼びつつ、その後に経験された「冬のような季節[5]」(wintry season) の困難に言及していたとの記録を確認できる。

一方、ランシーが「エキュメニズムの冬」(the winter of ecumenism) を初めて宣言したのは、1989年のロンドンにおけるヒーナン枢機卿記念講演であったとの見方も有力である[6]。1990年にカトリックの国際週刊誌『タブレット』(*The Tablet*) に掲載された記事によれば、ランシーは「私たちはエキュメニズムの冬を経験している[7]」けれども、すべての庭師はその地面の下に大いなる生

3　Gillian R. Evans, *Method in Ecumenical Theology: The Lessons So Far*, Cambridge University Press, 1996, p. 1.
4　マイケル・ルート（石居基夫訳）「エキュメニカルな対話におけるルーテル教会——その過去と将来」、『ルター研究』10号、2010年、84頁。
5　Jeffrey Gros, Harding Meyer, William G. Rusch, eds., *Growth in Agreement II: Reports and Agreed Statements of Ecumenical Conversations on a World Level, 1982-1998*, Faith and Order Paper No. 187, WCC Publications, 2000, p. 82.
6　Jelle Creemers, *Theological Dialogue with Classical Pentecostals: Challenges and Opportunities*, Bloomsbury T&T Clark, 2015, p. 1.
7　"The Winter of Ecumenism," *The Tablet*, 13 January 1990. 資料の収集に当たっては、角田佑一氏

長の時があることを知っていると述べて、これがあくまでも一時的なものであることを示唆していた。これに対して匿名の記者は、ランシーが春を待ち望むこと以外に何をすべきかを提案していない点や、すべてを「冬」と見なしている点に疑問を呈するとともに、必要不可欠な手本を示すものであってもそれ自体に限界を抱えている「上からの」(from the top) エキュメニズムは「常にローカルレベルのエキュメニズムの経験によって補われる[8]」必要があるとの重要な指摘を行なっている。

1–2　どのように広まったか

「冬」という喩えが広く知られるようになったきっかけは、1985年から1992年にかけてWCC総幹事を務めたエミリオ・カストロ（Emilio Castro）が、1992年にサンディエゴで行なったピーター・エインズリー記念講演「エキュメニカルの冬なのか」("The Ecumenical Winter?") によってもたらされた[9]。過去の黄金時代との比較に関心を示さないカストロは、この喩えに懐疑的であり、当時の教会が直面するようになった新たな諸課題についても「『エキュメニカルの冬』のしるしであると誤って考えられることがある[10]」との見方を示している。「今日の現実は生き抜かれるべきものであり、困難は向き合われるべきであり、未来は模索されるべきものである[11]」と考えるカストロは、ウルグアイ出身である彼にとっての「冬」は絶望の時ではなく、「行動の時であり、働くための機会であり、来るべき春を予感させる瞬間でもある[12]」と述べて、聴衆を力づけようとした。

しかしながら、このような見方は当時としても例外的であった。一般的には、教皇ヨハネ・パウロ2世（Pope John Paul II）による回勅『キリスト者の一致』（*Ut Unum Sint*）が発布された1995年には、エキュメニカル運動は停滞している

（上智大学神学部）にご協力いただいた。
8　Idem.
9　"WCC General Secretary Reflects on 'Ecumenical Movement from Winter to Spring,'" *WCC News*, 13 December 2019, https://www.oikoumene.org/news/wcc-general-secretary-reflects-on-the-ecumenical-movement-from-winter-to-spring, accessed March 3, 2021.
10　Emilio Castro, "The Ecumenical Winter?," *Mid-Stream*, 32 (2), April 1993, p. 2. ここでは、キャンベラ総会以降に議論された混淆主義（syncretism）の問題について扱わない。
11　Ibid., p. 12.
12　Idem.

か、崩壊しつつあるのではないかとの危機感が広がっていたと理解されている[13]。約10年後には、アジアにおいても「エキュメニカルの冬」や「霧の中で迷っている[14]」(lost in the fog) などの表現が使われ、運動全体の推進力の低下が懸念されるようになった。それでは、エキュメニカル運動はそれまでにいかなる季節を経験したのか。どのようにして「冬」は到来したのだろうか。

1-3　なぜ「冬」は到来したのか

19世紀の種蒔きの時期を経て、1910年のエディンバラにおける世界宣教会議（World Missionary Conference: WMC）から、「信仰と職制」（Faith and Order）運動と「生活と実践」（Life and Work）運動が合流して1948年にWCCが成立するまでの間に、エキュメニカル運動は長い春を経験したと見られている。国際宣教協議会（IMC）がWCCに合流し、正教会が加盟するという大きな成功を収めた1961年のニューデリー（インド）におけるWCC第3回総会、ローマ・カトリック教会がエキュメニズムに積極的な姿勢を示すようになった第二バチカン公会議（1962—1965年）、社会参与的なエキュメニズムが隆盛し、様々な側面で転機を迎えたとされる1968年のウプサラ（スウェーデン）におけるWCC第4回総会までは、短くも暑い夏であった[15]。数多くの公式対話が行われ、信仰と職制による1982年の収斂文書『洗礼、聖餐、職務』(*Baptism, Eucharist and Ministry: BEM*, 通称「リマ文書」) が公表され、世界各地の教会がこれを熱心に検討した1989年までは、果実が熟し、摘み取りの時を迎えた秋であった。そして、1999年の「義認の教理に関する共同宣言」を除き、1990年以降は終わりのない「冬」が続いている[16]。「多くの果物が凍ったままで木にぶら下がっているか、地下室に片付けられていたり、地面に落ちて腐っていたりする[17]」とさえ言われることがある。

13　"WCC General Secretary Reflects on 'Ecumenical Movement from Winter to Spring.'" 2018年、教皇フランシスコ（Pope Francis）は、新しいエキュメニカルな春の開花を楽しみにしていると語った。
14　Ninan Koshy, *A History of the Ecumenical Movement in Asia, Volume. 1*, World Student Christian Federation, Asia-Pacific Region, Asia and Pacific Alliance of YMCAs, Christian Conference of Asia, 2004, p. 24.
15　Ans J. Van Der Bent, Diane Kessler, "WCC Assemblies," in Nicholas Lossky, et. al., eds., *Dictionary of the Ecumenical Movement*, 2nd Edition, WCC Publications, 2002, p. 1234.
16　Michael Root, "Ecumenical Winter," *First Things*, 286, October 2018, p. 34.
17　Creemers, p. 2.

第 1 章　エキュメニカルの冬

　ノルウェーの神学者でルーテル教会（ルター派）からローマ・カトリック教会に改宗したウーラ・シェーロム（Ola Tjørhom）の分析によれば、エキュメニズムは、教会の指導層だけでなく一般信徒の間でも、1960年代後半から1990年代前半にかけて大いに関心が寄せられてきたが、その後の運動は「自らの成功の（相対的な）犠牲者[18]」となった。エキュメニズムが一定のレベルに達し、教会間でかつてほどの不信感や敵対関係が経験されないようになると、さらなる和解の必要性が真剣に捉えられにくくなったのである。また、教派・教区・管区ごとのアイデンティティが再燃すると、キリスト者のアイデンティティ（Christian identity）はより広いエキュメニカルな視点から定義されるべきだとする意識は低下していった[19]。

　だが「冬」の到来は、エキュメニカル運動の後退だけに原因があるのではない。シェリル・ブリッジズ・ジョーンズ（Cheryl Bridges Johns）は、主流派プロテスタントにおいて教会員数が減少し、財政が悪化したことが、WCCやNCCなどのエキュメニカル協議会に対するサポートの激減につながったと見て、「冬」の到来と教会の「組織的衰退、財政的凋落[20]」の密接な関係を指摘している。それだけでなく、主流派プロテスタントにおいてヒューマンセクシュアリティ（human sexuality）をめぐる激しい意見対立が生じたことも「冬」の到来と深く関係したと見られている[21]。確かに、エキュメニカル運動史における実りの秋として高く評価されている1960年代は、他方では、「女性の按手」（ordination of women）をめぐって激しい論争が巻き起こり、ウプサラ総会において「一夫多妻、結婚と独身、避妊、離婚、人工妊娠中絶、そして同性愛（homosexuality）[22]」などのヒューマンセクシュアリティの諸課題の重要性が認

18　Ola Tjørhom, "An 'Ecumenical Winter'?: Challenges in Contemporary Catholic Ecumenism," *The Heythrop Journal*, 49 (5), Issue 5, September 2008, pp. 841.
19　Ibid., p. 842.
20　Cheryl Bridges Johns, "Remodeling Our Ecumenical House," in Peter Hocken, Tony L. Richie, and Christopher A. Stephenson, eds., *Pentecostal Theology and Ecumenical Theology: Interpretations and Intersections*, Brill, 2019, pp. 135. 例えば、米国の教会協議会（National Council of Churches）は1960年代に400人以上のスタッフを雇用していたが、その数は20世紀の終わりまでに20人以下に減少した。
21　Ibid., p. 136. Birgitta Larsson, "A Quest for Clarity: The World Council of Churches and Human Sexuality," in *The Ecumenical Review*, 50 (2), January 1998, pp. 30-40を参照。
22　World Council of Churches, "Churches' Response to Human Sexuality," 14 February 2006, https://www.oikoumene.org/resources/documents/churches-response-to-human-sexuality,

識されるなどして、侃々諤々の意見が交わされるようになった時代でもあった。

　ローマ・カトリック教会、正教会、一部のプロテスタント教会の指導層は、彼ら（男性聖職者たち）を中心とする公式対話によって深められてきた「教会の一致」を危険に晒すものとして「女性の按手」を糾弾してきた。例えば、WCC「信仰と職制」文書には、1977年の聖公会－正教会共同教義委員会の（正教会側の）参加者が、「女性の按手」が「もはや単なる議論のための問いではなく、いくつかの聖公会の教会生活の中で実際に起こっている[23]」ことを遺憾の念をもって悟り、公式対話を続けていくことの意味にまで疑問を抱いたという記録が残っている。そして、1991年のキャンベラ（オーストラリア）におけるWCC第7回総会以降、「女性の按手」と同程度、あるいはそれ以上にセンシティブな問題とされる「同性愛」をめぐる論争は、主流派プロテスタントの教会における対内的分裂だけでなく、ローマ・カトリック教会、正教会、福音派との対外的分裂をさらに激化させることになった。

　しかし、別の見方をすれば、1990年代は、WCCにおいてアラン・A・ブラッシュ（Alan A. Blash）の例をはじめとして、すべての教会は「他のすべてのキリスト者と一つとなるようイエス・キリストによって召されている[24]」との確信に立つ人々が、教会におけるレズビアンやゲイの人々について盛んに研究・議論した時期でもあった。こうした試みを、WCC成立プロセスに始まる「女性の参加」をめぐる議論を起点とし（第3章を参照）、1960年代の「女性の按手」を転換点とする、エキュメニカルな教会の交わりをよりインクルーシブにしていこうとする大胆な変革の一環として捉えるならば、1990年代以降は、従来とは異なる「教会の一致」のモデルが果敢に展望されるようになった時期でもあったと評価できるだろう。その意味で「冬」は、運動の「拡大のために外に向かって注がれてきたエキュメニカルなエネルギーが（枯渇したのではなく）、内に向かって注がれるようになった[25]」季節とも呼べるのである。

---

　　accessed March 5, 2021.
23　Gros, et. al., p. 82. なお、ランシーに冬のような季節を予感させた「雷雨」は、「女性の按手」について各管区の自律的決定を尊重すると表明した1978年のランベス会議を指すと考えられる。
24　Alan A. Brash, *Facing Our Differences: The Churches and Their Gay and Lesbian Members*, World Council of Churches, 1995, p. 11.
25　Johns, p. 135.

第2節　エキュメニカル運動に対する批判

　「エキュメニカルの冬」がエネルギーを内に向かって注いでいく季節であるならば、それは、これまでの運動に投げかけられてきた数々の批判（criticisms）に学ぶべき時なのではないだろうか。運動に対する主要な批判について検討する際、留意しておく必要があるのは、「教会の一致」については数多くのヴィジョンやモデルが提唱されてきたため、何がエキュメニカルな進展、前進、ブレイクスルー（跳躍、輝かしい成果）であり、何が停滞、後退、行き詰まりであるかを判断しうる明確な評価基準は存在しないという点である[26]。「女性の按手」や「同性愛」の例からも分かるように、一方の人々が成功と考えることは、他方の人々には失敗と見なされるため、エキュメニカル運動のいかなる側面についても価値中立的な評価を与えることは不可能である。

2-1　伝道の軽視

　エキュメニカル運動に対する最も容赦のない批判は、1948年のWCC成立よりも一足早く、WCCに対抗する目的で「国際キリスト教会協議会」（International Council of Christian Churches: ICCC）を発足させた原理主義者の人々から発せられている。「あなたがたは、信仰のない人々と一緒に不釣り合いな軛(くびき)につながれてはなりません」という第二コリント6：14を根拠として、ICCCは、聖書の無謬性を損ない、正教会の加盟を認め、ローマ・カトリック教会と協力し、宗教間対話に取り組もうとするWCCを「背教的」であると批判している[27]。

　次に辛辣な批判は、原理主義者や福音派の人々からだけでなく、主流派プロテスタントにおいて保守的な立場にある人々からも発せられている。そうした

---

[26] Tom Stransky, "Criticism of the Ecumenical Movement and of the WCC" in *Dictionary of the Ecumenical Movement*, pp. 278-279. 信仰職制委員会は「リマ文書」を自らの輝かしい成果と考えているが、一部のプロテスタントの人々は、一般信徒のミニストリー（万人祭司）が軽んじられていると感じて、同文書の「カトリック化」を批判し、正教会の人々は、あまりにも多くの神学的議論が「西方教会的」に行われているとの不満を抱いた。さらに、教会間の合意や収斂を目指す動きを指して、WCCは「教会」過ぎる（too "church"）と批判する人々もいる。

[27] Ibid., pp. 279-280. エキュメニカル運動に反対する人々は、WCCがスーパーチャーチ（superchurch）を目指しているのではないかとの疑念を抱いてきたが、1950年の「トロント声明」ではこの点が明確に否定された。

人々は、エキュメニカル運動の推進力やモチベーションの根底には、「伝道」（evangelism）に対する熱い確信が欠けているのではないかと疑う。それゆえ、「信仰と職制」運動と「生活と実践」運動が合流して以来、WCCにおける「宣教」（mission）と伝道に対する関心の低さは絶えず非難の的となってきた。

1961年にIMCが世界宣教伝道委員会（Commission on World Mission and Evangelism: CWME）としてWCCへの合流を果たしてもなお、IMCの運動から「宣教と伝道」への熱意が骨抜きにされてしまうのではないかとの懸念は払拭されなかった。WCCは、イエス・キリストを主として受け入れるように促されたことのない何百万人もの人々への伝道を軽視しているか、無視していると批判する人々は、その原因を自由主義神学（liberal theology）の影響に見てきた。そうした人々にとって、自由主義神学は、罪人としての人間の本性を楽観視し過ぎているように感じられるのである[28]。そして、人間の本性の楽観視は、神の国をこの世において実現するためには、常に進歩し続ける人間のポテンシャルが必要であるとの考えに結びついており、結果として、WCCは個人の罪の問題よりも、社会制度・構造に組み込まれた罪の問題に焦点を当て過ぎているとも批判される。

そして、伝道の軽視に憤ってエキュメニカル運動に反対する人々だけでなく、この運動におおむね共感的な人々からも発せられているのが、「教義的な（『信仰と職制』）問題が『社会的』（『生活と実践』）な関心事の下位に置かれている[29]」のではないかという積年の批判である。

2-2　世俗的エキュメニズム

WCCは「教会の一致」よりも、社会的、政治的、経済的課題を優先していると不満に思う人々は、保守的な論調で知られる『リーダーズ・ダイジェスト』誌（*Reader's Digest*）で1993年にエキュメニカル運動が酷評された際に使われた「世俗的エキュメニズム」（secular ecumenism）という表現を用いることがある。また、この運動では社会的、政治的、経済的課題について「選択

28　Ibid., p. 279.
29　Idem.

的な憤り[30]」が示され易いとの批判もある。エキュメニカル協議会は政治的姿勢の表明を控えるべきだと主張する人々は、WCC、エキュメニカル地域協議体（Regional Ecumenical Organization: REO）や教会協議会（National Council of Churches: NCC）が、急ごしらえの専門知識を駆使して国際問題を分析し、声明文（statement）を発表し、理想的ではあっても現実的でない解決策を提案してしまうことは、「キリスト教的傲慢[31]」（Christian arrogance）の表れであると言い咎める。これに対し、しばしば「政治的」と揶揄される社会活動をアドボカシー[32]（advocacy）と呼び、キリスト者としての社会的責任を果たしていこうとする人々は、「政治的関与の欠如は、現状を永続させるという意味での政治的関与であり、その結果、それは社会の最も弱い立場にある人々に不利に働くことになる[33]」と理解する。

　世俗的エキュメニズムという表現は、「信仰と職制」よりも社会正義を志向する「生活と実践」が強調され、適切なバランスを欠いている状態を難じるために用いられてきたが、実際のところ、「教義は分かつが、奉仕は一つにする」（"Doctrine divides but service unites"）という有名なスローガンに見られるように、（教義よりも）奉仕における一致の方が成し遂げられうるとの感覚は、運動において広く共有されてきた[34]。「生活と実践」にかかわる人々は、貧しい人々や疎外された人々への配慮のように、他ならぬイエスが心を砕いていた事柄に注力しようとする自らの働きを、シンプルに「キリスト教的」なものと理解してきたが、正教会、福音派、主流派プロテスタントの保守派の人々はそれを進歩主義的、マルクス主義的と呼び、「キリスト教的」ではないものとして否定的に捉えてきた。なぜなら、救いは善行ではなく、キリストへの信仰に根ざすものだからである。

30　Ibid., p. 281. WCCは軍事独裁体制による人権侵害を糾弾することには熱心でありながら、共産主義体制によるキリスト者の迫害については説明のつかない沈黙を貫いたり、不活発であったりすると批判されており、その背景には冷戦の存在が指摘されている。
31　Stransky, op. cit., p. 281.
32　政府、国際機関、市民社会、教会などに対する啓発活動、政策提言などの幅広い働きかけを指す。
33　Michael Kinnamon, *Can a Renewal Movement Be Renewed: Questions for the Future of Ecumenism*, Eerdmans, 2014, p. 67.
34　R. David Nelson, Charles Raith II, *Ecumenism: A Guide for the Perplexed*, T&T Clark, 2017, p. 154.

2–3　神学的還元主義

　キリストの名において行われてきた奉仕活動は、キリスト信仰の絶対的必要性をはじめとするファンダメンタルな信条を欠いているがゆえに、「キリスト教的」と呼びうる明確な特徴を犠牲にした「神学的還元主義」(theological reductionism) に陥っているのではないかと難詰されてきた。また、「エキュメニカル」という言葉を「リベラル」と同義のように扱う神学的還元主義については、エキュメニカル運動に反対する人々からだけでなく、おおむね共感的な人々からもしばしば不満の声が上げられてきた。そうした人々から見れば、WCCやNCCの指導層は「非常に意見の分かれるような神学的、倫理的、文化的課題について決まってリベラルな立場を取り、あらゆる教派の保守派の人々がエキュメニズムを『福音の敵』とみなすように挑発している[35]」ように感じられるのである。ここで言われる神学的、倫理的、文化的課題とは、「エキュメニカルの冬」の前兆と到来に関係してきたジェンダーや「セクシュアリティ（例えば同性愛）、胎児の権利、安楽死など、個人的・社会的な道徳の問題[36]」に他ならない。その意味で、現在では「教義は分かつが、奉仕は一つにする」というスローガンは逆転され、「奉仕と倫理こそが分断のポイントとなり、いかなる教義よりも敵意をもたらす[37]」ようになったと分析されている。

　「福音の敵」という過激なレッテルの評価はさておき、エキュメニカル運動の「宣教」理解において、主の弟子を増やす「伝道」よりも、キリストの名による社会正義のアジェンダが強調されてきた点は、事実として認められなければならない[38]。WCCはウプサラ総会以降、解放の神学（liberation theology）の影響によって「教会」よりも「世界」における神の働きを優先的に扱うようになった。その結果、他者をキリスト教への「改宗」(conversion) に導こうとする試み、すなわち「伝道」を「良く言っても不必要、悪く言えば恥ずべきこと[39]」と考える人々が現れるようになったのである。

35　Ibid., pp. 156-157. Carl E. Braaten, Robert Jenson, eds., *The Ecumenical Future*, Eerdmans, 2004, p. viiiを参照。「キリスト教幼児教育」の影響による受洗は、「児童伝道」(child evangelism) の成果と換言できるように、ボキャブラリーの差異には研究の余地がある。
36　Stransky, p. 280.
37　Nelson and Raith, p. 157.
38　Ibid., p. 161.
39　Ibid., p. 158.

しかしながら、より根本的な問題は、エキュメニカル運動における「宣教」理解がはたして十分に「キリスト教的」と呼びうるか否かではなく、「信仰と職制」「生活と実践」「宣教と伝道」という3つの潮流が、一つとして欠かすことのできない相互依存的関係にあるという重大な点が、エキュメニカル運動を支持する人々の間でさえ、しばしば見落とされてきた点にあるのではないだろうか。この問題については、WCCに関する多くの研究文書を取りまとめてきた米国のエキュメニカルリーダーであるマイケル・キナモン（Michael Kinnamon）が、「キリストへの共通の証し、キリストの体の一致を目指した神学的対話、そしてキリストの名のもとに正義と平和を唱えることは、（すべて）福音に対する相補的な応答であり、したがって、（これらすべては）教会のエキュメニカル・ヴィジョンの切り離せない部分（inseparable parts）とみなされるべきである[40]」と端的に述べている通りである。

そして、エキュメニカル運動を支持する人々の間で向き合われるべき、もう一つの根本的な問題は、WCCやNCCなどのエキュメニカル協議会が、ローカルレベルの教会の現場から見て「遠い存在」とのイメージを十分に払拭できていない点にある。

2-4　エキュメニカル協議会に対する批判

エキュメニカル協議会の組織形態については、未だ按手を受けた教会専従職員（church professionals）の管理下にあり過ぎると不満に思う人々がいる一方で、「あまりにも多くの『預言者たち』、すなわち、教会生活や教会運営の経験に乏しいエリートのロビイストを雇っており、『牧会的で、聖職者的で、教会らしい』タイプを十分に雇用していない[41]」と憤る人々がいる。それだけでなく、高位聖職者などの教会幹部によるハイレベル会合、訪問、視察、「対話」と呼ばれながら非公開で行われる会談は、世俗の政治の世界とあまりによく似ていると非難する人々や、数えきれないほどの国際会議の成果物は「必ずと

40　Michael Kinnamon, *Vision of the Ecumenical Movement: And How It Has Been Impoverished by Its Friends*, Chalice Press, 2003, p. 68. 括弧内は筆者による。
41　Stransky, p. 280.

言ってよいほど長過ぎる文書の形を取る[42]」ため、一部の研究者など、非常に限られた人々にしか読まれることがないと批判する人々もいる。エキュメニカル協議会の過度にアカデミックな側面や、聖職者支配的、エリート主義的側面は、ローカルレベルの教会の現場からかけ離れたイメージを形成し、エキュメニカル運動に対する「だから何だ」という感覚（"so what" feeling）を広げてきたと指摘されている[43]。

　しかしながら、忘れてはならないのは、WCCやNCCなどのエキュメニカル協議会に対するあらゆる批判は常に、それらに加盟するメンバー（加盟教会・団体・委員など）にも問い返されるという点である。なぜなら、この運動において先駆的存在となってきた教会でさえそうであったように、エキュメニカル協議会のメンバーであるということは、「真にエキュメニカルな考え方、態度、実践が（その教会等の）キリスト者の大多数に深く影響を与えることを保証するものではない[44]」からだ。教会幹部の多くはメンバー同士の心地良い相互的無関心や、好ましい活動だけを選んで参加するカフェテリア形式（cafeteria style）を望んでいるではないかとの批判が決して不当とは言えないのは、それが、エキュメニカル協議会は「教会の交わり」以上のものではなく、そのメンバーがエキュメニカル協議会に対して「エキュメニカルな」活動を行うことを一方的に期待してはならないという重大な原則に基づいているからである[45]。「第4の潮流」と呼ばれるエキュメニカル・フォーメーション（ecumenical formation）の領域で活躍したドイツの神学者エルンスト・ランゲ（Ernst Lange）が論じたように、エキュメニカル協議会は「教会を刺激し、教会を動かすために預言者的に思考し、発言し、行動する[46]」存在であり、それ（ら）が力を発揮するのは、教会同士が出会い、「教会の一致」をより明確に表現することについて、互いに奮起し合う時なのである。

42　Ibid., p. 282. WCCはすでに過負荷となっているアジェンダに、新たなプログラムを反射的に追加し過ぎているとも指摘される。多くの職員の時間とエネルギーが無数の国際会議に費やされるが、得られる成果は多くないという対費用効果の問題は、エキュメニカルな燃え尽きにつながっている。
43　Nelson and Raith, p. 160.
44　Stransky, p. 282. 括弧内は筆者による。
45　Nelson and Raith, p. 152.
46　Idem. Ernst Lange, *And Yet It Moves: Dream and Reality of the Ecumenical Movement*, Eerdmans, 1979, p. 136.

第3節　これからの運動の方向性

　興味深いことに、エキュメニカル運動に反対する人々が「生活と実践」の偏重、「信仰と職制」や「宣教と伝道」の軽視を論難してきたのに対し、この運動に献身的にかかわりつつも率直な批判を怠らずにきた人々は、「信仰と職制」が抱える問題を注視することによって、これからの運動の方向性を示そうとしている。以下においては、これまでの運動における成長モデルの限界と、再び焦点化されるべき「信徒の参加」（lay participation）とスピリチュアル・エキュメニズム（spiritual ecumenism）について検討していこう。

3-1　成長モデルの限界

　まず指摘されているのは、「信仰と職制」文書においては、『合意における成長』（*Growth in Agreement*）、『成長するコンセンサス』（*Growing Consensus*）のように、「成長」（growth）のメタファーが多用されてきた点である[47]。WCCにおいて成長モデルが最高潮に達したのは、1966年のジュネーヴにおける「教会と社会に関する世界会議[48]」から1968年のウプサラ総会にかけてのことであった。キナモンの分析によれば、当時のレポートは「自惚れ」と思われるほどの楽観に満ちており、世界各地の経済成長は真に貧しい人々の益となり、テクノロジーの進歩は人類の向上に資すると信じられていた。1972年の『成長の限界』（*The Limits to Growth*）レポートが発表される前に行われたウプサラ総会に、生態系についての危機意識はなく、社会変革を推進するために（限定的であれ）暴力を行使することの危険性も十分には認識されていなかった。そして、1960年代というエキュメニカルの「短くも暑い夏」において、「教会の一致」はそう遠くない将来に達成されうるものと見なされていた。しかし、当然ながら、楽観と希望[49]は区別されなければならない。「夏」にジュネーヴ会議

---

[47] Idem. Harding Meyer, Lucas Vischer, eds., *Growth in Agreement I: Reports and Agreed Statements of Ecumenical Conversations on a World Level*, Paulist Press, 1984. Joseph A. Burgess, Jeffrey Gros eds., *Growing Consensus: Church Dialogues in the United States, 1962-1991*, Paulist Press, 1995.
[48] Kinnamon, 2014, p. 156. ジュネーヴ会議では、ヨーロッパと北米以外からの参加者が初めて多数派となり、エキュメニカル運動の勢力図に変化が生じ始めた。
[49] Idem. 希望は「神の約束に基づいて、おそらく私たちの想像を超えているであろう真の新しさに信頼し、期待すること」を意味する。

が「私たちはキリスト者として、世界の変革のために働くことを約束します」と自信に満ちて宣言したのに対し、すでに「冬」が到来して久しい2006年のポルトアレグレ（ブラジル）におけるWCC第9回総会は、「神よ、あなたの恵みのうちに世界を変革してください」を主題とした。楽観に生きる人々は、自らが達成しうる物事について語るのに対し、「希望に生きる人々は、現在がいかに困難に見えようとも、神が成し遂げうることとこれから成し遂げられることに感謝する[50]」のである。

1960年代を最盛期とする成長モデルのエキュメニズムを、マイケル・ルートは「革命的」("revolutionary") エキュメニズムと呼び、「冬」においては新たなブレイクスルーに対する中毒状態から離脱した「『ノーマル』エキュメニズム ("normal" ecumenism)[51]」が求められていると主張する。ルートが勧めているのは、1998年のハラレ（ジンバブエ）におけるWCC第8回総会で提案され、WCCに加盟していない福音派、ペンテコステ派の人々とも出会える場として作り出されたグローバル・クリスチャン・フォーラム（The Global Christian Forum: GCF）のようなWCCよりもスリムで緩やかな組織を通して、「リアルだが限定的なコミュニオン[52]」を深めていくことである。これまでの公式対話と異なり、フォーラムには「合意せよ」との暗黙の圧力となるような公式スポンサーは存在せず、共同声明や文書の作成が目的化されることもない。より幅広い人々による生き生きとした神学的議論に価値が置かれているのは、それがローカルレベル、草の根のレベルのエキュメニズムの推進につながるためである。

将来的には、公式対話よりも「教派の境界を越えた非公式のかかわり（unofficial engagements）[53]」が重要になるのではないかとのルートの指摘は、約30年前に、上からのエキュメニズムはローカルレベルのエキュメニズムの経験によって常に補われなければならないとした『タブレット』の記者の見識と通底している。そして、ローカルレベルの教会の現場において「上からのエ

---

50 Ibid., p. 158.
51 Root, p. 37.
52 Ibid., p. 38.
53 Idem.

キュメニズムだけが『エキュメニズム』なのではない」との理解が共有されるようになるためには、「信徒の参加」と「スピリチュアル・エキュメニズム」が改めて焦点化される必要がある。

3-2　信徒の参加

　黎明期の卓越した指導者ジョン・R・モット（John R. Mott）が信徒であったように、エキュメニカル運動が、教会の不一致に対する一般信徒主導の抗議運動として始まったという事実はいくら強調してもし足りない[54]。だが一般的に、教会の按手を受けていないメンバーという「信徒」（laity）の定義には、「訓練と能力に欠けており、それゆえ、教会の按手を受けているメンバーに対して二次的な存在[55]」であるという否定的な含みが付き纏ってきたため、一般信徒は長きにわたり、説教、教え、牧会ケアの対象と見なされてきた。

　これに対して、WCCでは1948年のアムステルダムにおけるWCC第1回総会を機に「教会における信徒の重要性」（The Significance of the Laity）に関する委員会が設置され、1955年には信徒部門（Department on the Laity）が新設され、信徒と聖職者のいずれをも含む「神の民[56]」（people of God）の概念が採用されてきた。当時の関心は主に信徒男性（lay men）に向けられていたが、世俗的領域における信徒の宣教責任を中心とする信徒部門のプログラムは「女性たちと男性たちの協力を前提としていた[57]」ため、1959年に創刊された雑誌『信徒』（Laity）は、教会と社会における男性と女性の協力に関する部門（Department on the Cooperation of Men and Women in Church and Society）と共同で編集された[58]。1948年から1966年までWCC初代総幹事を務めたヴィレム・A・ヴィサートーフト（Willem A. Visser 't Hooft）が、「エキュメニズムの組織的、聖職者的形態と、信徒、青年、女性による『束縛を受けない』想像性に富んだエキュメニズムは、互いにとっての"レゾンデートル"（raison d'être）である[59]」と

54　Kinnamon, 2014, p. 154.
55　Elisabeth Adler, Jonah Katoneene, "Laity," in *Dictionary of the Ecumenical Movement*, pp. 658-659.
56　Ursula Schoen-Gieseke, "People of God" in *Dictionary of the Ecumenical Movement*, pp. 906-907.
57　Elisabeth Raiser, "Inclusive Community," in John Briggs, et. al., eds., *A History of the Ecumenical Movement, Volume 3, 1968-2000*, 2004, p. 262.
58　Adler and Katoneene, p. 660.
59　Kinnamon, 2003, p. 85. Ans J. van Bent, *W. A. Wisser' Hooft: Fisherman of the Ecumenical Movement*,

確信していた点はきわめて重要であり、1961年のニューデリー総会では信徒の完全な参加（full participation）が呼びかけられている。

機構再編によって、1971年に信徒部門は「刷新と会衆生活」サブユニットに吸収されたが、20年余りの時を経て、1991年のキャンベラ総会以降の「一致と刷新」プログラムユニットに「インクルーシブコミュニティに向けた信徒の参加」という課題が設定されたことにより、信徒の参加とフォーメーションは再びWCCのタスクに加えられた[60]。ヴィッサートーフトの後任として1972年までWCC総幹事を務めたユージン・カーソン・ブレイク（Eugene Carson Blake）も、この運動は「エキュメニカルな熱意が教会の構造によって制限されていることに気付いた、普通の教会の人々（ordinary church people）の懸念から生まれたものである[61]」ため、一般信徒の完全な参加を抜きにしたエキュメニカル運動は有り得ないとの見方を受け継いでいる。

しかし、実際のところ、「普通の教会の人々」はジェンダー、セクシュアリティ、障がい、人種、年齢、賜物などの差異を理由として様々に排除されてきた。ドイツの歴史学者でエキュメニカルリーダーのエリザベス・ライザー（Elisabeth Raiser）が鋭く指摘するように、「神の民」全体に属するはずのミニストリーは、あまりにも多くの場合、「聖職者である指導者、教会官僚（ecclesiastical bureaucrats）や幹部、学者や牧師に委ねられている。（しかし）排除はエキュメニカルな姿勢ではない[62]」という点はきわめて重要である。

エキュメニカルな交わりをよりインクルーシブにしていくための変革の動きが、1960年代に勢いを増した点についてはすでに見てきたが、ライザーによれば、それは、解放と参加のための政治的闘争と併走して進められ、反アパルトヘイト運動、公民権運動、とりわけ女性運動から力を与えられてきた。したがって、これからの運動における「信徒の参加」の焦点化は、排除の力に抵抗し、人間共同体の綻びの修復に取り組んでいくことと並行して進められなければならない。そして、そのような試みは、「すべての人を一つにしてくださ

WCC, 2000, p. 34を参照。
60　Adler and Katoneene, pp. 661-662.
61　Raiser, op. cit., p. 243. "Eugene Carson Blake Dies, Was WCC Leader 1962-72," *Ecumenical Press Service*, 11-20 July 1985を参照。
62　Idem.

い」というイエスの祈り（ヨハネ17：21-23）との共鳴に始まるものである。

3-3 スピリチュアル・エキュメニズム

1910年のエディンバラ（スコットランド）における世界宣教会議で確認されているように、スピリチュアル・エキュメニズムとは、「すべての人を一つにしてください」というイエスの祈りに共鳴することであり、「イエス自身がその霊の働きによって、それぞれの人の中から、すべての人に良き知らせを宣べ伝えることのできる和解した教会（a reconciled church）を立ち上げられるようにすること[63]」を意味する。また、スピリチュアル・エキュメニズムはWCCの基礎であり、「機能的には、『生活と実践』（1925年）や『信仰と職制』（1927年）の初期の会議で表現された実践的・神学的エキュメニズムに先行する福音的要件（a gospel requirement）として定義され、それらを正当化し、調和させるもの[64]」と説明される。

スピリチュアル・エキュメニズムの父と呼ばれるフランスのリヨンの修道士ポール・クチュリエ（Paul Couturier）が、1935年から現在に続く「キリスト教一致祈祷週間」（Week of Prayer for Christian Unity）に取り組み始めたことは、第二バチカン公会議への道を切り開いてきた[65]。同公会議は、1964年の『エキュメニズムに関する教令』（Unitatis Redintegratio）第8節でスピリチュアル・エキュメニズムに直接的に言及し、一致のための公私にわたる祈りは「エキュメニカル運動全体の魂（the soul of the whole ecumenical movement）[66]」であるとの理解を明らかにしている。言い換えれば、「祈り」を抜きにしては、エキュメニカル運動は「魂のない官僚主義[67]」やルーティンへと堕落するのである。キリストの体のメンバーとして、すべてのキリスト者がイエスの祈りに共鳴するためには、一致のための祈りは「『心と生活の余白』だけに触れるのではなく、共同体全体に浸透しなければならない[68]」。言い換えれば、一致のた

---

63 Régis Ladous, "Spiritual Ecumenism," in *Dictionary of the Ecumenical Movement*, p. 1069.
64 Idem.
65 Antonia Pizzey, *Receptive Ecumenism and the Renewal of the Ecumenical Movement: The Path of Ecclesial Conversion*, Brill, 2019, p. 62.
66 Kinnamon, 2014, p. 153-154.
67 Pizzey, p. 10.
68 Ibid., p. 11. Walter Kasper, "The Ecumenical Movement in the 21st Century," (presentation, the

めの祈りは、個人的に行われるだけでも、共同体の中で時々行われるだけでも足りないのである。

2006年以降、ローマ・カトリック教会のポール・マレー（Paul Murray）を中心に提唱されているリセプティブ・エキュメニズム（receptive ecumenism）は、スピリチュアル・エキュメニズムを焦点化するための比較的新しい動きである。目に見える成果や成功への執着を手放す時、エキュメニカル運動は再び「単に人間の仕事としてではなく、謙虚さと希望をもって、キリストから与えられ（Christ-given）、聖霊に導かれ（Spirit-led）、回心を深めるための努力として[69]」取り組まれるようになる。

現在、スピリチュアル・エキュメニズムは、ローマ・カトリック教会やWCCだけでなく、主流派プロテスタントにおいても再び焦点化されようとしている。これからの運動においても、「同じようにキリストの名を呼ぶ他の人々との根本的なつながりを思い出させ[70]」、神の子どもたちとしての共通のアイデンティティを認識するための謙虚さや、神が与えられるものに基づいて行動する強さと勇敢さを願い求めるための「祈り」は、欠くべからざるものであり続けるに違いない。

3-4 「エキュメニカルの冬」の再定義に向けて

以上に見てきたように、「エキュメニカルの冬」の到来には、1990年代以降の運動の後退、主流派プロテスタントの衰退に加えて、「女性の按手」やヒューマンセクシュアリティに関連する神学的、文化的課題をめぐる教会の対内的・対外的分裂が影響してきた。そのような状況は、「教義は分かつが、奉仕は一つにする」という有名なスローガンを逆転させ、今や教義よりも倫理観の違いが分断の引き金となっている。しかし、ジェンダー正義の視点から再解釈するならば、「冬」の到来は従来よりもインクルーシブな「教会の一致」が大胆に思い描かれるようになった、新しい季節の始まりでもあったのではない

40th anniversary of the Joint Working Group between the Roman Catholic Church and the WCC, 18 November 2005)を参照。
69　Idem.
70　Kinnamon, 2014, p. 154.

第1章　エキュメニカルの冬

だろうか。

　「冬」の到来から30余年、教会と社会には様々な変化のうねりが起こってきた。例えば、毎年11月25日の「女性に対する暴力の撤廃国際デー」から12月10日の「世界人権デー」にかけて展開される国際キャンペーンに「ジェンダーに基づく暴力に反対するアクティビズムの16日間[71]」（16 Days of Activism against Gender-based Violence）がある。世界各地の教会が国連女性機関（UN Women）や市民運動と連携しながらこのキャンペーンに参加しているが、これが開始されたのは「冬」が訪れてまもない1991年のことである。この間の変化を適切に捉えるならば、これまでの（主として男性の）高位聖職者・教会官僚中心的な成長モデルや、「上からのエキュメニズム」からの離脱が呼びかけられている現在、従来の視点による「冬」という否定的評価は、決して普遍的に妥当であるとは言えない。「冬」の到来は、様々な差異を生きる「すべての人々のいのちの神聖さと尊厳[72]」を肯定することのできないエキュメニズムや、ジェンダー正義をほとんど反映しないエキュメニズムの破綻に過ぎないのではないか。このように疑いうる限り、「冬」という喩えに一致のための祈りと（楽観ではなく）希望を込めて、疑問符を付けることは可能であろう。

　次章では、「冬」の時代に必要でありながら、未開発なままであると指摘されている「信徒の参加」に視点を移し、「神の民」がもっぱら高位聖職者・教会官僚によって表象され、様々な差異を生きる人々が排除されてきた問題を読み解いていく。

71　日本聖公会では「ジェンダー暴力と闘う16日間」と訳され、「女性に対する暴力の根絶を求めて祈る」礼拝が行われている。
72　2020年12月16日にロンドンで発足したThe Global Interfaith Commission on LGBT＋Livesは「すべての人々のいのちの神聖さと尊厳」に関する宣言文を発表している。日本からは西原廉太氏（WCC中央委員）と筆者（CCA常議員）（いずれも当時）が発足時に署名した。

Column ❶
世界宣教会議（WMC）

　世界教会協議会（WCC）の総会代議員や中央委員の多くを聖職者（clergy）が務めてきたことを理由に、エキュメニカル運動はもっぱら教会指導者（church leaders）の運動としてイメージされることが多い。しかし、この運動の源流となっている1910年のエディンバラ（スコットランド）における世界宣教会議（World Missionary Conference: WMC）は、19世紀に展開された宣教師運動だけでなく、青年や学生による信徒運動（lay movement）なしには実現しなかった。初期の傑出したエキュメニカルリーダーたちを輩出したのは、キリスト教青年会（Young Men's Christian Association: YMCA）、キリスト教女子青年会（Young Women's Christian Association: YWCA）、学生キリスト者運動（Student Christian Movement: SCM）、世界学生キリスト者連盟（World Student Christian Federation: WSCF）などであり、1948年にアムステルダム（オランダ）で開催された第1回総会の参加者の約80パーセントが、青年や学生による信徒運動にかかわってきた人々であった[1]。

　世界宣教会議で議長を務めた米国メソジスト教会のジョン・R・モット（John R. Mott, 1865-1955）は、1895年にスウェーデンで発足したWSCF（大学の学生・教員を中心とするSCM運動の連合体）で指導的役割を担ってきたエキュメニカルリーダーである。「彼がこの世にいなければ、エキュメニカル運動は現在のような形にならなかった」、「パウロの次にイエス・キリストの福音を広めた」とも言われるモットは、キリストのために信徒や青年を用いることの重要性を確信していた[2]。1946年当

1　R. David Nelson, Charles Raith II, *Ecumenism: A Guide for the Perplexed*, T&T Clark, 2017, pp. 29-32.
2　Michael Kinnamon, Brian E. Cope eds., *Ecumenical Movement: An Anthology of Key Texts and Voices*, WCC Publications, 1997, p. 10.

時、YMCAの代表であったモットは、エキュメニカル運動を通して平和のための国際協力を促進する「宗教的兄弟愛[3]」の構築に貢献したことを理由に、ノーベル平和賞を授与されている[4]。

世界宣教会議の実現に寄与したもう一つの運動は、信仰覚醒運動の結果として生まれた宣教師運動であった。世界レベルでの宣教会議を開くというアイデアは、「近代宣教の父」として知られ、インドで奉仕する宣教師であり、聖書の翻訳家でもあったウィリアム・ケアリー（William Carey, 1761-1834）が、1810年に喜望峰（南アフリカ）での開催を提案したことに遡る[5]。世界各地で宣教活動に携わる中で、キリスト者の不一致が躓きの石となっていることに気付いた人々は、19世紀半ば以降、一致を推進するための国際的な宣教会議を、ロンドン（1888年）やニューヨーク（1900年）などの大都市で断続的に開催した。そのような動きの集大成となったのが、176の宣教協会（mission boards）の代表者が一堂に会した世界宣教会議であった[6]。北米から59、大陸ヨーロッパから58、英国から47のプロテスタントの宣教協会が参加した。世界宣教会議と謳われていたが、正教会やローマ・カトリック教会からの参加はなく、約1,200人の参加者のうち、圧倒的多数は英国人や米国人の男性たちであった。今日の視点から見れば、世界宣教会議の西洋・プロテスタント・白人・男性中心的な構成が完全に時代遅れである点は、WCCの運動に関する入門書においても指摘されるようになっている[7]。

一方、世界宣教会議は、それ以前の国際的な宣教会議と異なり、教会ではなく宣教協会の正式代表者が参加した点や、詳細な準備資料をもとに重要事項が決議された点、閉会後に世界宣教会議の「継続委員会」

3　https://www.nobelprize.org/prizes/peace/1946/mott/facts/, accessed July 22, 2023.
4　Geoffrey Wainwright, Paul McPartlan eds., *The Oxford Handbook of Ecumenical Studies*, Oxford University Press, 2021, p. xv.
5　Nelson and Raith, p. 30.
6　Kenneth R. Ross, Jooseop Keum, Kyriaki Avtzi, Roderick R. Hewitt, eds., *Ecumenical Missiology: Changing Landscapes and New Conceptions of Mission*, Fortress Press, 2016, p. 8.
7　Nelson and Raith, p. 52.

(Continuation Committee)が設置され、さらなる運動が展開された点などに大きな特徴があった。世界宣教会議の8つの分科会では、①非キリスト教世界に福音を宣べ伝えること、②宣教地における教会、③国民生活のキリスト教化(Christianization)にかかわる教育、④非キリスト教の諸宗教に関する宣教師のメッセージ、⑤宣教師の養成、⑥宣教のホームベース、⑦宣教と政府、⑧協力・キリスト者の一致(Christian unity)の推進が主題となった。そして、世界宣教会議の最大の目的は、アジア太平洋やアフリカなどの「非キリスト教世界」を対象とする宣教活動を推進すること、すなわち「全世界に福音を宣べ伝えること」であった。世界宣教会議に参加した人々は、諸宗教や諸文化はキリスト教の福音や西ヨーロッパ文明の衝撃の中で崩壊していくであろうと考え、この世におけるキリスト教の勝利を楽観していたと考えられている[8]。

　世界宣教会議に参加した約1,200人のうち、17人ないし19人は、西洋の宣教師運動が取り組んだ教会の拡張によって生まれた新しい教会、すなわち「より若い教会」(younger churches)から派遣されて来た人々であった[9]。西ヨーロッパ中心的な視点からは格下と見なされていたため、「より若い教会」が世界宣教会議に参加することには反対の声も上がっていた。「より若い教会」を代表する人々のほとんどはアジア人の男性たちであり、彼らは皆、SCMにかかわりのある人々であった[10]。人数では劣りながらも、アジア人の男性たちは西洋の宣教師によるパターナリズム(父親的温情主義、保護者的統制主義などと訳される)に異議を唱え、宣教地の教会の人々との関係性を問い直した。宣教師的帝国主義(missionary imperialism)への反撃の中心人物となったのは、南インドの

8　西原廉太「エキュメニズムに進むキリスト教」、荒井献・出村彰監修、栗林輝夫・西原廉太・水谷誠著『総説キリスト教史3 ── 近・現代篇』、日本キリスト教団出版局、2007年、234頁。
9　Ross, et. al., p. 8. S. Wesley Ariarajah, "Dialogue, Interfaith," in Nicholas Lossky, et. al., eds., *Dictionary of the Ecumenical Movement*, 2nd Edition, WCC Publications, 2002, p. 312.
10　Ninan Koshy, *A History of the Ecumenical Movement in Asia: Part 1*, Christian Conference of Asia, 2004, p. 50. 日本から参加した原田助、本多庸一、井深梶之助、千葉勇五郎の発言については、Brian Stanley, *The World Missionary Conference, Edinburgh 1910*, Wm. B. Eerdmans Publishing, 2009, pp. 111-118を参照。

コラム1　世界宣教会議（WMC）

奥地にある小さな村で生まれ、後にインド人として初めて聖公会の主教となったV・S・アザリア（V. S. Azariah, 1874-1945）であった。

　アザリアは、宣教師の犯した過ちの一つとして、外国人宣教師と宣教地の人々の協力関係に関する問題を指摘した[11]。これはデリケートな問題であったため、その発言は遮られそうになったが、議長のモットの采配によってアザリアは率直に発言することができた。アザリアは、主と弟子たちは、単なる教師と教え子ではなく「友人と友人たち（Friend and friends）」の関係性にあったと論じ、「外国の宣教師は、同僚たる（現地の）働き手の『友人』になってきたと本当に言えるのだろうか」、「現在、宣教師とインド人の働き手の関係性は、主人と奴隷の関係性と同じである」、「（宣教師の）『私たちのお金』、『私たちのコントロール』というお気に入りのフレーズは手放されなければならない」と訴えた[12]。

　アザリアによれば、宣教師はインドにおいて「父」と呼ばれており、最初の世代の改宗者たちはそれを喜んで受け入れた。時代が移り変わると、若い宣教師が厚かましくも「父」として尊敬を求めるようになり、すでに世代交代の進んでいる現地のキリスト者たちは「子ども扱いされたくない」、「いつまでも教会のリーダーシップを独占されたくない」と考えるようになった。それゆえ、アザリアは世界宣教会議で「私たちは愛も求めたいと思う。私たちに『友人』をください（Give us FRIENDS）[13]」と嘆願した。この訴えは多くの宣教師に非常に強烈な印象を与えたため、アザリアを叱責すべきか否かが真剣に話し合われた。しかし、モットによる助言がそれに打ち勝ち、彼を含め、青年や学生による信徒運動を通してつながってきた世界中の「友人」たちは、アザリアの発言に共鳴していった[14]。

　先に触れた世界宣教会議の継続委員会は、1921年に常設的な「国際宣

11　Carol Graham, "The Legacy of V. S. Azariah," *International Bulletin of Mission Research*, 9 (1), 1985, p. 16.
12　V. S. Azariah, "The Problem of Co-operation between Foreign and Native Workers," in *The Ecumenical Movement: An Anthology of Key Texts and Voices*, p. 327.
13　Idem.
14　Koshy, pp. 51-52.

教協議会」(International Missionary Council: IMC)に再編され、モットはIMCにおいても議長を務めた（コラム②を参照）[15]。IMCは中国、インド、中近東、一部のアフリカ地域、日本における教会協議会（National Council of Churches: NCC）の組織化を促進した。各宣教地に現地のキリスト者を主体とするNCCが組織されていくと、宣教・伝道にかかわる活動のイニシアティブは、欧米の宣教師から現地の教会指導者に移るようになった。このようにして「より若い教会」の人々は徐々に存在感を増し、1910年の世界宣教会議では参加者全体の約1パーセントに過ぎなかったが、1928年にエルサレムで開かれたIMC世界会議では参加者全体の4分の1を占め、1938年のタンバラム（マドラス［現チェンナイ］、インド）では過半数を超えるようになった。

---

15 世界宣教会議の閉会後、1912年から1913年にかけてモットがセイロン（現スリランカ）、インド、ビルマ、マラヤ（現マレーシア）、中国、コリア（当時の植民地朝鮮）、日本を訪問したことは、アジアにおけるエキュメニカル運動の基礎づくりに貢献した。

第2章　信徒の参加

　「エキュメニカルの冬」の最中にあって、「上からのエキュメニズム」だけがエキュメニズムなのではないとの理解を広げていくためには、「信徒の参加」（lay participation）が再び前景化されなければならない。世界教会協議会（WCC）信仰職制委員会が「リマ文書」として知られる収斂文書『洗礼、聖餐、職務』（*Baptism, Eucharist and Ministry: BEM*）を1982年に発表して以来、30余年をかけて完成させた『教会――共通のヴィジョンを目指して』（*The Church: Towards a Common Vision: TCTCV*）は、この点について次のように宣言している。

> 神の言葉に対する証言を担う預言者的な民であるように、そしてキリストへの服従においていのちの犠牲を捧げる祭司的な民であるように、また神の統治の確立のための道具として仕える王的な民であるように、神の民全体（whole people of God）が召し出されている。教会のすべてのメンバーはこの召命を共有する[1]。

　しかしながら、従来のエキュメニカルリーダーたちは男性間の使徒的継承を基本とする「按手」（ordination）に強いこだわりを持ち、その伝統や慣習に包含されてこなかった（信徒男性を含む）多くの人々の「参加[2]」（participation）

---

[1] 世界教会協議会（WCC）世界宣教伝道委員会・信仰職制委員会編（西原廉太監訳、村瀬義史・橋本祐樹訳）『いのちに向かって共に／教会――現代世界エキュメニカル運動における二大重要文書』、キリスト新聞社、2017年、109頁。World Council of Churches, *The Church: Towards a Common Vision*, Faith and Order Paper No. 214, WCC Publications, 2013, p. 12.「神の民全体」については原語を補った。

[2] 「参加」とは、組織への所属、意思決定機関のメンバーとしての活動、政策決定、手続き、プログラム、スタッフの配置、資金調達などへの関与を指す。世界レベルの会議に一度だけ参加することもあれば、その経験がより積極的なかかわりへ発展することもある。Dorothy Harvey, "Participation," in Nicholas Lossky, et. al., eds., *Dictionary of the Ecumenical Movement*, 2nd Edition, WCC Publications, 2002, p. 880を参照。

に対し、しばしば排斥の眼差しを向けてきた。WCC「刷新と会衆生活サブユニット」(Sub-unit on Renewal and Congregational Life) の責任者であったオーストラリア合同教会のデイヴィッド・ギル (David Gill) が、「『預言的ヴィジョンと識別の特別な賜物』は人生の晩年を迎えた、按手を受けた男性たち (ordained males in their declining years) に特有のものであるという思い込み[3]」は容易に消えるものでないと指摘しているように、「エキュメニカルの冬」に取り組まれるべき課題の一つは聖職者中心主義[4] (clergy-centrism) に他ならない。本章では、20世紀のエキュメニカル運動における最大の成果の一つとされる「信徒の再発見[5]」(the rediscovery of the laity) とはいかなる事態を指すのかをはじめとして、「信徒の参加」にかかわる前世紀の運動史を紐解いていく。

第1節　信徒の再発見

　教会のメンバーの大多数が信徒であることや、プロテスタントにおける万人祭司 (priesthood of all believers) の原則を念頭に置くならば、「信徒の再発見」という言葉には多くの人が違和感を覚えることだろう。しかしながら、「信徒」(laity) という言葉には、4世紀頃から早くも「冒瀆的」(profane) なものを表現するものとして用いられてきたという経緯がある。まずは、「信徒の再発見」をめぐる初期の議論の検討から始めていくことにしよう。

1-1　信徒の一般的定義

　「信徒」は一般的に、按手、神学的訓練、能力の欠如を特徴とする二次的

3　David Gill, "Participation: Beyond the Numbers Game," *The Ecumenical Review*, 40 (3), October 1988, p. 489.
4　西原廉太「エキュメニズムに進むキリスト教」、荒井献・出村彰監修、栗林輝夫・西原廉太・水谷誠著『総説キリスト教史――近・現代篇』、日本キリスト教団出版局、2007年、251頁では、信徒の再発見は「必然的に聖職中心主義を否定する」と指摘された。なお、F. L. Cross and E. A. Livingstone eds., *The Oxford Dictionary of the Christian Church*, 3rd Edition, Oxford University Press, 2009, p. 305によれば、「聖職者主義」(clericalism) は、聖職者の過度に専門的な考え方、会話、行動を非難するために用いられる。
5　日本における主な先行研究は、以下の通り。竹中正夫「世俗世界における教会の共同の責任 (一)」『基督教研究』33 (2)、1964年、87-98頁。竹中正夫「信徒の聖務についての主要文献」『基督教研究』33 (3)、1964年、357-364頁。江藤直純「神の民としての信徒論――現代の宣教的教会論構築のための一試論 (1)」、『テオロギア・ディアコニア』(30)、1996年、41-56頁。

存在であり、説教、教育、牧会ケアの対象／客体として定義付けられてきた。「信徒」に相当するギリシャ語のライコス（λαϊκός）（聖書には登場しない）の語源となったラオス（λαός）は、旧約聖書では主に「神の民」であるイスラエルについて用いられるのに対し、新約聖書ではユダヤ人と異邦人の両方を含むキリスト者全体を指す[6]。20世紀のエキュメニカル運動では、1982年の「リマ文書」のミニストリーに関する節が「神の民全体の召命」から始まるように、按手を受けた聖職者、神学者、専従教会職員（professional church workers）との比較以外の方法で「信徒」を理解するために、「神の民」の概念が用いられるようになった[7]。その背景には世界YMCA、世界YWCA、学生キリスト者運動（SCM）、世界学生キリスト者連盟（WSCF）のように若者や学生たちが牽引し、19世紀末から20世紀初頭にかけてヨーロッパ及び北米で展開されたエキュメニカルな信徒運動（lay movements）がある。若者や学生たちを中心とする信徒運動は、エディンバラにおける世界宣教会議（1910年）で議長を務めた米国メソジスト教会のジョン・R・モットをはじめとする信徒のエキュメニカルリーダーを数多く輩出しており、モット自身は1932年の著作『キリスト教の信徒の力を解放する』（*Liberating the Lay Forces of Christianity*[8]）を通して、宣教活動における信徒の重要性を訴えてきた[9]。

1-2　WCC成立以前の議論

信徒の重要性が強調されるようになる背景には、世俗化の急速な広がりによるキリスト教世界（corpus Christianum）の崩壊がある。「教会がほとんどどこにおいても、現代世界とのコミュニケーションに大きな困難を抱える少数派

6　Elisabeth Adler, Jonah Katoneene, "Laity," in *Dictionary of the Ecumenical Movement*, pp. 658-659.
7　World Council of Churches, *Baptism, Eucharist and Ministry*, Faith and Order Paper No. 111, World Council of Churches, 1982, p. 16. 日本キリスト教協議会信仰と職制委員会、日本カトリック教会エキュメニズム委員会編訳『洗礼・聖餐・職務──教会の見える一致をめざして』、日本基督教団出版局、1985年、69頁を参照。
8　John R. Mott, *Liberating the Lay Forces of Christianity: The Ayer Lectures for 1931*, Macmillan, 1932. ＝ジョン・アァル・モット著（齊藤惣一訳）『神の國建設者──現代に於ける基督教徒の任務』、基督教思想叢書刊行会、1933年。
9　Hans Ruedi Weber, "The Ecumenical Movement, the Laity, and the Third Assembly," *The Ecumenical Review*, 13 (2), January 1961, p. 207.

になりつつある[10]」と認識されるようになったのは、国際宣教協議会（IMC）が1928年に開いたエルサレム会議においてのことである[11]。また、信徒のエキュメニカルリーダーである英国教会のJ・H・オウルダム（J. H. Oldham）はこの時、彼が宗教と見なすところの「世俗主義」（secularism）こそが、東洋におけるキリスト教の本当の敵対者（real opponent in the East）であると確信していた[12]。教会が社会のあらゆる場所に存在する「信徒」を通してキリストを証しする必要性が強調されたのは1937年、「生活と実践」運動による「教会、共同体、国家」に関するオックスフォード会議においてであった。様々な専門分野を持つ男性と女性の「信徒」が参加したこの会議は、戦時中に生まれた多くの信徒運動にインスピレーションを与えたと評価されている[13]。

　教会を、礼拝、説教、牧会などのために組織された共同体（society）であると同時に、「人生についての新しい理解を与えられ、その全体的な展望と行動に影響を与える変化を受けた男性と女性からなる共同体[14]」として思い描いたオウルダムは、教会が社会的・政治的領域で力を発揮するためになすべき最初の仕事は、「教会に関する私たちの考えを俗化させる（laicize）ことである[15]」と論じた。オウルダムは「それは、礼拝と労働（worship and work）の間の失われた一致を回復させるという課題である[16]」と発言し、宣教と奉仕（社会倫理）のいずれにおいても「信徒の役割」（role of the laity）が重要となると主張している[17]。なぜなら、社会生活にキリスト教的動機を浸透させるというキリスト者の責任（Christian responsibility）は実際に社会生活に参加する人々、す

10　Hans-Ruedi Weber, "The Rediscovery of the Laity in the Ecumenical Movement," in Stephan C. Neill, Hans-Ruedi Weber, eds., *The Layman in Christian History: A Project of the Department of the Laity of the World Council of Churches*, S.C.M. Press, 1963, p. 378.
11　エルサレム会議では初めて「世俗主義」（secularism）にも焦点が当てられたが、それは物質主義や精神性の欠如ではなく、「科学、技術、工業化に基づく普遍的な文化（universal culture）の出現」の意味で論じられたとの指摘もある。Kathleen Bliss, "The Ecumenical Movement and the Role of the Laity," *The Ecumenical Review*, 10 (3), April 1958, p. 251を参照。
12　Weber, 1963, p. 383.
13　Bliss, 1958, p. 252.
14　Weber, 1963, p. 383.
15　Idem. W. A. Visser 't Hooft and J. H. Oldham, *The Church and Its Function in Society*, Allen and Unwin, 1937, p. 118.
16　Ibid., p. 378.
17　Hans-Ruedi Weber, "On Being Christians in the World: Reflections on the Ecumenical Discussion about the Laity," in Nicholas Apostola ed., *A Letter from Christ to the World: An Exploration of the Role of the Laity in the Church Today*, WCC publications, 1998, p. 36.

なわち「教会の伝統、説教、聖餐式によって養われ、教会の教えによって指導され、教会の交わりと祈りによって支えられている[18]」信徒の行動によってのみ果たし得るからである。このような考えから、同年に発足したWCC暫定委員会において、オウルダムは早くも総会と中央委員会の3分の1は信徒が占めるべきだと主張していた[19]。

同じく1937年に開催された第2回「信仰と職制」世界会議(エディンバラ)では、「福音を証しし、み心を宣言するという召命は、聖職者のミニストリー(ordained ministry)だけに与えられるものではない。教会は、男性と女性の信徒による預言と教えの賜物の行使を大いに必要としており、またそれを期待し、歓迎すべきである[20]」と論じられ、すべてのキリスト者が召されている「王の祭司[21]」(royal priesthood)の概念は、聖職者のミニストリー以外を排除するものではない点が示唆された。

第二次世界大戦が終結すると、東西ドイツ、スウェーデン、スイス、オランダ、フランス、イタリア、スコットランドなどのヨーロッパ各地に「信徒アカデミー」(lay academies)の設立運動が起こり、様々な職業を持つ信徒の対話が促進された。また、いずれも信徒であるフランスの神学者スザンヌ・ド・ディートリヒ(Susanne de Dietrich)とオランダの宣教学者ヘンドリック・クレーマー(Hendrik Kraemer)らは、「信徒」の証しの活性化による「教会の刷新」を目的として、1946年、ジュネーヴ近郊にボセー・エキュメニカル研究所(Bossey Ecumenical Institute)を設立した[22]。このような過程を経て、1948年にアムステルダムで開催されたWCC第1回総会では、「信徒」は教会の99パーセント以上を構成すると理解され、クレーマーを幹事とする「教会における信徒の

---

18 Weber, 1963, p. 383. J. H. Oldham, *The Oxford Conference (Official Report)*, Willet, Clark & Company, 1937, pp. 49-50を参照。
19 Gill, p. 488. W. A. Visser 't Hooft, *Memoirs*, 2nd edition, World Council of Churches, 1987, p. 79を参照。
20 World Council of Churches, *The Second World Conference on Faith and Order held at Edinburgh, August 3-18, 1937*, SCM Press, 1938, p. 235. Weber, 1963, p. 386によれば、著名な改革派の教会関係者はすぐに反発し、「『預言』を信徒に許すのは非常に危険なことだ……信徒の活動を奨励することについては支持したいが、『預言』はいけない」と発言した。
21 聖書協会共同訳。新共同訳では「王の系統を引く祭司職」と訳される。
22 Michael Kinnamon, *Vision of the Ecumenical Movement: And How It Has Been Impoverished by Its Friends*, Chalice Press, 2003, p. 76. 当初は、教育者、医療関係者、実業家、芸術家、新聞記者など、同じ職業の信徒が集まる専門的会合に焦点が当てられていた。

重要性」(the significance of the laity in the church)に関する委員会が設置された。

1-3　WCC成立当時の議論

「教会における信徒の重要性」に関する委員会は、教会の奉仕における「信徒の正しい使用と訓練（the right use and training）[23]」、すなわち、教会指導者が信徒を「どのように使うのか」を検討するもので、後の研究ではそのパターナリスティックな（父権的温情主義的）傾向が指摘されている[24]。しかし、他方では、「信徒」という言葉が女性を包含する点は明確に示されていた[25]。

アムステルダムでは、「何百万もの人々が、教会は現代世界の上に浮かんでいる[26]」と考えるような世俗化の進んだ世界に対応し得るのは、聖書のメッセージをこの世に示すための最も自然な機会を持つ「霊的に知的かつ活動的な信徒（a spiritually intelligent and active laity）[27]」「成熟した信徒[28]」（mature laity）の証しのみであるとの切迫した認識から、「王の祭司、聖なる国民、神のものとなった民」（第一ペトロ2：9）として、また、「キリストの体」（エフェソ4：16）としての教会論の再考が必要とされた[29]。そのために教会は、教会と世界という二つの区画に分かたれた生活を送っているがゆえに霊的な活力を失いつつある「信徒」を指導し、「キリストの体」の一部分として生きて働く経験によって支えられているという確信（certainty）を与えてやらなければならない。このようにして、「特に宣教の分野で、信徒の参加の比類のない機会が開かれている[30]」状況において、「信徒」は最大の未開発資源であると考えられるようになった。

1949年、ドイツのルター派神学者ハンス・ヘルマン・ヴァルツ[31]（Hans Hermann Walz）を責任者として、暫定的に設置された「信徒の働きのための

23　W.A. Visser 't Hooft eds., *The First Assembly of the World Council of Churches : Held at Amsterdam, August 22nd to September 4th, 1948*, World Council of Churches, SCM Press, 1949, p. 153.
24　Weber, 1961, p. 206.
25　*The First Assembly*, p. 155, 158. モットは、特に女性が強調された点を喜んだ。
26　Ibid., p. 154.
27　Idem.
28　Weber, 1963, p. 381.
29　*The First Assembly*, p. 154.
30　Ibid., pp. 155-156.
31　Hans Hermann Walz, "Lay, Theology of the Laity, Laymen's Work: A Lexicographical Study," *The Ecumenical Review*, 6 (4), July 1954, pp. 469-475.

事務局」(Secretariat for Laymen's Work) は、ボセー・エキュメニカル研究所の協力に支えられながら、1951年にバート・ボル（ドイツ）においてヨーロッパ信徒会議を、1952年にバッファロー（米国）において北米信徒会議を開催している。1951年から1955年にかけて発行された機関紙『信徒の働き』(Laymen's Work) はヨーロッパから北米、そしてすべての大陸へと段階的に視野を広げ、「信徒の働き」が世界中の教会にとって差し迫った関心事であることを明らかにした[32]。ヴァルツは、1955年に任期を終える際、「信徒の働きは、単なる素人の働き（lay business）に堕してはならない。（中略）むしろ、教会そのものに対する新しい理解と、聖霊によってもたらされた教会の刷新を表現するものでなければならない[33]」との言葉を残している。このようなグラウンドワークを経て、1960年代にかけて「信徒の働き」がかつてなく体系的、包括的、集中的に議論される時代が到来する[34]。クレーマーによる1958年の『信徒の神学』(A Theology of the Laity) や、ローマ・カトリック教会のイヴ・コンガール (Yves Congar) による翌年の類書は多くの言語に翻訳され、「信徒の再発見」と呼ばれる刷新の動きは世界的に広がっていった[35]。

第2節　信徒のミニストリー

1954年にエヴァンストン（米国）で開催されたWCC第2回総会では、6つの主要テーマの一つに「信徒の再発見」が位置付けられ、「世界における信徒のミニストリー」(The Ministry of the Laity in the World) と題する声明文が発表された[36]。以下においては、信徒部門 (Department of the Laity) の設置から消滅までの議論を見ていこう。

32　Weber, 1963, p. 378.
33　Weber, 1961, p. 208. 出典は明らかにされていない。
34　Adler and Katoneene, p. 658.
35　Donald W. Norwood, *Pilgrimage of Faith: Introducing the World Council of Churches*, WCC Publications, 2018, p. 31. H. Kraemer, *A Theology of the Laity*, Lutterworth Press, 1958 = H・クレーマー（小林信雄訳）『信徒の神学』、新教出版社、1968年などが日本でも翻訳された。W. A. Visser 't Hooft ed., World Council of Churches, *The Evanston Report: The Second Assembly of the World Council of Churches, 1954*, SCM Press, 1955, p. 160.
36　World Council of Churches Central Committee, "The Ministry of the Laity in the World," *The Ecumenical Review*, 9 (1), October 1956, pp. 58-61 を参照。

2–1　エヴァンストン総会（1954年）

　1948年のアムステルダムでの第1回総会では「『活用』のための信徒の動員[37]」が目指されたのに対し、エヴァンストンでは、信徒の働きは、過重な負担や人員不足に陥っている聖職者の働きを補うための手段ではないと理解され、「『神の民』としての教会の真の姿を再発見することから生まれたもの[38]」として、世界に対するキリストのミニストリーを教会全体（洗礼を受けたすべての人）で分かち合う特権を表す意図から「信徒のミニストリー」（ministry of the laity）という語彙が用いられるようになった。ミニストリーにおいて聖職者と信徒は互いを必要としているのであって、世界各地で推進されている「信徒の再発見」は反聖職者的（anti-clerical）な運動ではない点が確認された。

　エヴァンストンでは、工業化の結果として「キリスト教国」からかつての地域社会が消え去り、高度な学問や技術を要する仕事が過大評価されたり、労働（work）が人生のすべてであるかのように偶像化されたりすることによって、神や人々との正しい関係性の構築が妨げられるようになるだけでなく、世俗化によって教会の求心力が低下していることへの危機感が共有された[39]。「今日の信仰の本当の戦い（real battles of the faith）は、工場、商店、オフィス、農場で、政党や政府機関で、無数の家庭で、報道機関、ラジオ、テレビ、国家間の関係で行われている。教会は『これらの領域に入るべきだ』とよく言われるが、実際には、教会は信徒の中ですでにこれらの領域に入っている[40]」との認識から、世界に対する「教会の代表者」（Church's representatives）とは信徒であると考えられた。

> 　その人たちは、どこにいようと教会の代表者である。労働と礼拝（work and worship）を結び付けるのは信徒なのである。教会と世界の大きな隔たりを架橋するのは信徒であり、時間、エネルギー、労働力の多くを要求する世界に対して、キリストの主権を言葉と行いとによって示すのは信徒

37　Weber, 1961, p. 206.
38　*The Evanston Report*, p. 161.
39　Ibid., p. 163.
40　Ibid., p. 168.

第 2 章　信徒の参加

である。これは、新しい職制や組織ではなく、信徒のミニストリーなのだ。その人たちは教会に属しているがゆえに召されているが、多くの人々は自分がこのように召されていることをまだ知らない[41]。

そして、信徒のミニストリーは「教会による支配（ecclesiastical domination）のためではなく、キリストの証しのため（Christian witness）[42]」に存在しているのであり、世俗の機関を通して行われる社会的・政治的闘争に参加することによってキリストを証しする信徒の存在は、教会にとっての損失ではなく利益であると論じられた。

信徒が真に「教会の代表者」としての力を発揮するためには、しばしば古風な中産階級の文化を持ち、「新しく訪れる人々を強く打ちのめす雰囲気[43]」を醸し出している教会そのものが刷新されていかなければならない。そのためには、聖職者は祈りをもって信徒に従うために、研究と経験の両面から現代の労働社会について学ぶ必要がある[44]。それと同時に、「牧師が自分の教区を歩きながら、門を見渡したり、鍛冶屋の入り口に立ち寄ったり、店に立ち寄ったりして、教区民の仕事場をすべて訪ね、その状況をよく知ることができた時代は終わった[45]」ため、教会に信徒の日常的現実について鋭く認識させることは、信徒の義務であるとも考えられた。これらの理由から、エヴァンストンでは「信徒の働きのための事務局」が常設の信徒部門に格上げされ、スイスの神学者ハンス＝ルディ・ウェーバー（Hans-Ruedi Weber）が幹事に任命された[46]。

---

[41] Ibid., p. 161. Ibid., p. 172, 278 によれば、「信徒」（layman）はこの時、「男女を問わず、世俗の仕事で生計を立てており、したがって起きている時間のほとんどを『この世俗の』職業に費やしている教会員（主婦を除かない）」と定義された。「主婦を除かない」と付言されているのは、オランダ改革教会の信徒女性（C. M. van Asch van Wyck）が主婦や雇用されていない人々の除外に違和感を示したことによる。
[42] Ibid., p. 168.
[43] Idem. 例えば、信徒指導者（lay leadership）をホワイトカラーから選ぶ傾向は、若い産業労働者にとっての教会を心休まる場所としないと指摘された。
[44] Ibid., p. 169.
[45] Bliss, 1958, p. 253.
[46] 信徒部門の目的は、世界に対する信徒の証しを教会が支援する責任を提示すること、信徒のための働きを強化し、世界各地の信徒団体の交わりを促進し、信徒の間にエキュメニカルな理解を育んでいくことである。Bliss, 1958, p. 254 によれば、信徒部門の設置の背景には、ミニストリーについての教義と制度による教会の不一致に過剰な関心が注がれてきたことへの反省がある。

2−2 信徒部門の設置

　信徒部門の主な機能は、情報の収集と普及、研究、リソースの提供、地域会議の開催であり、そのすべてにおいて「エキュメニカル研究所、教会と社会における男性と女性の協力に関する部門（Department on the Cooperation of Men and Women in Church and Society, 以下「男女協力部門」）、青年部門（Youth Department）、研究部会（Division of Studies）との協力[47]」が取り決められ、最初の1年のうちに200を超える信徒グループ、運動、組織、研究所との関係が築かれた[48]。ウェーバーと男女協力部門の幹事であるフランスの信徒神学者マドレーヌ・バロ（Madeleine Barot）によって共同編集され、1959年に発刊された機関紙『信徒』（*Laity*）は、アジアやアフリカの教会においても信徒のミニストリーの推進力となった[49]。信徒部門のこのような活動は、「教会とは何か」を問い直すきっかけをもたらすことになる[50]。ウェーバーによれば、専従教会職員はキリスト教の組織的活動を「教会」と同一視する危険に陥りがちであるのに対し、信徒のミニストリーの再確認は、教会の概念を正し（correct）、「誰が誰を助けるのか」というテーゼを覆し、一人ひとりが神から賜物（*charisma*）を与えられていることを教会に再発見させるものである[51]。

> （それは）おそらく全く華々しくない、地に足のついたものだろう。しかし、これらの賜物はすべて、恵みに触れ、世のため、神の栄光のために用いられるならば必要不可欠なものである。そもそも教会は、何か特別なことをする人々を通してではなく、普通の生活に特別な次元を持つ人々（through people whose ordinary life has a special dimension）によってその

47　*The Evanston Report*, p. 205, pp. 226-228. エキュメニカル行動部会（Division of Ecumenical Action）としてグループ化された。
48　Ibid., p. 227.
49　Adler and Katoneene, p. 660. 1959年にはアジアが特集され、東アジア・キリスト教会議（EACC）の設立総会（クアラルンプール）における「信徒の証しに関する常設委員会」（standing committee on the witness of the laity）の設置が報告された。アフリカでは1958年に、信徒のための研究や指導者養成に特化したミンドロ・エキュメニカル財団（Mindolo Ecumenical Foundation）が設立されている。
50　Central Committee, p. 58.
51　Weber, 1961, p. 210.

使命を果たし、成熟していくのである[52]。

　さらに、信徒にとっては神学者たちが古典的問題を議論するトップレベルの会議[53]よりも、日常レベルにおける一致の方が緊急性は高いと考えるウェーバーは、「キリスト者は互いを認め合い、共に成長し、社会、人種、性別、年齢、教派による壁を越えて与えられている一致を表明しなければならない[54]」と述べて、「信徒」が様々なプロフィールを持つ人々である点にも注意を促している。

2-3　ニューデリー総会（1961年）

　1961年にニューデリー（インド）で開催されたWCC第3回総会では、「証し」「奉仕」「一致」という3つのセクションのタイトルに「信徒」の文字は登場しないものの、そのすべてにおいて「信徒のミニストリー」が中心的な課題となったと報告されている[55]。なかでも、「信徒——世界の中の教会」をテーマとして英国、インド、ドイツの3人の信徒男性が共同で講演したことは「最も劇的で刺激的な出来事[56]」の一つと評されている。そこでは聖職者は信徒の声に耳を傾ける必要があると語られたが、それは「あなた自身のコピー」（copies of yourself）である、「飼い慣らされ、司牧された信徒」（domesticated and pastorized laymen）の声に耳を傾ければ良いという意味ではなかった。3人の信徒男性は次のように呼びかけた。

52　Idem.
53　Weber, 1963, pp. 384-385.「信仰と職制」運動では戦前から信徒についてほとんど言及されず、「信徒の再発見」が十分に意識されていないと批判する声もある。Weber, 1961, p. 208. Weber, 1998, p. 39によれば、1960年に信徒部門と信仰職制委員会はセント・アンドリューズにおいて「信徒対話」（laity dialogue）と呼ばれる短時間のセッションを行なっているが、目立った成果は得られなかった。
54　Weber, 1961, p. 213.
55　World Council of Churches Central Committee, *New Delhi to Uppsala: 1961-1968: Report of the Central Committee to the Fourth Assembly of the World Council of Churches*, World Council of Churches, 1968, p. 86. 信徒部門の目的は、「教会の生活と使命における男性と女性の信徒の役割についての情報、研究、刺激の中心となること」にある。信徒部門は第二バチカン公会議の期間中、ローマ・カトリック教会の関係団体と密接に連携しており、1964年にはグリオンで合同協議を行っている。
56　Idem.

私たちのパートナーとなり、私たちをあなたたちのパートナーとしてください。ソロの楽器だけを演奏し続けるのではなく、「共に」贖いのシンフォニーを奏でることができるように、私たちをキリストの偉大なオーケストラに加わらせてください[57]。

前総会において信徒は「教会の代表者」と位置付けられたのに対し、ニューデリーでは、信徒とは「神の民全体、洗礼を受けた者の共同体全体[58]」であると新しく定義され、それゆえに「信徒は教会である」(the laity is the Church)と大胆に宣言されるようになった。それはまた、エキュメニカル運動における「信徒の完全な参加[59]」(full lay participation)の呼びかけにもつながっている。

信徒の責任は、反射鏡や集束レンズのような役割を果たし、世界の生活のあらゆる部分に（キリストの）光を照射することである。すべてのキリスト者は、自らの労働（work）をミニストリーとして遂行し、自らの特別な賜物と与えられた機会を用いて、（中略）この世に神の真理の光をもたらすことができる[60]。

ニューデリーでは、「信徒」という言葉の理解についてコンセンサスが得られているわけではない点が認められつつも、信徒の全体性（wholeness）は積極的に強調された[61]。全体性の現れに仕えるためには、信徒は教会と世界との間に双方向的コミュニケーションのチャンネルを提供する必要があり、「もしその人たちがこれを行うことを学んでいないか、あるいは妨げられているので

---

57 Klaus Von Bismarck, E. V. Mathew, and Mollie Matten, "The Laity: the Church in the World," *The Ecumenical Review*, 14 (2), January 1962, p. 204. 聖職者たちは、信徒とキリスト者ではない隣人や同僚（non-Christian neighbours and colleagues）との連帯についてほとんど理解していないのではないかとも指摘された（p. 206）。
58 Idem.
59 Adler and Katoneene, p. 660.
60 W. A. Visser 't Hooft, ed., *The New Delhi Report: The Third Assembly of the World Council of Churches*, World Council of Churches, 1962, p. 203. 括弧内は筆者による。
61 Charles C. Parlin, "Are Laymen Being Muzzled," *The Ecumenical Review*, 14 (4), July 1962, pp. 472-473.

第 2 章　信徒の参加

あれば、そのように行うための訓練と完全な自由を与えられるべきである[62]」として、日常生活における「個人の責任と関与[63]」が提唱された。これを受けて、総会では指導者養成（The Training of Leaders）や地域会議の開催が勧告された[64]。

2–4　信徒をめぐる議論

ニューデリー総会以降、信徒をめぐる議論はさらに活発化した。例えば、ニューヨークの弁護士であるチャールズ・C・パーリン（Charles C. Parlin）は1962年の『エキュメニカル・レビュー』誌（The Ecumenical Review）で、ニューデリー総会の代議員に占める信徒の割合が18パーセントに過ぎなかった点を指摘している[65]。総会代議員の約3分の1を信徒で構成するという目標は達成されておらず、責任と権限は信徒に対して正当に分配されていないという[66]。一方、新たに選出された中央委員会のメンバーに占める信徒の割合も16パーセントに過ぎなかったが、そこには数で劣るとも「黙らせる」ことの難しいダイナミックな信徒、自らの立場を明らかにすることを躊躇しない重要な信徒が数多くいた。他方、ほとんどの信徒にはエキュメニカルな活動のための時間的余裕がない点や、膨大な資料や「理解できない専門用語によって、信徒はエキュメニカルな参加（ecumenical participation）を思いとどまる可能性がある[67]」点も鋭く指摘されている。

また、信徒部門からは1963年に『キリスト教史における信徒』（The Layman in Christian History）が出版されている。ウェーバーは同書において、ニューデリー総会の舞台裏に言及している。それによれば、「証し」についての声明文の草稿で、すべてのキリスト者の自発的な証しが強引に表現されたことに対し、多くの教会指導者は「按手を受けた聖職者の具体的な働きや組織的な伝道活動

62　The New Delhi Report, p. 205.
63　Weber, 1963, p. 38.
64　The New Delhi Report, p. 202.
65　Parlin, p. 474. 総会代議員に占める信徒の割合は、アムステルダムでは20パーセント、エヴァンストンでは27パーセントであった。
66　Ibid., pp. 472-473.「各教会は最低1名の代議員を送ることになるが、複数の代議員が任命される大きな教会からのみ、信徒の代議員を期待できる。通常の手順としては、その教会の最高位の聖職者（top ranking cleric）を派遣することになっている」とある。
67　Ibid., p. 477.

が過小評価されるのではないかという恐れ[68]」を表明し、激しい議論が巻き起こったという。しかしながら、議論の末、数十年前には荒唐無稽と思われていた理解、すなわち、「信徒（laity）とは、本当は『ラオス』、すなわちこの世における神の民という意味であり、そこには当然ながら、按手を受けている人々が含まれる[69]」という全体性の理解が、ニューデリーでは代表的な意見として表明されるようになった[70]。1963年にモントリオール（カナダ）で開催された第4回「信仰と職制」世界会議でも、「信徒」が受動的な役割を持つ人々を、「ミニストリー」が聖職者による専従的奉仕のみを指すと捉えられた時代は過ぎ去り、「真の信徒の教義の回復は、教会の歴史における最も重要な事実の一つである[71]」と理解された。

　この時代に「レイメン」（laymen）という言葉が頻繁に用いられることについて、同書の序文では「排他的な男性的意味ではなく、神学的正確さを欠くことなく、謙虚にキリストの事実を受け入れ、キリストの生涯のパターンに沿って自分の人生を歩むことを決意した信徒男性と信徒女性（laymen and laywomen）を指す便利な略語[72]」であると弁明されている。他方でウェーバー自身は、当時のエキュメニカル運動が「会議や委員会を見る限り、教会『全体』を代表するものではなく、主に男性を中心とした教会の指導者や神学者のグループを代表するものであるように思われる[73]」と洞察している。

2–5　信徒部門の消滅

　1968年にウプサラ（スウェーデン）で開催されたWCC第4回総会以降は、WCCの歴史における「最盛期」であると同時に、開発、正義、平和、被造世界の刷新、人種的、経済的、政治的な不正義との闘いが優先されるようになる運動の「転換期」であった[74]。1950年代には、信徒による日々の証し（daily

---

68　Weber, 1963, p. 382.
69　World Council of Churches, *New Delhi Speaks*, SCM Press, 1962, pp. 25-26.
70　Weber, 1963, p. 388.
71　P. C. Rodger and L. Vischer eds., *The Fourth World Conference on Faith and Order: The Report from Montreal 1963*, Association Press, 1964, p. 62.「過去25年間に神の民全体の王の祭司についての聖書の教えが顕著に回復してきた」（pp. 61-62）。
72　*The Layman in Christian History*, p. 12.
73　Weber, 1963, pp. 388-389.
74　Adler and Katoneene, p. 661. 1969年に「人種主義を撲滅するプログラム」（Programme to Combat

witness of lay persons）によって社会構造に徐々に影響を与えていくことが目指されたのに対し、1960年代後半から南半球の教会の影響力が増し、ラディカルかつ即時の社会変革が求められるようになると、信徒部門を総括するエキュメニカル行動部会（Division of Ecumenical Action）の焦点は草の根のイニシアティブ、市民運動、基礎共同体へ移行した[75]。1971年に行われた**機構再編**で世界キリスト教教育協議会（World Council of Christian Education: WCCE）がWCCに統合されると、信徒部門は16年の活動を終えて「刷新と会衆生活サブユニット[76]」に吸収された。

ここで見落としてはならないのは、信徒部門が指導者養成に力を注ぐ「新しい信徒運動[77]」（new lay movement）の立ち上げに貢献した点である。信徒部門が1968年に、ヨーロッパの信徒センターやアカデミーの責任者たちと開催した第1回信徒訓練の指導者養成コース（Course for Leaders in Lay Training: CLLT）を契機として、1972年のクレタ（ギリシャ）において、ヨーロッパ、アフリカ、アジアの諸団体で構成される「社会的関心のためのキリスト信徒センター、アカデミー、運動のための世界共働委員会」（World Collaboration Committee for Christian Lay Centres, Academies and Movements for Social Concerns, 以下「世界共働委員会」）が発足した。信徒部門を吸収した刷新と会衆生活サブユニットは、世界共働委員会の事務局として機能した[78]。

1971年以降、このようにして「信徒」というテーマは表舞台から消えるが、1975年にナイロビ（ケニア）で開催されたWCC第5回総会では「教育と刷新サブユニット」（Subunit on Education and Renewal）に「信徒のための教育の促進」が位置付けられ、「信徒、会衆、周縁化された人々」が焦点に挙げられるなど、とりわけ、参加、神学教育、エキュメニカルフォーメーション

Racism)、1970年に「開発への教会の参加に関する委員会」（Commission on the Church's Participation in Development）が設置されている。

75 Kinnamon, 2003, p. 83. Elisabeth Raiser, "Inclusive Community," in John Briggs, et. al., eds., *A History of the Ecumenical Movement, Volume 3, 1968-2000*, WCC Publications, p. 263.
76 主に霊的・典礼的刷新に重点が置かれた。
77 Raiser, p. 264. この運動は20世紀の終わりまでに、600近くの信徒センター、アカデミー、リトリートセンターなどを結びつけた。活動の詳細は、Appiah, Evelyn V., "Empowering the Laity," *One World*, 188, August - September 1993, pp. 9-11を参照。
78 Ibid., p. 263. 世界共働委員会設立のきっかけとなったのは、いずれも1970年に設立されたアフリカとアジアの地域協会であった。

(ecumenical formation) の領域において、このテーマの主流化はある程度進んだものと見ることもできる[79]。WCCにおいて再び「信徒」が注目を集めるのは、約20年後、1991年のWCC第7回総会（キャンベラ）以降においてのことである。それは、「信徒」がしばしば忘れられているという明確なコンセンサスのある時代であった[80]。

第3節　インクルーシブコミュニティに向けた信徒の参加

機構再編を経て、1992年に新設された「一致と刷新プログラムユニット」(Programme Unit on Unity and Renewal) に「インクルーシブコミュニティに向けた信徒の参加」(Lay Participation towards Inclusive Community) という新たな潮流[81] (stream) が位置付けられた。信仰職制委員会が1978年から1982年にかけて実施した「教会における女性と男性のコミュニティ」(Community of Women and Men in the Church) に関する研究（略称「コミュニティスタディ」）の中心的課題として登場し、1988年から1998年の「教会が女性と連帯するエキュメニカルな10年」(Ecumenical Decade of Churches in Solidarity with Women, 略称「教会女性10年」）に継承されたインクルーシブコミュニティのための取り組みは、ここで「信徒の参加」と合流することになる[82]。

3-1　一致と刷新プログラムユニット

一致と刷新プログラムユニットは、「インクルーシブコミュニティに向けた信徒の参加」、「信仰と職制」、「エキュメニカル神学教育（ボセー）」、「礼拝と

79　David M. Paton, ed., *Breaking Barriers (Nairobi 1975): The Official Report of the Fifth Assembly of the World Council of Churches*, World Council of Churches, 1975, pp. 308-310. Weber, 1998, p. 38.
80　Norwood, p. 33.
81　Evelyn Appiah, "Laity and Inclusive Community," *The Ecumenical Review*, 45 (4), 1993, p. 438. ユニットのサブセクションに「潮流」(stream) という聞き慣れない言葉が用いられているのは、そのタスクがダイナミックで流れるような性質であることを示している。流れに乗り、曲がり角や障害物、潮の流れなどを巧み捉えつつ、繊細に交渉しなければならないため、「〜に向けた」(towards) という前置詞が使われた。潮流には「生きた水」、「いのちの川／水」など、いのちやリフレッシュメントのイメージもある。
82　Konrad Raiser, "Laity in the Ecumenical Movement: Redefining the Profile," *The Ecumenical Review*, 45 (4), 1993, p. 379.

第2章　信徒の参加

スピリチュアリティ」という4つの潮流を持つものである[83]。1992年にエビアン（フランス）で開催された第1回会議では、教会や社会における「参加」にかかわるより広範な諸課題への関心が、次のように示されている[84]。

> 一般社会だけでなく教会の中にも存在する差異、区別、分裂は、特定の人や、時には人々のカテゴリーを丸ごと、コミュニティの中での完全で意味ある参加（full and meaningful participation）や交わりから排除することがある。
>
> 人種とジェンダーの問題はWCCの継続的な関心事である。障がい者[85]、高齢者、子ども、若者もいる。これらのグループは私たちの社会で最も弱い立場にあるが、同時にコミュニティからますます排除され、認識やリソースをめぐって互いに対立している人々でもある。
>
> しかし、一つのコミュニティにすべての人を包含する（including）という作業は、「個別のプログラム」というよりも、それぞれのプログラムが考え出され、実施される「方法」である。（中略）すべての人は、常に自分の行動やプログラムがコミュニティの各メンバーやコミュニティ全体に与える影響を再考する必要がある[86]。

このようにインクルーシブコミュニティを目指す新たな潮流には、まず女性と障がい者[87]、そして、人種的・民族的マイノリティ、若者、高齢者、その

83　World Council of Churches, "Hearing on Unit I: Unity and Renewal: Annotated Agenda," 1992. http://www.wcc-coe.org/wcc/assembly/hu1wb-e.html, accessed November 15, 2021.
84　Marlin VanElderen, "Editorial," *The Ecumenical Review*, 45 (4), 1993, p. 374.
85　本書では「障がい者」と表記する。なお、WCCが「障がい」（disability）の諸課題に取り組み始めたのは、1971年の信仰職制委員会以降のことである。
86　The 1992 Report of the Commission for the WCC's programme unit on Unity and Renewal, "The WCC and the Laity: Theology and Praxis," *One World*, 188, August - September 1993, p. 11.
87　Nicholas Apostola, "Introduction," in Nicholas Apostola eds., *A Letter from Christ to the World: An Exploration of the Role of the Laity in the Church Today*, WCC publications, 1998, p. ix. World Council of Churches, "Towards a Common Understanding of Laity/Laos: Opening Remarks," 1997, https://www.oikoumene.org/resources/documents/towards-a-common-understanding-of-laity/laos-opening-remarks, accessed November 28, 2021.

他の人々のニーズを包含する狙いがあり、そのためには、信徒の参加とフォーメーション（lay formation）の推進が不可欠であると考えられた[88]。この時代の信徒運動にとって歴史的瞬間であったと言われているのは、1993年、ノースカロライナ州モントリート（米国）で開催された信徒センターの世界大会である[89]。300人を超える参加者は会場に到着する前にカナダと米国の約20の信徒センターやコミュニティを訪問し、障がい者へのミニストリー、ネイティブアメリカンの文化的・経済的生存などのための活動について学んだ[90]。モントリートではWCC総幹事のコンラート・ライザーが基調講演を担当し、世界共通の諸課題（国際債務危機、多文化主義、非暴力による紛争解決、環境と気候変動、市民社会と薬物）に関するワークショップも行われた。

　翌年、ヨハネスブルグ（南アフリカ）における中央委員会では「ラオス」に関する特別本会議が行われ[91]、「『インクルーシブコミュニティとしての神の民』（People of God as Inclusive Community）としての信徒（laity）のプロフィール[92]」の開発、世界共働委員会（1997年に「オイコスネット[93]」（OIKOSNET）に改称）、エキュメニカル神学教育（Ecumenical Theological Education: ETE）、エキュメニカル研究所（ボセー）、WCCのすべてのユニットなどとの協力によるエキュメニカルラーニング、信徒の参加、信徒のフォーメーションの継続、特に障がい者に焦点を当てたインクルーシブコミュニティ研究の継続が優先的課題に位置付けられた[94]。

88　World Council of Churches," Unit I, Unity and Renewal: Committee Report," *Ministerial Formation*, 60, January 1993, p. 52.
89　Appiah, "Empowering the Laity," p. 11. テーマは「希望の共同体を織りなす」（Weaving Communities of Hope）であった。世界大会の目的は、信徒の問題をエキュメニカルなコミュニティのアジェンダにすること、JPICプロセスが信徒センターの活動に与える影響を評価すること、パートナーシップ、地域間プロジェクト、対話において連帯を具体化することなどである。「この世界への使命は、参加の交わり（コイノニア）の中で、聖職者と信徒という神の民全体（『ラオス』）によって行われるべきである。そのためには、『ラオス』全体の多様な賜物やミニストリーを効果的に活用することが必要である」との1983年の第6回総会（バンクーバー）の強調点が念頭に置かれた。
90　Idem.
91　Central Committee of the World Council of Churches, *Minutes of the Forty-Fifth Meeting, Johannesburg, South Africa, 20-28 January 1994*, World Council of Churches, 1994, pp. 32-33.
92　Idem., p. 92.
93　Adler and Katoneene, p. 661. インクルーシブ、公正、参加的で持続可能なコミュニティと社会のために活動するもので、約600のセンターがWCCに、約300のセンターが地域協会に所属している。
94　Central Committee, 1994, pp. 92-93.

3-2　信徒の新しいプロフィール

　この時代に改めて問われたのは、過去20年に亘り、「信徒」のテーマが消えていたのはなぜであったかという点である。1960年代後半以降、WCCではかつて主流であったヨーロッパ及び北米の視点から、南半球の視点への決定的なシフトが生じ、教会の刷新よりも貧しい人々、周縁化された人々の正義のための社会変革に注力する「世俗的エキュメニズム」が優勢となった。その一方で生じていたのは、正教会のWCCへの正式加盟や、第二バチカン公会議を経たローマ・カトリック教会の積極的関与に起因するエキュメニカル運動の「教会化」（churchifying）であった。それは、活動のほとんどが神学的訓練を受けた専門家（多くは聖職者）によって占められるようになる「専門化」（professionalization）、「聖職者化」（clericalization）、「制度化」（institutionalization）の進行でもあった。WCCは「信徒の再発見」を通して、すべてのミニストリーの刷新に関心が注がれる時期を経験したにもかかわらず、運動の「教会化」や「聖職者化」によって信徒が再び周縁化されると、運動の原動力となっているヴィジョンの「抗議的性格（protest character）[95]」は抑制された。その結果、1982年の「リマ文書」におけるミニストリーに関する節の大半は、「聖職者のミニストリー」の理解と相互承認に集中するものとなったのである[96]。

　しかしながら、1990年代当時の視点から過去を振り返れば、初期の議論における「成熟した信徒」のプロフィール（姿形）が「職業生活や社会において男性たちが果たしていた精力的かつ責任ある役割[97]」によって特徴付けられる男性エリート中心的なものであった点はあまりにも自明であり、もはやそこに回帰することもできない。そこでライザーがモントリートにおける信徒セン

95　Kinnamon, p. 84.
96　K. Raiser, 1993, pp. 375-376. WCC成立から20年間、「信仰と職制」文書には「信徒のミニストリー」についての広範な記述が含まれていたが、1971年から1982年までの二教会間対話は教義上の不一致を焦点とするものであったと指摘されている。「実際のところ、これらの（公式）対話の方法論は、神学の専門家の間で行われた会話を信徒が『受け取る』というもので、それは可視的な教会の一致を実現するための努力において、信徒は受動的な観衆（passive spectators）であるという考えを強めている」（Kinnamon, p. 82）。また、「リマ文書」では「神の民」という概念が先行したが、信徒は最初の6つのパラグラフを最後に忘れ去られ、その後の49のパラグラフでは聖職者にすべての注意が払われた（Norwood, pp. 33-34）。
97　Ibid., p. 377. 信徒は「教会の代表者」であるという古い定義も、もはや通用しない。「ボランティアで仕事を引き受け、責任を負うことのできる有能な信徒（competent lay people）を見つけることはますます難しくなっている」と指摘される。

ター世界大会の基調講演で提起したのは、「信徒」の新たなプロフィールの開発であった。ライザーは特に女性運動（women's movement）を肯定的に評価しながら、プロフィールの「多様化」（diversification）に関して次のように述べている。

> 多様化の過程で、「信徒」という集合的用語は、それぞれが特別な関心やプロフィールを持った異なるグループに区分けされた。最も重要な例はもちろん、以前の信徒運動の構成員の半分以上をカバーしている独立した女性運動の出現である[98]。

> 特に女性運動において再発見された、すべてのいのちあるものの相互関連性（inter-relatedness）は、いのちの与え主であり、多くの差異（differences）から世界的なキリスト教会の一つの体を作り上げている一致の絆であるところの聖霊に関する、キリスト者特有の告白と結びついている[99]。

ライザーの分析によれば、信徒運動は女性運動、土地を持たない農民、先住民、労働者の運動、平和運動、環境運動（「正義、平和、被造世界の保全」（JPIC））、民主主義や人権のための連帯運動のように、教会の周辺や社会で展開されている運動やイニシアティブに移行し、広がりを見せている[100]。こうした新たな諸形態は、「しばしば伝統的な教会の構造の外で、キリスト者ではない人々（non-Christians）との対話や協力の中で生まれている[101]」との指摘もある。ライザーは、聖職者と信徒、教会と世界という単純な対比ではなく、教会や社会の参加的構造（participatory structures）にかかわる幅広い諸課題に焦点を当てている点に、「インクルーシブコミュニティに向けた信徒の参加」とい

98　Ibid., p. 375.
99　Ibid., pp. 382-383.
100　Ibid., p. 378, 380.「キリスト教基礎共同体や、教会の周りに生まれた教会や社会に対して批判的な運動（特に女性運動）も、基本的には信徒のイニシアティブの結果である」(p. 378)、「これらの社会運動のほとんどは、政治的権力の獲得を目指すものではなく、生活の基本を守り、脅威を回避することを目的とした守備的なものである。いのちを脅かすような具体的な問題に対応して形成された」(p. 380) と指摘された。
101　Adler and Katoneene, p. 664.

第 2 章　信徒の参加

　う新たな潮流の重要性を見出し、以下のように述べている。

> 信徒のコミットメントの目標は、人間の尊厳が認められ、人間の基本的なニーズが満たされ、文化的アイデンティティや人間の才能（talents）の多様性が正当に認められるような人間の顔をしたコミュニティを生み出す、実行可能かつ排他的でない（non-exclusive）社会形態を再構築することである[102]。

　このような新しい信徒運動に参加する人々は、「組織的な現状維持の利益を守ろうとする人々や、排他的で原理主義的な真理の理解を守る人々[103]」とは対照的に、真理と人間の現実は「コミュニティ」の中でしか認識できないと主張し、連帯、相互のエンパワーメント、エキュメニカルラーニングのプロセスに参加してきた[104]。ライザーは、エキュメニカルな交わりとは「同じメンタリティ、同じ教義、同じ職制に基づくものではなく、いのちと希望の源である神のすべてを包み込む現実（all-encompassing reality of God）に参加し、共有することにある[105]」と語り、モントリートに集った人々を力づけている。

3-3　インクルーシブな教会理解に向けて

　モントリートに続いて注目しておきたいのは、1997年にジュネーヴ（スイス）で開催された「信徒／ラオスの神学的概念の共通理解に向けて」と題する会議である。20世紀の終わりに差しかかり、改めて「信徒」に光を当てたこの会議では、教会の98パーセントを占める「信徒」をこの世におけるキリストの代理人（agents）、日常の宣教師（daily missionaries）と呼ぶだけでなく、1961年のニューデリー総会で宣言された「信徒こそが世界における教会であ

102　K. Raiser, p. 379.
103　Ibid., p. 382.
104　Ibid., p. 381. そのキーワードとなる「談話／ディスコース」（discourses）とは、「基本的な社会的選択肢や道徳的指針を検討し、進化させるための手段としての、公共の場における直接的でない議論の形式を意味する。（中略）重要なのは、迅速かつ完全な合意、つまり社会的コンセンサスを得ることではなく、現状を超えて問題の認識を広げることができるような新たな問いを立てることである」。
105　Ibid., p. 382.

る[106]」(The laity *are* the church in the world) という点や、WCCにおいて「信徒はすべてのプログラムの基礎を形成している[107]」点も再確認された。一方、この会議で懸念されたのは、信徒が再び「パートナーシップを結ぶ人々ではなく、訓練されるべき対象[108]」として語られるようになっている点や、「王の祭司」や「神の民」としてのキリスト教コミュニティの理解が、しばしば勝ち誇ったかのように用いられる点であった[109]。

　ジュネーヴ会議では、ラオス（神の民）の完全な意味とは何かを新たに考察することは、よりインクルーシブな教会理解につながる可能性があると考えられた。数々の問題提起の中でも注目に値するのは、「教会女性10年」によるWCC史上最大規模の訪問プログラム（Living Letters）を通して「教会の支柱」（pillars of the churches）は女性たちなのだという意識が高まりつつある一方、教会はすでにある豊かな人的資源を十分に認識しておらず、また、賜物を用いてくれる新しい人々（new people）を招き、祝福する努力を怠っていると指摘された点である[110]。そして、ジュネーヴ会議では、聖職者による権力と権威の誤用、濫用の問題も看過されなかった[111]。すべての人は、自分の賜物がどのように奉仕に生かされているかを検討するだけでなく、「他者が可能性を十分に発揮することを妨げていないかどうかを批判的に認識する必要がある[112]」との提言は、インクルーシブコミュニティに向けた信徒の参加のために欠くべからざる視点であると宣言された。

　この点に関連して、この潮流のプログラムコーディネーターを務めたガーナ・メソジスト教会のイヴリン・アピア（Evelyn Appiah）は、ホームレス、難民、障がい者の無視などを含む「排除」（exclusion）は霊的な問題であり、被造物に対する罪であるとの認識を深めていかなければならないと主張している[113]。また、信徒部門の幹事であったウェーバーは1998年の論攷で、「信徒の

106　"Statement of the Consultation," in *A Letter from Christ to the World*, p. 1.
107　Idem.
108　Ibid., p. 2.
109　Ibid., p. 5.
110　Ibid., p. 6.
111　教会における権力の濫用の問題は、2001年以降のWCC「暴力を克服する10年」（Decade to Overcome Violence）の焦点の一つとなる。
112　"Statement of the Consultation," in *A Letter from Christ to the World*, p. 9.
113　Appiah, *The Ecumenical Review*, 1993, pp. 441-442.

働きのための事務局」を牽引した最初のリーダーであったヴァルツが、教会を「散らされた者たちの共同体」(community of the dispersed) と捉えていた点を振り返り、次のように述べている[114]。

> 信徒が時代の精神に適合し、この世に「馴染んで」しまったがために、(地の) 塩としての機能が失われてしまったこともある。地上の現実の中でキリスト者として生きようとするすべての人にとって、ディアスポラであるという経験 (experience of being a diaspora) は非常に現実的なものとなっている。悲劇なのは、組織化された教会の生活が自己完結的になると、その人たちは教会の集まりの中でさえ、(自らを) 異邦人のように感じてしまうかもしれないということである[115]。

ジュネーヴ会議を経て2000年代に入っても、新しい信仰運動が提起する重要な諸課題が「特別な関心事」(special interest) と呼ばれて一括りにされる傾向は続いており、それらはWCCの活動全体において十分に主流化されていないとの見方も根強い[116]。

以上に見てきたように、「エキュメニカルの冬」が到来した1990年代、「インクルーシブコミュニティに向けた信徒の参加」の潮流を通して「信徒」は再びエキュメニカルな議論の表舞台に復帰し、多様化の進んだ諸運動は、教会全体の刷新にかかわるものとして再評価されるようになった。注目に値するのは、第一に、ライザーが女性運動を信徒運動の最も重要な実践例として評価している点であり、第二に、新たな潮流において、すべての人を力づけ、その賜物が生かされるようにすること（エンパワーメント）が奨励されるだけでなく、他者の力を削いだり、可能性を奪ったりすること（ディスエンパワーメント）の問題性が意識されるようになった点である。これらの点を踏まえて、次章では、WCCの運動における「女性の参加」について検討していく。

114　Weber, 1998, p. 44. H. H. Walz, "Adult Christianity," *Laymen's Work*, 8, World Council of Churches, 1955, p. 20 を参照。
115　Weber, 1998, pp. 44-45. 括弧内は筆者による。
116　Kinnamon, 2003, p. 83.

Column ❷
国際宣教協議会（IMC）

　1910年のエディンバラにおける世界宣教会議（WMC）の重要な成果の一つは、継続委員会の設置であった。第一次世界大戦（1914年～1918年）が勃発すると、世界規模での宣教協力のために、永続的な国際組織を作る計画は中断を余儀なくされた。大戦の終結後、1920年6月にこの計画は再開される。国際宣教委員会（International Missionary Committee）の設置を経て、1921年10月のモホンク湖（ニューヨーク）に14カ国から61人が集い、国際宣教協議会（International Missionary Council: IMC）が発足した[1]。IMCの17の加盟団体のうち、13は西洋の宣教協会であった[2]。

　IMCの目的は、国ごとの宣教協会を呼び集め、より効果的な宣教・伝道活動のための協力を進めることにあった。IMCが自ら宣教方針を提示するのではなく、あくまでも宣教協会や宣教地の教会が各々の宣教方針を決定するという点は、あらかじめ明確にされていた。また、IMCは宣教師たちを束ねるだけでなく、宣教地の教会の成長を手助けする機能も有していた。発足当時、IMCの議長を務めたのは、世界宣教会議の議長であった米国メソジスト教会のジョン・R・モット（1865-1955）、幹事を務めたのはJ・H・オウルダム（J. H. Oldham, 1874-1969）であった。インド生まれの英国人（スコットランド人）であるオウルダムは、オックスフォード大学とエディンバラ大学で学び、学生キリスト者運動（SCM）やインドYMCAの幹事などを務め、世界宣教会議にも運営スタッフとしてかかわった人物である。IMCの目的を果たすための手段として、オウルダムを責任編集者として1912年に創刊されたのが『イ

1　R. David Nelson, Charles Raith II, *Ecumenism: A Guide for the Perplexed*, T&T Clark, 2017, p. 33.
2　Tom Stransky, "International Missionary Council," in Nicholas Lossky, et al., eds., *Dictionary of the Ecumenical Movement*, 2nd Edition, WCC Publications, 2002, p. 596.

ンターナショナル・レビュー・オブ・ミッションズ』誌（*International Review of Missions*）である。同誌が現在、『インターナショナル・レビュー・オブ・ミッション』誌（*International Review of Mission*）に変更されている背景には、「宣教」の理解にかかわる大きな転換がある（コラム⑥を参照）。

　1928年にエルサレムのオリーブ山、1938年にタンバラム（マドラス、インド）、1947年にウィットビー（英国）で開かれたIMC世界会議の参加者の数は、回を追うごとに増加していった。1928年のエルサレム会議では、ヨーロッパにおける世俗化と実利主義の問題が焦点化され、「宣教地」とは地理学的には十分に定義され得ないものであり、今や西ヨーロッパ世界そのものが「宣教地」に他ならない点が確認された。また、同会議では、世界規模で広がっている世俗化の脅威にどう対応するのか、キリスト教の福音と諸宗教の関係や、キリスト教による社会・政治参加はどのようであるべきかなどが議論された。1938年のタンバラム会議では、旧来の教会と「より若い教会」の関係性、宣教活動における宣教地の教会の役割などが焦点となった。さらには、宣教活動における「キリスト者の一致」（Christian unity）の必要性も俎上に載せられた。

　第二次世界大戦を経て、1947年に開かれたウィットビー会議では、交戦した国同士の宣教師たちの関係性をどのように再構築していくのか、派遣元の国との関係が断絶されてしまったために、宣教師たちが経験した物理的・霊的なダメージをどのように修復していくかが問題となった[3]。1948年の世界教会協議会（WCC）成立時、IMCはそこに合流しなかったため、1952年にヴィリンゲン（ドイツ）で、1958年にアチモタ（アクラ、ガーナ）でIMC世界会議が開かれている。IMCは、1961年にニューデリー（インド）で開催された第3回総会からWCCに合流し、世界宣教伝道委員会（Commission on World Mission and Evangelism: CWME）として「宣教・伝道」の働きを継続する道を選んだ（コラム⑤を参照）。

　IMCの運動では1910年から1960年にかけて、①「より若い教会」と

3　Nelson and Raith, p. 34.

西ヨーロッパ社会・教会との関係性、②教会と宣教の関係性、③キリスト教と諸宗教の関係性という三つの重要課題が提示されてきた。西原廉太の指摘によれば、19世紀に国際的な宣教師運動がヨーロッパで始められたとき、そのほとんどが母体教会と公式につながっていない自発的団体であった。それは当時の教会が、宣教論を十分に語っていなかったことを意味する。「より若い教会」が「教会」として扱われることを求め、また、それ自体が新たな宣教主体となるにしたがって、教会と宣教の関係性が議論されるようになったのである。なかでも興味深いのは、1938年のタンバラム会議の主題が「教会の世界宣教」とされた点であり、教会は福音を宣教する責任があるだけでなく、教会そのものが世界の希望とならなければならないことが力強く宣言された点である[4]。

しかしながら、米国人で、インドにおいてメソジスト教会の宣教師として活動していたスタンリー・ジョーンズ（Stanley Jones, 1988-1973）は、タンバラム会議が「教会」をすべての出発点としたことは誤りであったと指摘し、教会中心主義的な視点に対して痛烈な批判を行った。ジョーンズによれば、イエスはその思考のすべてを「神の国」から出発させていた。人間のニーズと徹底的にかかわることを含意する「神の国」は、教会という存在を徹底的に相対化する。「神の国」こそが目的なのであって「教会」はその手段でしかなく、「教会」が目的となったとき、福音の意味はすべて閉じられてしまうとジョーンズは主張したのである。

また、宣教師運動はその端緒から、非キリスト者とどのようにかかわるのかという問題に直面してきた。ボセー・エキュメニカル研究所（Bossey Ecumenical Institute）の初代所長として知られるオランダ改革派の信徒神学者、宣教学者のヘンドリック・クレーマー（Hendrik Kraemer, 1888-1965）は、イスラームを学び、インドネシア語を専門とする言語

---

[4] 西原廉太「エキュメニズムに進むキリスト教」、荒井献・出村彰監修、栗林輝夫・西原廉太・水谷誠著『総説キリスト教史3──近・現代篇』、日本キリスト教団出版局、2007年、245頁によれば、1952年のヴィリンゲン会議ではオランダ人神学者J・C・ホーケンダイク（J. C. Hokendijk）が当初の主題であった「教会の宣教的責務」を批判し、教会中心主義的思考こそが宣教師運動の病巣であると指摘した。

学者でもあった。クレーマーは1938年の著書『非キリスト教世界におけるキリスト者のメッセージ』（*The Christian Message in a Non-Christian World*）で、聖書における神の啓示と非キリスト教の諸宗教における宗教的経験の間には、決定的な不連続性があることについて論じた。このような指摘は、キリスト教の「勝利」や「優越性」を確信する人々からの反発を招く一方、それ以降の宣教師の思考に多大な影響を与えていく。その結果、IMCの主導によって、世界各地に諸宗教についての研究所や、様々な信仰を持つ人々との出会いを提供する場が作られていった。

第3章　女性の参加

　2013年、宣教と伝道に関する約30年ぶりの声明文である『いのちに向かって共に[1]』(*Together Towards Life: TTL*) では、「教会は、すべての人を歓迎するインクルーシブコミュニティ（包含的共同体）になるよう召されている[2]」と宣言された。前章で論じたように、「エキュメニカルの冬」が到来した1990年代に「インクルーシブコミュニティに向けた信徒の参加」という新たな潮流が生まれ、すべての人は自分の賜物がどのように奉仕に生かされているかという視点（エンパワーメント）の必要性だけでなく、他者の可能性が十分に発揮されることを妨げていないか、力を奪っていないかというディスエンパワーメントの問題が意識化されるようになった。それにもかかわらず、2010年代以降もインクルーシブコミュニティとしての教会というヴィジョンが呼びかけられてきた背景には、それ相応の理由が見出される。

　2016年に世界教会協議会（WCC）が出版した『エキュメニカル宣教学』(*Ecumenical Missiology*) の「ジェンダー」についてのセクションでは、「教会の宣教活動が現代において効果的であるためには、女性の参加 (participation of women) を不利にするジェンダーの諸問題に取り組む必要がある[3]」と結論付けられた。WCCの70周年が記念された2018年、アルーシャ（タンザニア）で開かれた世界宣教伝道会議（Conference on World Mission and Evangelism: CWME）の基調講演では、ザンビア出身の若手の女性神学者ムタレ・ムレンガ゠カウンダ (Mutale Mulenga-Kaunda) が「ジェンダー平等」(gender equality) はすべての教

---

[1] Jooseop Keum, *Together Toward Life: Mission and Evangelism in Changing Landscapes with a Practical Guide*, WCC Publications, 2013.
[2] Ibid, pp. 22. 翻訳は筆者による。
[3] Lilian C. Siwila "Gender," in Kenneth R. Ross, Jooseop Keum, Kyriaki Avtzi, Roderick R. Hewitt eds., *Ecumenical Missiology: Changing Landscapes and New Conceptions of Mission*, Regnum and WCC Publications, 2016, p. 339.

会の宣教的課題であると説得的に語り、「主の弟子であるためのアルーシャからの呼びかけ」("Arusha Call for Discipleship")と題する声明文では、以下のように呼びかけられた。

> 周縁化と排除によって成り立っている世界において、私たちは公正なインクルーシブコミュニティ（just and inclusive communities）であることにおいて、一致の探究において、そして、エキュメニカルな旅路において、主の弟子として固く手を取り合うよう招かれている[4]。

ところがこの時、世界各地からアルーシャに集った1,000人を超える参加者の半数を女性とする目標は達成されていなかった。この点に鑑みれば、WCCは少なくとも「女性の参加」に関しては、エキュメニカル運動の先頭を走ってきたとは言えないのではないか、との疑いが生じてくることだろう。

運動史を遡ってみれば、全世界のキリスト者の過半数を女性が占めてきたにもかかわらず、1948年のWCC第1回総会（アムステルダム）の代議員に占める女性の割合は6パーセントであり、中央委員会のメンバーに選出された90名のうち、女性はわずか2名であった[5]。WCCの運動が最高潮に達したと評される1960年代においてさえ、中央委員会のメンバーに占める女性の割合は4〜5パーセントに過ぎなかったのは、運動の「黄金期」や「短くも暑い夏」といった高評価が、もっぱら男性的視点によるものであった証左と言えるだろう（第1章を参照）。WCCを対象とする学問的蓄積の大半が「女性の参加」を考慮に入れてこなかったことは、国内外を問わず、運動史を振り返る時にその名が確実に語られる人々――ジョン・R・モット、J・H・オウルダム、ウィリアム・テンプル（William Temple）、ヴィレム・A・ヴィッサートーフト、ヘンドリック・クレーマー、ナータン・セーデルブルム（Nathan Söderblom）――が総じて男性である点にも表れている。そこで問われるべきは、はたして彼らの活躍した時代に、女性のエキュメニカルリーダーは不在であったのかという問

---

4 "Arusha Call for Discipleship." 翻訳は筆者による。
5 Natalie Maxson, *Journey for Justice: The Story of Women in the WCC*, WCC Publications, 2016, p. 130.

第3章　女性の参加

題であり、また、「教会の一致」から「女性の参加」が排除されるという現象は、いかなるロジックによって可能とされてきたのかという問題である。

本章では、運動の「歴史」において見えにくい立場に置かれてきた初期の女性のエキュメニカルリーダーに光を当ててから、国連が「女性のエンパワーメント」に力を注いだ1970年代におけるWCCの新しい動きに注目する。続いて、1980年代後半に始まる「教会が女性と連帯するエキュメニカルな10年」について検討することにより、前世紀に「女性の参加」の実現がどのように模索されてきたかを問う。さらには、それらを手がかりとして、エキュメニカル運動における「女性の参加」の神学的根拠について考察してみたい。

第1節　初期の女性指導者たち

教会の歴史は明け方からイエスの墓へ出かけ、復活の証人となった女性たちから始まるにもかかわらず、女性たちが教会、宣教、神学において周縁化され、「歴史」の主流から脱落し、沈黙させられてきたことは否定しがたい事実である[6]。もっぱら男性のエキュメニカルリーダーたちの名が語り継がれてきたエキュメニカル運動の「歴史」においても、キリスト教女子青年会（YWCA）、世界学生キリスト者連盟（WSCF）、学生キリスト者運動（SCM）、世界祈祷日（World Day of Prayer: WDP）などを通して養成された初期の女性のエキュメニカルリーダーや、1910年のエディンバラでの世界宣教会議（コラム①を参照）における「女性の働き」関する議題の存在はほとんど知られていない[7]。

だが実際には、エキュメニカル運動における「女性の参加」が神学的課題であって、単に社会的課題なのではない点はかねてから指摘されてきた[8]。1927年にローザンヌで開かれた最初の「信仰と職制」世界会議に参加した約400名のうち、女性は6名に過ぎなかったが、彼女たちは同委員会の内規において「教会におけ

---

[6] Bärbel von Wartenberg-Potter, "Sexism," in Nicholas Lossky, et. al., eds., *Dictionary of the Ecumenical Movement*, 2nd Edition, WCC Publications, 2002, p. 1037.
[7] Pauline Webb, "Women in Church and Society," in *Dictionary of the Ecumenical Movement*, p. 1209. Brian Stanley, *The World Missionary Conference: Edinburgh 1910*, W. B. Eerdmans, 2009, pp. 312-316. 参加者全体に占める女性の割合は16.6パーセントであった。
[8] Maxson, p. 3. Constance Parvey, "Participation: A Pilgrimage of Agony and Hope," *The Ecumenical Review*, 40 (3-4), July-October, 1988, p. 468.

る女性の位置付け」(position of women in the church)を神学的課題の一つに加えることに成功している。こうした知られざる動きの中でも、特に再評価されるべき初期の人物に、ヘンリエッタ・ヴィッサートーフト＝ボダート（Henriette Visser 't Hooft-Boddaert、以下ヘンリエッタ）というオランダの女性がいる。

1-1 ヘンリエッタ・ヴィッサートーフト＝ボダート

　WCC初代総幹事であった夫のヴィレム・A・ヴィッサートーフト（以下ヴィレム）が、エキュメニカル運動にかかわる誰もが知る人物であることと対照的に、ヘンリエッタの知名度は圧倒的に低いと言わざるを得ない。1899年にハーグ（オランダ）で生まれたヘンリエッタは、一方では博識で幅広い教養の持ち主であると評価され、他方では当時を代表するスイスの男性神学者カール・バルト（Karl Barth）と激しく対立し、バルティアンから蔑みを受けた人物である[9]。

　ヘンリエッタが1934年に執筆した2本のエッセイは、多くの言語に翻訳された[10]。簡潔なエッセイである「女性の問題はあるのか[11]」("Is There a Woman's Problem?")は同年、WSCF刊行の『スチューデント・ワールド』誌（The Student World）に掲載された。そこでヘンリエッタは、不況、失業、戦争などの世界的課題が解決に近づくためには、人間のもう半分の人口（女性たち）が排除されないことが肝要であると論じ、女性の存在を抜きにして、男性だけで「真の人間」たりうるとの当時の信念を問題視した。なかでも、ヘンリエッタが生涯苦悩したのは「女が男のために造られたのです」というパウロの言葉であったが、「二人の主人に仕えることはできない」（マタイ6：24）とのイエスの言葉から力を得た彼女は、神の像（かたち）における平等を根拠として、女性と男性の「相互性」（mutuality）、「互恵関係」（reciprocity）を信じようとした[12]。

9　Jürgen Moltmann, "Henriette Visser 't Hooft and Karl Barth," Theology Today, 55 (4), 1999, p. 524, 529.
10　Doris Brodbeck, "Henriette Visser 't Hooft-Boddaert: Mutuality – Geschlechterverhältnis auf Gegenseitigkeit," http://frauen-und-reformation.de/?s=bio&id=57, accessed November 1, 2023.
11　Henriette Visser 't Hooft-Boddaert, "Is There a Woman's Problem?" in Doris Brodbeck, Unerhörte Worte. Religiöse Gesellschaftskritik von Frauen im 20, eFeF-Verlag, 2003, pp. 128-132. 初出はHenriette Visser 't Hooft-Boddaert, "Is There a Woman's Problem?" The Student World, 27 (1), 1934, pp. 12-15 である。
12　ヘンリエッタは、「女が男のために造られた」というパウロの第一の主張ではなく、「主において

第 3 章　女性の参加

より詳細なエッセイである「エバ、あなたはどこにいるのか[13]」("Eva, wo bist du?")は英訳され、1936年に『スチューデント・ワールド』誌に掲載された。そこで彼女は、誰かを知ろうとする時には、まずその人が「存在する」という事実を受け入れなければならないと語る。ヘンリエッタが問いかけたのは、女性たちは男性たちを人間として真剣に受け止めているのではなく、単に「抽象的な規範」として受け止めているのに過ぎないのではないか、ということであった。それは、1930年代のヨーロッパにおいて男性たちは女性たちから見た「外の世界」を支配しているだけでなく、女性たちの内面においても「抽象的な規範」となり、その精神を支配しているのではないかという指摘でもある。また、結婚の唯一の意味を「母であること[14]」と考えるような「誠実な」女性たちに対しても、ヘンリエッタは批判を怠らなかった。彼女は「母であることの神聖さ」の賞賛を疑問視し、女性たちは「私は聖なる生産機械なのではなく、責任ある人間なのだ[15]」ということを世の中に申し立てていく必要があると論じている。

一方でヘンリエッタは、男性たちは女性たちの存在をはたして本当に信じているのだろうかとも問いかける。もしも男性たちが「責任ある人間としての女性」という概念を理解できないとすれば、それは、いかに彼らが女性という存在を信じていないかということになる[16]。男性たちは「自分が使いこなせないもの（管理・支配できないもの）の存在を認めない[17]」ため、女性たちは「男性の規範」を自らのものとすることなしに、現実世界を生き延びることができないのである。

他方、ヘンリエッタは「男性的規範」そのものにも疑問を投げかける。男性たちは女性たちの考えを非論理的であるとか、客観性に欠けると言って非難するが、ヘンリエッタは「客観性と何だろうか」と問い直し、男性たちの語る「客観性」とは、究極的には男性的な主観性のことではないかと鋭く指摘す

は、男なしに女はなく、女なしに男はありません」という第二の主張に従うべきだと考えた。
13　Henriette Boddaert, "Eva, Where Are Thou?" *The Student World*, Serial Number 114, Volume 29, Number 3, Third Quarter, 1936, pp. 208-220. ドイツ語で執筆された"Eva, wo bist du?"は、Gudrun Kaper, *Eva wo bist du?: Frauen in internationalen Organisationen der Ökumene*, Burckhardthaus-Laetare Verlag, 1981, pp. 20-32 にも収録されている。
14　Ibid., p. 214.
15　Ibid., p. 209.
16　Ibid., p. 210.
17　Ibid., p. 211. 括弧内は筆者による。

る。そして、ヘンリエッタは「男性は客観的に考え、客観的に観察し、客観的に信仰したいと思っている。しかし、（神が）アダムに『あなたはどこにいるのか』という重大な質問を投げかけられた時、彼は単に客観的な答えを返すのだろうか[18]」と続ける。

　興味深いのは、パウロが「ここであなたがたに知っておいてほしいのは、すべての男の頭はキリスト、女の頭は男、そしてキリストの頭は神であるということです」（第一コリント11：3）と述べたように、神、キリスト、男性、女性という支配の序列を堅持しなければならないと考えるバルトに対して、ヘンリエッタが面と向かって「たとえ最も信仰深い人であっても、そのようなヒエラルキー（階層秩序）を受け入れることができるのだろうかと、私にはますます理解できなくなってきました[19]」と発言したことがあるという記述である。バルトはしばらくの間、黙り込み、それから重々しい口調で「だが、それが我々男性にとって重荷であるということを、あなたは理解していないのですか[20]」と言った。これを聞いたヘンリエッタは、男性が自らの悲劇的境遇をこのように証ししたことがあっただろうかと考え、初めは深い感動を覚える。しかし、しばらくすると彼女は「否、否、それはありえない！」（No, no, that is not possible!）と思い直す。人間を知り尽くし、人間を救うために大切なひとり子の犠牲を厭わなかった神が、み子を通して男性たちだけにそのような重荷を負わせることがありえるだろうか。そして、男性たちがその重荷を着実に担えるか否かによって、女性たちの救いが左右されるようなことがありえるだろうかと、ヘンリエッタは自問したのである[21]。

　もしも本当に男性が「女の頭」であるならば、「男性は神の前に完全な謙虚さをもって、本当の頭となるべきであり、そのために自分の人生を捧げるべき[22]」だとヘンリエッタは語る。実際の男性たちは「女であること」とはどういうことか、女性たちが守るべき限界、超えてはならない境界線を規定する。女性たちが許可なしにその境界線を超えた時、男性たちは恐怖心を抱くとい

18　Idem.
19　Ibid., p. 215.
20　Idem.
21　Idem.
22　Ibid., p. 216.

う点を、ヘンリエッタは冷静に洞察していたのである[23]。そこで、男性たちはまず神に、その後、女性に立ち返らなければならないが、女性たちもまた「男性の優越性を認め、自分の（神に対する）使命を否定することによって、神に対しても男性たちに対して罪を犯した[24]」ため、「まず神に、それから彼女自身（自分自身）に立ち返らなければならない[25]」。そして彼女は、このような強烈なコンプレックスが癒されるには数世紀を要するかもしれないと予測した。

> 私には罪の赦しを信じ、それを受け入れること、つまり私たちの生活や日々の中でそれを実現することの方が良いように思われる。（中略）私が信じるのは、神が私たちに重荷を課せられるということである。それは重荷だが、神の約束を伴うという意味では名誉ある重荷であり、私たちが神の像（かたち）において再び創造される（ための）重荷なのである[26]。

この論攷には、夫ヴィレムが尊敬するバルトとヘンリエッタとの文通[27]の様子も記録されている。すべての人は神と直接的に関係していると考えるヘンリエッタは、1934年3月の手紙で「辺りを見回してみれば、いかにあらゆる場所で女性の神に対する（応答）責任が男性によって妨害され、中傷されているか、お分かりになるでしょう。キリストは私たちを解放したのではないのですか[28]」と問いかけた。彼女が期待したのは、「パウロは単にその時代の偏見を表しているのだ、というよくある議論[29]」を超えた回答であった。4月下旬に届いたバルトからの手紙は、男性から女性へ、神学者から非神学者への優越コンプレックスに満ちたもので、ヘンリエッタに女性としての存在の「無意味」を

---

23 Ibid., p. 218.
24 Ibid., pp. 218-219. 括弧内は筆者による。
25 Ibid., p. 219.
26 Idem.
27 手紙の原文は、Kaper, pp. 14-19を参照。文通の相手はバルトだけでなくシャルロット・フォン・キルシュバウム（Charlotte von Kirschbaum）でもあったとの見方もある。Doris Brodbeck, "Henriette Visser 't Hooft-Boddaert: Mutualität – Geschlechterverhältnis auf Gegenseitigkeit," http://frauen-und-reformation.de/?s=bio&id=57, accessed November 5, 2023.
28 "Correspondence between Henrietta Visser 't Hooft and Karl Barth," in Susannah Herzel, *A Voice for Women: The Women's Department of the World Council of Churches*, World Council of Churches, 1981, p. 160. この資料では例外的に "Henrietta" と綴られている。括弧内は筆者による。
29 Ibid., p. 161.

宣告した³⁰。パウロは人間に対する神の「優越性」(Superiorität) の表れとして、男性の女性に対する「優越性」を用いているのであって、バルトにおいて、神、キリスト、男性、女性という支配の序列に反する「相互性」や「互恵関係」は単に存在しないばかりか、忌むべきものでさえあった。「そういうものなのだ³¹」という権威主義的な言い回しを繰り返すバルトに対し、ヘンリエッタは翌月、優越性も劣等性も知らない愛を信じると書き送るが、教会闘争に突入していたバルトから返事が届くことはなかった³²。

ヘンリエッタは文通の理由について、「私はただ（女性の）打ち首と（男性の）脱身体化に反対しているだけなのである³³」と書き残している。ドイツの男性神学者ユルゲン・モルトマン (Jürgen Moltmann) は、彼女のこの言葉は「頭」と「キリストの体」のイメージの弱点を的確に突くものであったと評している。例えば、米国長老教会のトワイラ・マクレイ・カバート (Twila McCrea Cavert) は、国内ではYWCAの指導者として活躍していた人物だが、NCC総幹事である夫のサミュエル・マクレイ・カバート (Samuel McCrea Cavert) と1946年にジュネーヴで開かれたWCC暫定委員会に同行した際には「会話から外されていた³⁴」という。このような当時の状況を考えれば、「打ち首」という表現は必ずしも過激であるとは言えない。WCCの形成プロセスからの女性の排除に反対したカバートは、フランス長老教会のマドレーヌ・バロなどのヨーロッパの女性たちと共に「教会における女性の生活と実践」に関するアンケートを実施し、58カ国からの回答を得ていった³⁵。

---

30 Moltmann, p. 528.
31 Idem. バルトは「聖書全体が父権制を前提とし、キリストがイスラエルの民に属し、キリストは『男性であり、そのこと自体がアダムの優越性を承認している』のだから、そういうものなのだ」と説明した。
32 ヘンリエッタは1941年、1946年、1948年（アムステルダム総会直後）にもバルトに手紙を書き送っている。Kaper, pp. 32-36を参照。
33 Idem. Visser 't Hooft, p. 19.
34 Maxson, p. 7.
35 Melanie A. May, "Community of Women and Men in the Church, in *Dictionary of the Ecumenical Movement*, p. 234. Kathleen Bliss, *The Service and the Status of Women in the Church*, Student Christian Mission Press, 1952を参照。

第3章　女性の参加

1-2　アムステルダム総会以降

　1948年、オランダのバールン（アムステルダム近郊）で開かれた女性たちによる総会前集会（pre-assembly）では、女性たちの声を第1回総会のアジェンダに盛り込むための準備が行われた[36]。総会における「教会における女性の生活と実践」に関する委員会（Committee on "The Life and Work of Women in the Church"）には、有能で経験豊かな女性たちを含めて、約50名が出席した[37]。この委員会ではインド・シリア正教会のサラ・チャッコ（Sarah Chakko）が委員長、トワイラが書記を務め、バールン会議の声明文とアンケートの回答者から送られた約5,000ページのデータをまとめた中間報告書が検討された[38]。

　注目に値するのは、セイロン（現スリランカ）の男性神学者D・T・ナイルズ（D. T. Niles）のような著名なエキュメニカルリーダーでさえ、「女性の按手」は需要もなく、重要でないと公言していた時代[39]でありながら、この時すでに「女性の按手」の問題が俎上に載せられ、「フルミニストリー（full ministry）への女性たちの参加を望む人々は、これが達成されない限り、教会は完全な健康と力を得ることができないと考えている[40]」と記録されている点である。「現況」についてのセクションでは、以下のように報告されている。

　　キリストの体としての教会は、責任ある人間として創造された男性たちと
　　女性たちからなり、神を讃え、神のみ心を行うために共に行動するもので
　　ある。この真理は、理論的には受け入れられているが、実際には無視され

---

[36] World Council of Churches, *Revised Interim Report of a Study on the Life and Work of Women in the Church: Including Reports of an Ecumenical Conference of Church Women, Baarn, Holland, and of the Committee on "The life and work of Women in the Church" of the Assembly of the World Council of Churches, Amsterdam, 1948*, World Council of Church, 1948.

[37] Janet Estridge Crawford, "Rocking the Boat: Women's Participation in the World Council of Churches 1948-1991," Ph.D. dissertation, Victoria University of Wellington, 1995, p. 67. 20人の女性代議員のうち、16人がこの委員会を選び、16人の女性コンサルタントのうち10人がこの委員会を選んだ。委員会には、15人の男性代表と4人のコンサルタントが参加しており、その中にバルトがいた。

[38] Ibid., p. 68.

[39] Herzel, p. 24によれば、ナイルズは「女性の聖職者がいないのは需要がないからである。前述の女性のための職位のリストが、教会内での仕事に対する彼女たちの希望を満たしているように見えるからである。したがって、セイロンでは女性の按手の問題は重要ではない」と考えていた。

[40] W. A. Visser 't Hooft eds., *The First Assembly of the World Council of Churches: Held at Amsterdam, August 22nd to September 4th, 1948*, World Council of Churches, SCM Press, 1949, p. 147.

ることがあまりにも多いのが現状である。多くの国や教会では、教会を通じたキリストへの奉仕における男性たちと女性たちの完全な協力が達成されていないことが明らかになっている。しかし、教会全体として、特に変化と緊張のある現在、その任務を果たすためには、すべてのメンバーの貢献が必要である[41]。

　この委員会を準備し、教会の家父長主義的な態度に深い不満を抱いていた女性たちは、『教会教義学』(III, 2)で「男性と女性」という主題に取り組んでいたバルトに対し、女性たちが生き生きと自由に献身することができるようになるための助力を期待していた[42]。しかし、ヴィレムによれば、バルトはこの委員会で、コリントの信徒への手紙第一を根拠として、女性は「平等だが劣等である[43]」(equal but subordinate) と主張し、「キリストの体」における平等を訴える女性たちを大いに失望させている[44]。バルトに挑戦した一人である米国の女性神学者ジョージア・ハークネス(Georgia Harkness)によれば、バルトはこの時、「男は女の頭である」という主張を、委員会に参加した男性たちを含め、誰にも納得させることができなかった[45]。ヴィレムはこの痛ましい出来事について「残念ながら彼は、『平等を急いでいる』ように見える女性たちを笑い者にした[46]」と率直に振り返っている。バルティアンたちも「主人の学識だけでなく不条理をも真似しなければならないと感じて[47]」女性たちを嘲笑した。

　興味深いのは、バルトがのちに、人生でこれほどの恐怖を味わったことはないとヴィレムに打ち明けている点である。バルトは女性たちが「私から最後の1オンスの肉塊を搾り取ろうとしている[48]」と感じたという。なかでも彼が恐

41　Ibid., p. 146.
42　Visser 't Hooft, Willem Adolf. "Karl Barth and the Ecumenical Movement," *The Ecumenical Review*, 32 (2), April 1980, p. 145.
43　Maxson, p. 8.
44　Parvey, p. 496.
45　Crawford, p. 69. Rosemary Skinner Keller, *Georgia Harkness: For Such a Time as This*, Abingdon Press, 1992, p. 82を参照。
46　Moltmann, p. 525. W. A. Visser 't Hooft, *The Fatherhood of God in an Age of Emancipation*, World Council of Churches, 1982, pp. 58-59を参照。
47　Idem.
48　Herzel, p. 23.

れたのは、高貴な威厳とユーモアを兼ね備えたインド・シリア正教会のチャッコであった[49]。西洋人の宣教師たちが正教会の歴史を知らずにヨーロッパ圏外の教会を、「より若い教会」(younger churches)と呼ぶことに抗議し、女性参政権を認めている国においてさえ、女性たちが「社会的に大切にされ、守られる一方、知的で責任ある人間としては扱われることは滅多にない[50]」と洞察するほどの批判精神を備えるチャッコは、1951年、WCC会長団に迎えられた最初の女性である[51]。この総会で、彼女は「教会における女性の役割に関する委員会」(The Commission on the Role of Women in the Church)の委員長に、そして、卓越した文才の持ち主である英国教会のキャスリーン・ブリス(Kathleen Bliss)が書記に任命された[52]。

　バルトがインド、米国、中国の女性たちと激しく議論した様子は、彼女たちが皆、有名なキリスト教学校の校長であったことから「バルトにものを教える」(teaching Barth)との見出しで報道された。ヴィレムによれば、この時、バルトは過剰反応を示していた。バルトが総会の記者会見で「女たちの謀反」(revolt of women)と茶化し、デリカシーのない冗談を言ってしまったことも、女性たちを憤慨させ、同時に深く悲しませている[53]。一方、ジャネット・エストリッジ・クロフォード(Janet Estridge Crawford)による後の研究では、この衝突は非常に重要であったと評価されている。それは、この衝突が第一に、女性たちが著名な男性神学者と重要な神学的議論を行う準備ができていた点、第二に、女性たちがバルトを自分たちの「権威」として、無批判に受け入れようとはしていなかった点、第三に、この委員会では、当初から女性の地位に関する聖書的・神学的理解に基づいて議論を進めたいと考えられていた点を明示しているためである[54]。

49　Idem.
50　Maxson, p. 6. Sarah Chakko, "Reflections on Recent Travels in Europe and North America," *The Ecumenical Review*, Vol. 3, No. 1, January 1951, pp. 148-149.
51　Susannah Harris-Wilson, "Chakko, Sarah," in *Dictionary of the Ecumenical Movement*, pp. 146-150. なお、チャッコに続く二人目の女性の会長団メンバーは武田（長）清子である。
52　ブリスはカンタベリー大主教の提案により、J・H・オウルダムの代理としてWCC暫定委員会に参加した。
53　Visser 't Hooft, Willem Adolf, p. 145. この出来事は、バルト自身にもきわめて深い印象を残したと言われる。
54　Crawford, p. 70.

この時、WCCが真に伝えたかった事柄を世界に発信するために「メッセージ」("Message")と題する短い文章を発表しており、そこに「私たちは共にいよう」(We intend to stay together)というきわめて有名なフレーズが含まれることは、エキュメニカル運動にかかわる誰もが知るところである。しかし、それが「教会における女性の役割に関する委員会」の書記を務めたブリスによって執筆されたことや、そのことが一部の男性たちに嘲笑されたことについては、ほとんど知られていないと言ってよいだろう[55]。例えば、第1回総会にオブザーバーとして参加していたローマのカトリック司祭は、正式な報告や講座の場において「メッセージを誰が作ったかご存知ですか。それは『女』でした！[56]」と発言して、彼女を嘲っている。カトリックの新聞『オッセルヴァトーレ・ロマーノ』(L'Osservatore Romano)では、これを聞いた聴衆の間に「長く続く笑い声」が起こったと報道されており、「偉大な教会の会議のメッセージが女性によって書かれたことは、世界で最も滑稽なこと[57]」として嘲謔の的となったのである。「教会における女性の役割に関する委員会」が正式に発足し、ジュネーブ近郊のボセーで初めての会合が開かれた際、ヴィレムは以下のように述べている。

　　この委員会の重要性は、教会の全体性を回復（修復）し、その刷新のために働こうとするエキュメニカル運動の観点から見なければならない。女性がローカルチャーチの生活においてより多くの責任を与えられない限り、教会の刷新は達成されない[58]。

　ヴィレムは委員会の発足をきっかけとして、WCCが特定の教会の伝統に攻撃を加えたり、そのあり方に干渉したりするのではないかと恐れる者が現れることを危惧していたのである。それゆえ、委員会が自らの考えを明確に伝えていくためには、「大変な思慮や機転を必要とすることになる[59]」点は、この時すでに予見されていた。

55　Herzel, p. 10, 17.
56　Ibid., p. 10.
57　Idem.
58　Ibid., p. 12.
59　Idem.

1–*3*　トークンウーマン（形だけの女性）への抵抗

　この頃から女性たちの間ではしばしば、「トークンウーマン（token woman）にはなりたくない」と語られるようになる。それは、男性支配的な集まりに「形だけ」参加する女性、申し訳程度の「お飾り」として出席する女性として用いられることへの抵抗であった。なお、今日では、ある会合の構成メンバーのバランスを取る目的で「形だけ」女性やその他のマイノリティを加える行為を批判するために、「トークン・マイノリティ」（token minority）という類似表現が使われることがある。この点に関連して、ボセーでの初めての委員会で批判の対象となったのは、米国の女性グループであった。

　米国の女性グループを率いるシンシア・ウェデル（Cynthia Wedel）は、後に重要なエキュメニカルリーダーとなる女性であるが、ジュネーヴに向かう飛行機の中では「なぜ、教会での女性の役割について心配する会議を行わなければならないのだろうか」と考えていた。当時、米国のすべての教会には有力な女性組織があり、資金も潤沢で、一種の圧力団体として教会全体の予算に影響を与えることも可能であった。ウェデルが初めての委員会に出席する予定について話すと、彼女の友人は「きっと他の地域の可哀想な女性たちは、あなたが女性の仕事をどのように組織しているのかを理解していないのでしょう。だから、私たちが教えてあげないといけない」と反応していた。ところが、言葉少なに、曖昧に微笑むだけという「アジア人女性」のステレオタイプとは異なり、頭脳明晰で少しも物怖じしないチャッコが司会する委員会に出席し、米国とは状況が全く異なるドイツ[60]やインド[61]の女性たちの声を聴くことによって、ウェデルは「自分はすべてを知っている」という信念を大きく揺るがされるこ

60　Idem.「心を揺さぶられるような体験でした。例えば、ドイツの女性たちは、戦後間もない頃でしたが、当時、ドイツの女性の中には非常に多くの高度な訓練を受けた神学者がいて、その多くが聖職に就いていたことを語っていました。しかし、普通は按手を受けた女性の居場所はありませんでした。彼女は大きな教会の第二副牧師になるか、母親向けのプログラムを運営するかしていました。そして、戦争が始まりました。多くのドイツ人女性が大きな教会の牧師となり、素晴らしい仕事を手に入れたのです。戦争が終わって、皆出て行きました。そして、彼女たちは大変辛い思いをしており、非常に不幸でした。これらのことを聞いて私はショックを受けました」。
61　Idem.「キリスト者である私たちは当然、教会に行って、女性の適切な役割について教会は何と言っているのかと尋ねました。教会は何と言っていましたか。何も言いませんでした。教会の文書や教義の中に、妻であり、母であること以外の女性の適切な役割について書かれたものがあるでしょうか。助けはありませんでした。これには私たちも動揺しました。それ以来、多くのインドのキリスト者女性が、自分たちの役割を正確に把握しようと努力しています」。

とになった[62]。書記のブリスは、以下のように振り返っている。

> 中央委員会のような場所では、同じ女性たちは何も発言しなかった。彼女たちは何も言わずに座って走り書きし（落書きかもしれない）、観察はしていても参加はせず、ただそれ（会議の内容）を国の女性グループに持って帰るのを待っているだけであった。このような女性たちは、単に形だけの女性であり、私にはそのようになる覚悟はなかった[63]。

ブリスは当初からこのような意識を持つと同時に、「女性の働き」だけでなく「信徒の働き」にも強いコミットメントを持っていた。それは、いずれの働きも女性と男性の真のパートナーシップ、すなわち、対等な協力関係に基づいたものでなければならない点を、彼女が洞察していたためである。

1953年、教会における女性の役割に関する委員会は、マドレーヌ・バロを責任者とする「教会と社会における男性と女性の協力に関する部門」（Department on Cooperation of Men and Women in Church and Society）に引き継がれた。名称の変更は、「女性の参加」に反対したり、その必要性を疑ったりする男性たちが、委員会よりも上位の「女性部門」の創設を不安視したことによるが、「女性の参加」が（女性たちだけに解決を押し付けられるべき）「女性の問題」（women's issue）ではなく、教会全体の問題である点を示す意味では有効であるとも言えた[64]。1955年にダボス（スイス）で開かれた初めての委員会では、一部の出席者が、部門の存在そのものが「女性のフルミニストリー」（按手）についての不当な問題提起につながるのではないかとの懸念を表明した。これに対してヴィレムは、この部門の設置はWCC第2回総会（エヴァンストン）で承認されているのであり、正式な手続きを経ている部門の存在について今になって疑問を投げかけるのは遅過ぎると発言し、このような妨害を即座に退けた[65]。このやりとりを目の当たりにしたバロは、自分たちの存在そのものが、

62　Ibid, p. 14.
63　Idem. 括弧内は筆者による。
64　Maxson, p. 10.
65　Herzel, p. 28.

第 3 章　女性の参加

ある人々にとって恐怖の原因となっているのだと実感することになる。

　バロは同年、『エキュメニカル・レビュー』誌（The Ecumenical Review）に「教会における女性の地位に関する神学の必要性についての考察」("Considerations on the Need for a Theology of the Place of Women in the Church") と題する論攷を発表し、これまでの教会が徹底的に男性的な神学以外のものを提供してこなかったことや、それに対する女性たちのフラストレーションについて論じている。そこでバロは、自らがリードする部門は女性たちをトークンとして認識することを促進するものでないという重大なポイントを、決意をもって明らかにしている[66]。そして、英国教会と相互陪餐の関係にあるスウェーデン教会（2000年まで国教会であった）において、1960年に「女性の按手」が実現したことは、WCCがこれという括弧付きの「難題」に取り組むための大きなきっかけをもたらした（次章を参照）。

　1960年代後半には、南アフリカ聖公会のブリガリア・バム（Brigalia Bam）や英国メソジスト教会のポーリーン・ウェブ[67]（Pauline Webb）が女性たちの運動を主導する時代を迎える。冒頭で触れたように、この運動が黄金期を迎えていた1968年のWCC第4回総会（ウプサラ）においてさえ、女性代議員は全体の7パーセントとごく少数を占めるに過ぎなかった[68]。そのような状況にありながら、ウェブが中央委員会の副議長に選出されたことは、女性たちにとって非常に心強い出来事であったが、彼女自身は次のように振り返っている。

　　私は、自分が女性だから副議長になったのだと痛感し、最初は屈辱を感じ

66　Ibid., p. 26. Madeleine Barot, "Considerations on the Need for a Theology of the Place of Women in the Church," The Ecumenical Review, 7 (2), January 1955, pp. 151-160を参照。
67　ウェブは、ジェンダーや人種の多様性を認め、様々な種類の人間に平等な価値と機会を与えるという課題を最も困難だと感じるのは、現在の秩序に変更が加えられることに最も脅威を感じる特権的なグループに属する人々であると述べている。Pauline Webb, "Gender as an Issue," The Ecumenical Review, 40 (1), January 1988, p. 6を参照。
68　Herzel., p. 52. ウェブによれば、ウプサラ総会に女性が少ないという点に気付かされたのは、あるセッションの中で、フィリピンから来た小柄な女性がセッションを中断させて、「教会を代表して出席している女性たちに起立してほしい」と頼んだ時のことだった。背の高いオーストラリアの男性大主教が、小さな女性に対して「その必要はないと思います。周りを見渡せば、女性はたくさんいますから」と言った。確かにその場にはマーガレット・ミード（Margaret Mead）のようなアドバイザーは多くいたが、諸教会の公式代表として参加している女性たちはいかに少ないかということにこの時、気付かされたという。

た。私の中のすべてのものが、形だけ（トークン）の女性であることに反発したのである。私は、私が私であるがゆえに副議長になったのだと思いたかった。しかし、そうではないことは分かっていたので、それを受け入れなければならなかった。そして、とにかく打ちのめされた気持ちだったので、女性たちの強い要望がなかったら断っていたかもしれない[69]。

　この時にウェブの強力な支援者となったのは、中央委員会の議長として彼女と共に働くことになったインドの男性神学者M・M・トーマス（M. M. Thomas）であった。トーマスは仕事の責任を平等に分担し、半分のセッションでウェブに司会を任せたが、彼女に対していわゆる「男性的な庇護」を行わなかった。その結果、ウェブは複雑で物議を醸すような議論においても力を発揮し、困難な会議においても女性が議事進行役を務められることを証明した。

第2節　教会における女性と男性のコミュニティ

　次に進展をみるのは、1975年の「国際女性年」、1976年から1985年の「国連女性の10年」、1979年に採択された「女性に対するあらゆる形態の差別の撤廃に関する条約」（以下「女性差別撤廃条約[70]」）などの世界的な動きに後押しされた1970年代のことである。本節では、これらに連動して立ち上げられた新たなプログラムについて見ていくことにしよう。

2-1　1970年代における性差別

　1974年、「1970年代における性差別――女性に対する差別」を主題とする会議が西ベルリンで開かれ、50カ国から約170人の女性たちが参加した[71]。調整

69　Idem.
70　日本政府公定訳で"Convention on the Elimination of All Forms of Discrimination against Women"は「女子差別撤廃条約」と訳されるが、未成熟の女性だけを表すような「女子」が「広く女性一般を指すものとなったのは、戦前、すべての日本人が天皇の臣民とされ、人々が天皇の『赤子』であるとしたことの名残」であるため、本書では「女性差別撤廃条約」と訳す。庄司真理子・宮脇昇・玉井雅隆編著『新グローバル公共政策（改訂第2版）』、晃洋書房、2021年、169頁を参照。
71　World Council of Churches, *Sexism in the 1970s, Discrimination Against Women: A Report of a World Council of Churches Consultation, West Berlin*, 1974, World Council of Churches, 1975. 日本からの参加者は一色義子（日本基督教団）。Elisabeth Moltmann-Wendel and Melanie A. May, "Feminism,"

役を担ったのは、南アフリカ聖公会のバムであった。この会議が、女性たちだけに参加を認める点は誤解を生んだが、「安全で、男性によって監督(スーパーバイズ)されていない空間[72]」の必要性は、当時のWCC総幹事フィリップ・ポッター（Philip Potter）に支持された。この会議において、教会が性差別から解放されることは、「女性の解放」のみならず、「男性の解放」をもたらすと理解された点はきわめて重要である。「罪と性差別という異端からの二重の解放によってのみ、教会の一致は可視化される[73]」との宣言文は、エキュメニカル運動における「女性の参加」の正当性を裏付ける神学的根拠を明らかに示すものであった。

西ベルリンで提起された諸課題が翌年、アクラ（ガーナ）での信仰職制委員会に送られると、「（それらは）『非神学的な事柄』であり、『女性の問題』は教会の一致に無関係である[74]」などの反対意見が起こったが、新たな調査研究の必要性については合意を得ることができた。1975年のWCC第5回総会（ナイロビ）における女性の代議員数は前総会（ウプサラ、1968年）における7.2パーセントから22パーセントに急上昇し、全体会議では初めて女性たちの視点が反映されるようになる[75]。「女性たちが意思決定プロセスから大いに疎外されている限り、彼女たちは男性たちとの完全なパートナーシップを実現させることはできず、よって、教会は完全な一致を実現することはできない[76]」とする信仰職制委員会からの勧告が、翌年の中央委員会に送られたことは、「男性的障壁（masculine barriers）から教会を救う[77]」ための新たなプログラムの承認を後押しする結果となった。

2–2　コミュニティスタディ

1978年から1982年にかけて、教会と社会における女性サブユニット（Sub-Unit on Women in Church and Society, 以下「女性サブユニット」）との協力のもと、

---

in *Dictionary of the Ecumenical Movement*, p. 472.
72　Elisabeth Raiser, "Inclusive Community," in John Briggs, Mercy Amba Oduyoye, Georges Tsetsis eds., *A History of the Ecumenical Movement: Volume 3, 1968-2000*, WCC Publications, 2004, p. 244.
73　Ibid., p. 246.
74　May, p. 234. 括弧内は筆者による。
75　Webb, p. 1210.
76　Raiser, p. 248.
77　Ibid., p. 249.

信仰職制委員会に「コミュニティスタディ」(Community Study) の略称で知られる「教会における女性と男性のコミュニティに関する研究」(Study on the Community of Women and Men in the Church) が位置付けられ、アメリカ福音ルーテル教会のコンスタンス・F・パーヴェイ (Constance F. Parvey) が責任者に任命された。このプログラムの目的は、女性と男性についての聖書にかかわる思い込みを分析するための「神学」(theology)、解放と人権のために闘い、排除と抑圧を乗り越えるための「参加」(participation)、力の不均衡や搾取を問題とする「関係性」(relationship) の領域に変化をもたらすことであった[78]。

コミュニティスタディではまず、「十全に人間となるということ (being fully persons) について、神が私たちの時代に何を語りかけているかを学び、分かち合う機会である[79]」という言葉から始まるスタディブックが編纂され、約300の加盟教会に送られた[80]。スタディブックは13カ国語に翻訳され、版を重ね、最終的には約65,000部が世界中で用いられた。コミュニティスタディの特徴は、「どのように考えるべきか[81]」(ought to think) ではなく、女性たち、男性たちが何を経験し、考えているかを出発点として教会の現実を探り、対話を促した点にある。北米とヨーロッパを中心に200を超える学習グループからWCCに届けられた報告書には、女性と男性のコミュニティの綻びによって引き起こされた「信じがたいほどの痛みと苦悩[82]」が記されており、その背後には女性たちの驚くほどの愛と忍耐が想像された。コミュニティスタディがトップダウンではなく、ローカルレベルの女性たち、男性たちから学ぶ草の根(グラスルーツ)の方法論を用いたことは、「女性に対する暴力[83]」(violence against women) を含めて、男性支配的な教会指導層がこれまで捉えることのできなかった実態の把握を可能に

78　Constance F. Parvey ed., *The Community of Women and Men in the Church: The Sheffield Report*, World Council of Churches, 1983, p. ix.
79　World Council of Churches, *Study on the Community of Women and Men in the Church*, World Council of Churches, 1978.
80　Thomas F. Best, "The Community Study: Where Do We Go from Here?," *The Ecumenical Review*, 40 (1), January 1988, pp. 48-56.
81　Moltmann-Wendel and May, p. 472.
82　Raiser, p. 249. Parvey, p. 25.
83　藤原佐和子「世界教会協議会（WCC）における『暴力を克服する10年』（2001〜2010年）——女性に対する／ジェンダーに基づく暴力の問題を中心に」、『宣教学ジャーナル』、第18号、2024年、101-128頁で論じた。

した。なお、「女性に対する暴力」という概念は、1980年に第2回世界女性会議（コペンハーゲン）のNGO会議で提起されるまで存在しなかったため、それは常に蔓延する現象でありながら、歴史を通じて不処罰とされてきた。

2-3　シェフィールド会議（1981年）

　1981年、英国のシェフィールドにおいてコミュニティスタディを総括する歴史的会議が開かれ、55教会からの約240人が参加し、WCC総幹事のポッター、カンタベリー大主教のロバート・ランシーが講演した。ウェブは、ゆりかごから墓場に至るまで、イエスの地上の体に触れたのが女性たちであることは「皮肉だと思いませんか[84]」と問いかけ、汚れや危険なものとして神学的に構築されてきた「女性の体」（women's bodies）と「女性の按手」の問題に切り込んだ。また、フランスの正教会神学者エリザベス・ベル＝シージェル（Elisabeth Behr-Sigel）は、「伝統に忠実であることは、過去や教会史の神聖化を意味するのではありません。伝統は不変の怪物のようなものではなく、私たちを永遠に閉じ込める牢獄でもありません[85]」と発言している。これに対し、第三世界の女性たちは、世界の女性の3分の2がグローバルサウスに居住しているという事実への注意を促し、第二波フェミニズムにおける「女であることの普遍性」（universality of womanhood）に疑問を投げかけた[86]。性差別、人種主義、階級差別からなる「抑圧の網の目」という現実を捉えるとき、ジェンダーをその他の要素とかかわりなしに扱うことはできないからである。

　シェフィールド会議は、「教会の過半数は女性たちが占めているのであり、彼女たちは男性たちと共働のもとに教会の働きに参加できるように訓練され、準備される必要がある[87]」という点を原則とする勧告文を作成し、1981年のドレスデンでの中央委員会に送付した。1983年のWCC第6回総会（バンクーバー）で選出されるWCC職員の50パーセントを女性にせよとの勧告は、

---

[84] Maxson, p. 20. Pauline Webb, "Woman, Why Are You Weeping?" in *The Sheffield Report*, p. 77.
[85] Idem. Elisabeth Behr-Sigel, "Orthodox Tradition as a Resource for the Renewal of Women and Men in Community," in *The Sheffield Report*, pp. 62-63.
[86] Ibid., pp. 21-24.
[87] Ibid., p. 26. シェフィールドからの勧告には、障がい、シングルペアレント、軍縮、家庭内暴力、組織的売春の根絶、日曜学校の教材におけるジェンダー・ステレオタイプのモニタリング、女性たちへの神学教育支援などが含まれた。

数名の中央委員から「まったく馬鹿げており、分別がなく、過激過ぎる[88]」と非難され、東方正教会から猛烈に反対された（同時期に、ルーテル世界連盟（LWF）では「40パーセント条項」が成立している）。一方、女性の参加についての「30パーセント条項[89]」が受け入れられ、すべての出版物における包含的言語（inclusive language）[90]の使用が義務付けられたことにより、シェフィールドのスローガン「私たちは参加する。それゆえに、私たちは存在する」（We are because we participate）は一歩ずつ具体化されていったかのように見えた[91]。例えば、WCCの発足以来、総会の開会礼拝では常に男性たちが説教を行ってきたが、バンクーバーではウェブが最初の女性の説教者となった[92]。

　ところが、信仰職制委員会が1982年に「リマ文書」を承認すると、シェフィールド会議の勧告文に対するフォローアップや「女性の按手」についての議論は再び後退することになる（コラム④を参照）[93]。「国連女性の10年」が終了する1985年、WCC総幹事のエミリオ・カストロは文字通り、一進一退と言える事態を憂慮し、加盟教会に批判的検証を求める手紙やアンケートを送付するが、回答はほとんど得られなかった[94]。そこで、スウェーデン教会の司祭アンナ・カーリン・ハマー（Anna Karin Hammar）らによって着想されたのが、「国連女性の10年」の教会版とも言える長期的枠組みであった。

88　Raiser, p. 250. Pauline Webb, *She Flies Beyond: Memories and Hopes of Women in the Ecumenical Movement*, WCC Publications, 1993, p. 24.
89　Ibid., p. 256. ナイロビ総会（22パーセント）と比較して割合が是正された（29.6パーセント）。
90　Vivienne Faull, "Inclusive language," in *Dictionary of the Ecumenical Movement*, p. 571. Raiser, p. 255. WCCでは文書や口頭で盛んに用いられているが、正教会は包含的言語を「聖なる伝統に損害を与えるもの」と見なし続けている。
91　総会に先んじて、1980年、エジプト・コプト正教会のマリー・アサド（Marie Assad）が初の女性の副総幹事となった。1983年には北エルビア福音ルーテル教会（ドイツ）のベーベル・フォン・ヴァルテンベルク゠ポッター（Bärbel von Wartenberg-Potter）がWCCユニットⅢ（教育と刷新）「教会と社会における女性」（Women in Church and Society）の責任者に任命され、WCC全体に女性の視点を組み込む「ジェンダー主流化」の動きが進む。
92　Leonie B. Liveris, *Ancient Taboos and Gender Prejudice: Challenges for Orthodox Women and the Church*, Routledge, 2017, p. 146. Pauline Webb, "The Word of Life, Sermon at the Opening Service, Sixth Assembly of the WCC, Vancouver, 1983," in Michael Kinnamon, Brian E. Cope eds., *The Ecumenical Movement: An Anthology of Key Texts and Voices*, WCC Publications, 1997, p. 47-52を参照。
93　コミュニティスタディの草の根のアプローチとは対象的に、教会指導層からの公式回答を求めるものであったため。
94　Maxson, p. 29.

第3節　教会が女性と連帯するエキュメニカルな10年

　1988年のイースターに、WCCは「教会が女性と連帯するエキュメニカルな10年」(Ecumenical Decade of the Churches in Solidarity with Women, 以下「教会女性10年」)を開始した。世界各地でイベントが行われ、『1988～1998年のエキュメニカルな10年 ── 女性と連帯する教会：祈りと詩、歌と物語』(*Ecumenical Decade 1988-1998: Churches in Solidarity with Women: Prayers & Poems, Songs & Stories*)と題するリソースブックや、ガーナ・メソジスト教会のマーシー・オドゥヨイェ(Mercy Oduyoye)による『石を転がすのは誰か』(*Who Will Roll the Stone Away?*)が出版された[95]。「石」とは、墓の中の復活のイエスに出会うために取り除かれなければならないものの喩えである。セクシュアリティへの恐れの石、女性に対する男性の力の石、女性に対する暴力の石、女性蔑視の神学(misogynist theology)の石が転がされ、取り除かれない限り、復活のイエスに会うことはできないというのが、同書におけるオドゥヨイェの主張であった。

3-1　「教会女性10年」の目的

　「教会女性10年」の目的は、①グローバルレベルからローカルレベルまで、教会やコミュニティにおける抑圧の構造に異議を唱えられるように女性たちを力づけること(empowering)、②リーダーシップと意思決定、神学と霊性の共有によって、教会とコミュニティにおける女性たちの決断力ある貢献を肯定すること、③正義、平和、被造世界の保全(Justice, Peace, and Integrity of Creation)のための働きと闘いにおける女性の視点や行動を可視化すること、④教会が人種主義、性差別、階級差別、女性に対して差別的な教えや慣習から自由になれるようにすること、⑤女性たちとの連帯のもとに行動できるように教会を励ますことである[96]。

　だが開始当初、「教会女性10年」に関する情報やリソースは、加盟教会の意

---

[95] World Council of Churches, *Ecumenical Decade 1988-1998: Churches in Solidarity with Women: Prayers & Poems, Songs & Stories*, WCC Publications, 1988. Mercy Oduyoye, *Who Will Roll the Stone Away? The Ecumenical Decade of the Churches in Solidarity with Women*, WCC Publications, 1990.
[96] Maxson, pp. 34-35.

思決定機関で取り上げられず、いわゆる女性グループに受け渡されるばかりで、「教会女性10年」となるに当たって実質的な困難に直面した[97]。また、1991年のWCC第7回総会（キャンベラ）では、構造調整計画[98]による経済的不正義や外国人嫌悪(ゼノフォビア)が、先住民、難民、移民の女性たちに及ぼす影響などに関心が払われるようになる一方、数名の女性代議員に対し、中央委員会への立候補資格を辞退するように圧力がかけられたことは「幻滅と失望[99]」をもたらした。代議員の一定の割合を女性、青年、信徒とするクォータ制の導入によって総会の顔ぶれは著しく変化したが、所属教会において発言力のない女性、青年、信徒の代議員が目立つことはWCCの権威を失わせ、「WCCを無意味なものへと追い込む[100]」数字のもてあそび（number game）であると非難された[101]。そして一部の女性代議員たちは、自らの所属教会が意思決定機関における「女性の参加」を増やさないでおくための口実として、WCCのクォータ制を利用していることを見抜き始める[102]。総会代議員に女性たちを選出している教会は、他の加盟教会からは進歩的であるかのように見えるが、実際には彼女たちの声は教会の重要な意思決定に影響を及ぼさないのである。総会においてセクシュアルハラスメント[103]や性的暴行が発生してもなお、キャンベラ総会は勧告において「女性に対する暴力」に対応するための具体的行動を規定できなかった[104]。

3-2 女性に対する暴力

　女性サブユニットの責任者で南インド教会のアルナ・ニャーナダソン（Aruna Gnanadason）は、1993年の著書『もはや秘密ではない』（*No Longer a Secret*）にお

97　Raiser, p. 260.
98　構造調整計画とは、IMFと世界銀行が累積債務を持つ発展途上国の政府を対象に要請する経済政策に関する改革案をいう。
99　Raiser, p. 260.
100　Ibid., p. 257.
101　Parvey, 1988, pp. 500-501.
102　Raiser, pp. 257-258. クォータ制は1993年の文書「高価な一致」（Costly Unity）で自滅的であると断罪されたが、ライザーは「クォータ制なしに今日、女性の参加はどうなるというのか」と反論している。
103　WCCはセクシュアルハラスメントの問題を啓発する小冊子「キリスト者の連帯が壊れるとき」を発行している。World Council of Churches, *When Christian Solidarity Is Broken: A Pastoral and Educational Brochure Addressing the Issue of Sexual Harassment*, World Council of Churches, 1991.
104　Maxson, p. 36. Gail Allan, *Piecing Hope: The Ecumenical Decade of Churches in Solidarity with Women and Justice for Women in Canada*, Ph.D. Thesis, University of Toronto, 2004, p. 27を参照。

いて、家庭内暴力、セクシュアルハラスメント、戦争の道具としてのレイプ、売買春、強制結婚など様々な形態による暴力の問題を取り上げた。1993年から1996年にかけての7つの地域会合で、被害女性たちがしばしば「キリストと同じように苦しみに耐えなさい」と教えられてきたことが明らかとなると、「イエスの受難を悪用する神学から離れる[105]」必要性が認識されるようになった。また、教会内部にも潜んでいる組織的、制度的、心理的、神学的、霊的暴力が見過ごされてきたことや、女性に対する暴力は「罪であり、教会論的問題であるのであって、個人間の問題や当事者間の問題ではない[106]」ことが確認された。元WCC総幹事のコンラート・ライザーも、このような暴力の問題を、エキュメニカル運動に対する根本的挑戦であると述べている[107]。

3-3　リビング・レターズ

1992年、女性サブユニットにおいて、真に「教会女性10年」となるためにすべての加盟教会を訪問するという画期的なアイデアが生まれ、1993年から1996年にかけて、パウロの手紙（第二コリント3：3）から着想された「リビング・レターズ」（Living Letters）と呼ばれるWCC史上最大規模の教会訪問が開始された。これは女性2名、男性2名、WCC職員、現地女性を基本とする75の訪問チームが330の教会、68の教会協議会、650の女性グループ・団体を訪問するもので、エキュメニカル運動における方法論的貢献を果たしたと評価されている[108]。

「リビング・レターズ」は、沈黙が支配する教会が必ずしも安全な場所ではないことや、暴力の被害を訴えても信じてもらえないのではないかという不安や恐怖心を女性たちが抱いていることを明らかにした[109]。また、多くの教会は内実を打ち明けたがらず、被害者の側に立つことを選べていなかった[110]。そし

105　Ibid., pp. 37-38.
106　Ibid., p. 37.
107　Idem. World Council of Churches, *Together with Courage: Women and Men Living without Violence Against Women*, WCC Publications, 1998 を参照。
108　Ibid., p. 40.
109　World Council of Churches, *Living Letters: A Report of Visits to the Churches during the Ecumenical Decade of Churches in Solidarity with Women*, WCC Publications, 1997, pp. 25-26.
110　Raiser, p. 261.

て、セクシュアルハラスメントはその他の暴力と比べて二次的なものと見られ、女性グループにおいてさえほとんど語られなかった[111]。さらには、「女性に対する暴力」についてのアドボカシーに積極的に取り組む男性たちの不足も証明された。一方で、「リビング・レターズ」は、女性たち自身の文化に潜む差別的慣習（村の会合における寡婦の排除など）に気付く機会や、女性たちを力づける訓練プログラムや神学教育の支援にも結びついていく。1995年、北京における第4回世界女性会議と同時に開かれた過去最大のNGOフォーラムでは、他の教会や協議体とも連帯していくために、エキュメニカル・ウィミン・ユナイテッド（The Ecumenical Women United）が結成された。

3-4　ハラレにおけるフェスティバル（1998年）とその後

　1998年、「教会女性10年」はハラレ（ジンバブエ）におけるWCC第8回総会の総会前集会（pre-assembly）、すなわち、1,000人を超える女性たちと約30人の男性たちが参加したフェスティバルにおいて活動を総括した。特に「リビング・レターズ」を通して女性たちのネットワークが強化され、教会での話し合いが促進されたことによる成果は大きく、WCCの運営組織を含め、エキュメニカル運動における「女性の参加」には著しい増加が見られるようになった。特に評価されたのは、WCC「人種主義を撲滅するプログラム」（Programme to Combat Racism）の一部として、1992年に教会と市民社会の女性たちをつなぐ「人種主義と性差別の撤廃のために闘う姉妹たち」のSISTERSネットワーク（Sisters in Struggle to Eliminate Racism and Sexism: SISTERS network）が結成された点、これまで周縁化され易かった東方正教会の女性たちの声が可視化された点である[112]。それでは、10年をかけて「石」は転がされたのか。1990年に『石を転がすのは誰か』を執筆したWCC副総幹事のオドゥヨイェは、セクシュアリティへの恐れの石、女性に対する男性の力の石、女性に対する暴力の石、女性嫌悪（ミソジニスト）の神学の石は依然としてあると回答している[113]。フェスティバ

111　Jeanne Becher and Aruna Gnanadason, "Sexual Harassment," in *Dictionary of the Ecumenical Movement*, pp. 1037-1038.
112　Maxson, pp. 44-46.
113　Ibid., p. 47. Ranjini Rebera, "A Participant Reflects ... Is the Stone Rolled Away?" in *Together with Energy: Towards the End of the Ecumenical Decade of the Churches in Solidarity with Women and*

ルの参加者たちは、総会の代議員に「女性に対する暴力は罪である（violence against women is a sin）[114]」と宣言するように呼びかける書簡を送り、「連帯」から「説明責任」(accountability) へと前進し、真のコミュニティとなるための教会論的・神学的挑戦を続けていくように求めた[115]。

この時、書簡の内容について、正教会の代議員などの一部の女性たちが反発したことが明らかになっている。問題視されたのは、ヒューマンセクシュアリティに言及するパラグラフであった（第5章を参照）。日本から参加した女性によってこの書簡が翻訳された際にも、以下のパラグラフは省略された。

> 私たちは、女性の按手、中絶、離婚、そしてすべての多様な形におけるヒューマンセクシュアリティのように、参加（participation）に対して影響を及ぼす倫理的・神学的な問題が数多くありながら、教会のコミュニティの中では対処するのは難しい、ということを認識している。この10年では、多様なヒューマンセクシュアリティが特に重要視された。私たちは、この問題をめぐる（意見の）相違によって引き起こされた暴力を非難する。(中略) 実際、私たちの中にはこの問題に正当性がないと考える女性や男性もいる。私たちは、正義が勝利するために話し合いを続けることができるよう、聖霊の知恵と導きを求める[116]。

「教会女性10年」で試みられた挑戦は、2001年から2010年に展開された「暴力を克服する10年 —— 和解と平和を求める教会」（Decade to Overcome

---

Beyond, WCC Publications, 1995, p. 13を参照。
114 "Appendix III: From Solidarity to Accountability (from Policy Reference Committee II Report)," in Diane Kessler ed., *Together on the Way: Official Report of the Eighth Assembly of the World Council of Churches*, WCC Publications, 1999, p. 243.
115 Aruna Gnanadason, "Ecumenical Decade: Churches in Solidarity with Women (1988-98)" in *Dictionary of the Ecumenical Movement*, p. 378.
116 "Letter to the Eight Assembly of the World Council of Churches from the Women and Men of the Decade Festival of the Churches in Solidarity with Women," https://www.oikoumene.org/resources/documents/from-solidarity-to-accountability, accessed August 24, 2021. このパラグラフは、NCC女性委員会委員長による翻訳から脱落している。秋田聖子訳「『教会が女性と連帯する十年』の祝祭に出席した女性・男性から世界教会協議会第8回総会への手紙 —— 連帯 (Solidarity) から責務 (Accountability) へ」、『福音と世界』54 (5)、新教出版社、1999年5月、37頁を参照。秋田聖子「『教会女性10年』の総括と展望」(44-45頁)にもヒューマンセクシュアリティについての言及はない。

Violence — Churches Seeking Reconciliation and Peace: DOV）に引き継がれていく。2001年にスコットランド行われた協議では、「ジェンダーに基づく暴力」（gender-based violence）への問題意識と対策行動を維持するための戦略として、キリスト教世界共同体（Christian World Communions: CWCs）を代表する約30人が10項目からなる「ダンディー原則[117]」（Dundee Principles）に合意している。DOVの総括のために、2011年にキングストン（ジャマイカ）で開かれた国際エキュメニカル平和会議（International Ecumenical Peace Convocation）では、女性や子どもたちに対する暴力は罪であると名指しされなければならない点が改めて主張され、「正戦」（just war）とも「平和主義」（pacifism）とも異なる概念として提唱された「ジャスト・ピース[118]」（just peace）の探究のあらゆる側面において、女性たちは「力づけられたメンターであり行動者（empowered mentors and actors）」でなければならないと提唱された。

　2018年、キングストン（ジャマイカ）で開かれた「教会女性10年」の20周年を記念する国際協議では、1998年のフェスティバルにおいて女性たちが、人生において様々に経験する暴力の物語を分かち合うだけでなく、「人種主義への加担、セクシュアリティを語ることへの葛藤、異性愛主義（heterosexism）の抑圧[119]」によって、女性たちの連帯に亀裂が入っていることを認める勇気を得た点が再認識された。閉会メッセージでは、抑圧の交差性（intersectionality）を認識し、「人権、ジェンダー正義、気候的正義、経済的正義、一致と平和の促進[120]」に取り組むことが世界中の教会に呼びかけられた（第6章を参照）。

117　World Council of Churches, *Streams of Grace*, 2005, p. 3 を参照。「ダンディー原則」は、①聖書的・神学的視点の振り返り、②教育戦略、③教会で「暴力的でなく、誰の経験も排除しない言葉（language）」を使うこと、④安全な環境づくり、⑤暴力の予防・介入、⑥多様な神学・文化・言語等を肯定する「共なる教会」（Church together）となること、⑦ネットワークの形成、⑧より広いコミュニティとの連携、⑨資金調達、⑩多様な問題に取り組むためのアジェンダの採択から構成される。
118　2022年のカールスルーエ（ドイツ）における第11回総会が発表した声明文「平和のために必要なこと」（"The Things That Make for Peace"）は、2011年の「ジャスト・ピースへのエキュメニカルな呼びかけ」（"Ecumenical Call to Just Peace"）や2013年の釜山（韓国）における第10回総会が採択した「ジャスト・ピースの道に関する声明」（"Statement on the Way of Just Peace"）に言及している。ジャスト・ピースは、日本語では便宜的に「公正な平和」や「公正さのある平和」と訳されてきた。
119　Gail Allan, Agnes Abuom, Olav Fykse Tveit, Hyde Merlyn, "Celebrating Women, Addressing the Wounds: Commemorating the Culmination of the Ecumenical Decade of the Churches in Solidarity with Women," *The Ecumenical Review*, 72 (1-2), January-April, 2019, p. 33.
120　"Glory to God and Peace on Earth: The Message of the International Ecumenical Peace

3−5 「女性の参加」の神学的根拠

それでは、「女性の参加」にはどのような神学的根拠があると考えられるだろうか。メンバーの過半数を女性が占めているキリスト教会の「一致」は、「女性の参加」を抜きにして可視的なものとなり得ないという女性たちの長年の主張や、端的に言って「排除（exclusion）はエキュメニカルな態度ではない[121]」との見解には、論理的にいかなる瑕疵も見出すことができない。それにもかかわらず、教会やエキュメニカル運動に参加しようとする多くの女性たちが政治的圧力、セクシュアルハラスメント、性暴力、聖書や伝統を排除の道具として濫用する「神学的暴力」によって脅かされてきたのはなぜだろうか。WCCにおいて女性（そして信徒、青年、その他の周縁化された人々）の完全な参加（full participation）を繰り返し妨害してきた少なからぬエキュメニカルリーダー、教会官僚、聖職者、学者たちは、自分たち以外の参加を「教会の一致」に無関係と切り捨てたり、脅威と見なして恐れたりする、自らの価値判断に大きく依存してきたのではないか。

「教会の一致」は、しかしながら、WCCへのコミットメントとともに、痛烈な批判でも知られる元米国NCC総幹事のマイケル・キナモンが論じているように、人間が作り出したり獲得したりするものではなく、神からあらかじめ与えられているものである。したがって、それは有力な男性指導者たちによって価値判断されるべきものでも、規定されるべきものでもない。また、教会が現状を維持したままで一致を求めようとする「協力」（cooperation）と、教会を変革し、キリストにおいて相互批判的に成長することによって一致を求めようとする「刷新」（renewal）は、明確に区別されなければならない。なぜなら、神が与える「教会の一致」がこの世に対して可視的なものとなるためのエキュメニカルなタスクとは、「人間由来の分断（の問題）に取り組んでいくこと[122]」に他ならないからだ。

Convocation," 2, http://www.overcomingviolence.org/en/resources-dov/WCC-resources/documents/presentations-speeches-messages/iepc-message.html, accessed February 15, 2022. 傍点は筆者による。
121 Raiser, p. 243.
122 R. David Nelson and Charles Raith II, *Ecumenism: A Guide for the Perplexed*, Bloomsbury, 2017, p. 149. Michael Kinnamon, *Vision of the Ecumenical Movement and How It Has Been Impoverished by Its Friends*, Chalice Press, 2002, p. 9.

この点について、1990年代に信仰職制委員会のモデレーターを務めた英国教会のメアリー・タナー（Mary Tanner）も、「教会の一致」は「人間コミュニティの一致」に対置されるべきものではないと明確に述べている[123]。そうであれば、人間コミュニティの分断をどのように修復していくのかというヴィジョンを抜きにした「エキュメニカル」は無いことになる。その意味で、いかなる教会も遠い過去においてすでに確立されたものとしてではなく、心を開いて、神によって刷新されていく「途上の教会」、「未完の教会」として謙虚に捉え直されなければならない[124]。WCCもまた、エキュメニカル運動の最重要拠点であるという自己理解と、周囲の期待に由来するあらゆる権威づけを戦略的に拒否し続けることによってのみ、「女性の参加」を最小要件とする「教会の一致」を求めうるのではないか。そのようにして初めて「女性の参加」という主題は、シスジェンダーであり、ヘテロセクシュアルである女性に限定されやすい「女性」（women）の定義を、「すべての女性」（all women）に拡張するという次なる必須の議論に進み出ることができるだろう。

123　Mary Tanner, "Ordination of Women," in *Dictionary of the Ecumenical Movement*, p. 856.
124　J. C. Hoekendijk, *The Church Inside Out*, The Westminster Press, 1966, p. 42.

Column ❸
生活と実践（Life and Work）

　「生活と実践」は、正義と平和（justice and peace）の働きの源流となった運動であり、国際関係、人種主義、経済的不正義、民主主義、人権、信教の自由など、広範な課題への社会的関心を生み出した[1]。この運動もまた、1910年のエディンバラでの世界宣教会議からの流れを汲んでいるが、誰が指導的役割を担ったかという点では、国際宣教協議会（IMC）や「信仰と職制」（Faith and Order）運動と比較して世界宣教会議とのつながりは薄い[2]。

　二つの世界大戦は甚大な人命を奪い、食糧を欠乏させ、社会状況をきわめて不安定なものにした。そのような時に提起されたのは、平和的な国際関係の構築のためにキリスト者が果たすべき役割とは何かという問いであった。「生活と実践」運動の背景には、英国とドイツの教会によるネットワークを基礎として、1914年に発足した「教会を通して国際的な友情を促進するための世界連盟」（World Alliance for Promoting International Friendship through the Churches）とスウェーデン教会のウプサラ大主教ナータン・セーデルブルム（Nathan Söderblom, 1866-1931）のリーダーシップがある[3]。セーデルブルムは「生活と実践」運動の中心人物として「キリスト者の一致（Christian unity）を促進し、『国家間の平和が現実のものとなるために必要な新しい心の態度（new attitude of mind）』を生み出すこと」への貢献を理由に、1930年に聖職者として初めてノーベル平和賞を授与された人物である。

1　Paul Abrecht, "Life and Work," in Nicholas Lossky, et. al., eds., *Dictionary of the Ecumenical Movement*, 2nd Edition, WCC Publications, 2002, p. 692.
2　R. David Nelson, Charles Raith II, *Ecumenism: A Guide for the Perplexed*, T&T Clark, 2017, p. 36.
3　Michael Root, "Morals," in Geoffrey Wainwright, Paul McPartlan eds., *Oxford Handbook of Ecumenical Studies*, Oxford University Press, 2021, p. 327.

宣教の状況に非常なる危機感を抱いていたセーデルブルムは、「信仰と職制」運動における教会の一致も重要であるが、それよりも、平和構築の領域においていかに教会が共働できるかが喫緊の課題であると主張し、不戦条約を支持し、常設の国際裁判所の発展を求めた。社会的関心と一致への情熱を併せ持つセーデルブルムは、肯定的な意味での「教会の政治家」(ecclesiastical statesman) としての豊かな才能に恵まれ、外交的手腕に長けた人物であったと評されている[4]。セーデルブルムは、1914年の平和の訴えを通して「生活と実践」運動の創出にたずさわり、1920年にジュネーヴで開かれた「生活と実践」世界会議の準備会には、15カ国の教会から約90人の教会指導者が出席した[5]。1925年にストックホルム（スウェーデン）で開催された第1回「生活と実践」世界会議では、紛争解決の手段としての戦争が非難され、戦争は教会の精神に反するとの決議が行われた。

　「生活と実践」という言葉には、世界が最も必要としているものとして「キリスト教的な生き方」(Christian way of life) を掲げようという決意が込められている。この運動の目的は「キリスト教会を通して、『神の父性 (fatherhood of God) とすべての人の兄弟愛 (brotherhood)』をより完全に実現するためのプログラムを策定し、手段を考案すること[6]」であった。この時、ストックホルム会議を準備したプロテスタントの教会指導者たちはよりエキュメニカルな顔ぶれを望み、正教会とローマ・カトリック教会に参加を呼びかけている[7]。ストックホルム会議では、この世界についての神の計画に照らして、教会が果たすべき義務・使命、教会と経済問題、産業問題、社会的・倫理的問題、国際関係、教育、諸教会が協力を進めていく方法などが議論された。この会議が採択した「使信」と呼ばれる文書では、世界の教会における平和の課題が訴えられ、「福音」を人間生活の全領域に適応させる責務が呼びかけられた。

4　Abrecht, p. 691.
5　Idem.
6　Idem.
7　正教会は参加し、ローマ・カトリック教会は不参加であった。

当時の運動の参加者たちは、教会を分断している教義の違いにあまり関心を持たなかった。その人たちは、様々な社会的課題は教義の違いに関係なく、共同で取り組まれるべきであるとの基本姿勢を共有していた。神学的議論にいくら取り組んでも教会間の距離はなかなか縮まらないが、社会的病理への対応は教会同士を近づけると考えられていたのである。ストックホルム会議のスローガンであった「教義は分かつが、奉仕は一つにする」("Doctrine divides but service unites")という言葉は、「生活と実践」運動を象徴するものとして広く知られるようになり、現在に至るまで多くのキリスト者の心を捉え続けている。

しかしながら、このスローガンによって正当化されてきた一方、神学的問題を意図的に避ける姿勢は「生活と実践」運動の弱点でもあった。実際に、「神の国」という希望と教会の世界への責任をどのように関連付けるかという神学的問題をめぐって、会議は深く対立したと言われている。ストックホルム会議は当然ながら、平和構築をめぐる諸課題の解決には至らなかったが、諸教会が自らの社会的責任を認識するようになったという点においてはきわめて画期的であった[8]。

この運動が1948年のWCC成立までに行なった世界会議は、1925年のストックホルム、1937年のオックスフォードの2回に限られる。IMCのJ・H・オウルダムと英国教会のウィリアム・テンプル（William Temple, 1881-1944）が指導的役割を担ったオックスフォード会議には、ローマ・カトリック教会から初めてオブザーバーが派遣された。一方、ナチスによって参加を禁じられたドイツのルーテル教会（ルター派）はこれに参加できなかった。「教会、共同体、国家」を主題とするオックスフォード会議からは「どうか、教会を教会たらしめてください」というメッセージが発信された。ここで確認されたのは、教会はいかなる政治的・社会的イデオロギーにも従属してはならず、「自由に神のみ言葉を

8　西原廉太「エキュメニズムに進むキリスト教」、荒井献・出村彰監修、栗林輝夫・西原廉太・水谷誠著『総説キリスト教史3——近・現代篇』、日本キリスト教団出版局、2007年、247頁。

語るために自主独立性を守らなければならない[9]」という点であった。その背景には、ヨーロッパと北米における深刻な経済的危機や、ロシア（ソ連）における共産主義、ドイツにおける国家社会主義の台頭があった。

　オックスフォード会議において、教会論だけでなく、社会活動についての神学的考察や聖書研究にも取り組まれると、社会倫理や奉仕の働きを中心とする「生活と実践」においても、聖書、伝統、教義にかかわる諸問題（信仰と職制）が自らの運動と無縁ではないことはますます自明となった。これを受けて、「信仰と職制」運動と合流し、WCCを形成するための具体的行動が起こされるようになる[10]。「生活と実践」運動は、まだ躊躇いのあった「信仰と職制」運動と比較して、1938年に始まるWCCの形成プロセス（process of formation）を前進させる原動力となった[11]。

9　同上、248頁。
10　Nelson and Raith, p. 38.
11　Abrecht, p. 692.

第4章　女性の按手

　少なからぬ教会指導者たちが「女性の参加」を「教会の一致」に対する脅威であると感じ、様々に妨害する中で、最も教会を分断する問題（church-dividing issue）の一つとして名指しされてきたのが、本章で取り上げる「女性の按手」（ordination of women）である[1]。エキュメニカル研究の大半を担ってきた男性聖職者たちの多くは、按手を受ける資格を持っているか否かを問われた経験のない人々であったため、彼らにとって「女性の按手」が、立ち止まって考えたり、深く掘り下げたりしなくてもかまわない問題であったことは想像に難くない。しかしながら、「リマ文書」として知られる1982年の歴史的収斂文書『洗礼、聖餐、職務』（Baptism, Eucharist and Ministry: BEM）の作成プロセスにおいて、複数の教会指導者たちが「ボートを揺らす」（rock the boat,「波風を立てる」の意）恐れのある「女性の按手」を取り上げないように水面下で圧力をかけていたことは、ジェンダー正義の視点からエキュメニカル運動史を読み解くに当たり、誰もが無視できない事実の一つと言えるだろう[2]。

　本章では、この問題に関して「最も創造的な場であると同時に、最も分裂的な場[3]」と評される世界教会協議会（WCC）、特に「信仰と職制」の潮流において、「リマ文書」の成立までにどのような議論が展開されてきたかを詳しく見ていきたい。とりわけ、3つの主要文書の内容分析に取り組むことは、「女性の按手」を論究することの今日的意義を考える上で、重要な手がかりをもたらすことだろう。

---

[1] Elisabeth Raiser, "Inclusive Community," John Briggs, el. al., eds., *A History of the Ecumenical Movement, Volume 3, 1968-2000*, WCC Publications, 2004, p. 253.
[2] Michael Kinnamon, *Can a Renewal Movement Be Renewed?: Questions for the Future of Ecumenism*, Wm. B. Eerdmans Publishing Co., 2014, p. 62. マイケル・キナモンは、エキュメニストたちは「波風を立てる」のが仕事であり、あらゆる議論は公平に扱われるべきであると反論する。
[3] Mary Tanner, "Ordination of Women," in Nicholas Lossky, et. al., eds., *Dictionary of the Ecumenical Movement*, 2nd Edition, WCC Publications, 2002, p. 856.

第1節　歴史的経緯

1-1　ローザンヌからウプサラまで（1927年〜1968年）

　エキュメニカル運動の歴史を紐解いていくと、「女性の按手」の問題が、その端緒から長きに亘って提起されてきたことが見えてくる。1916年、英国教会のエキュメニカルリーダーであるウィリアム・テンプルは「女性が按手を受けるのを見たいと思う」と語っているが、それが教会の再一致（reunion）を後退させるのではないかとの懸念から、「（女性の按手よりも）再一致の方がより重要である[4]」とも付言した（英国教会において初めて女性たちが按手を受けたのは、1994年のことである）。「信仰と職制」運動（Faith and Order）は1927年にローザンヌ（スイス）で開かれた第1回「信仰と職制」世界会議に始まるもので、約400人の参加者のうち、7人が女性であった。彼女たちは、女性の役割についての検討を求める声明文を起草し、教会と教会協議会における女性たちの「正しい位置付け」がすべての人の心と頭の中にあるべきであると主張したが、初期の「信仰と職制」運動はこの問題についてほとんど沈黙していた[5]。

　1948年、アムステルダム（オランダ）におけるWCC第1回総会において、「信仰と職制」運動は「生活と実践」（Life and Work）運動と合流した。その際の全体討議では、ミニストリーへの女性たちの完全な参加（full participation）という重要な問題について、諸教会の間で合意のないことが明白となった。加盟教会の中には、女性たちは教会のすべての役職に就く資格があると考える教会や、ミニストリーへの部分的参加を認める教会もあれば、原則的には反対しないが「管理上あるいは社会上の困難[6]」を懸念する教会や、そもそもこの問題を検討する準備ができていない教会があったのである。この時期からプロテス

4　Tanner, p. 855. 括弧内は筆者による。
5　Constance F. Parvey, ed., *Ordination of Women in Ecumenical Perspective: Workbook for the Church's Future*, Faith and Order Paper No. 105, World Council of Churches, 1980, p. 22. H. N. Bates ed., *Faith and Order: Proceedings of the World Conference, Lausanne, 3-21 August 1927*, New York, 1927, pp. 372-373 を参照。
6　Melanie A. May, "Survey of Faith and Order Discussions on the Ordination of Women: A Retrospective Introduction to Future Work," https://www.oikoumene.org/resources/documents/faith-and-order-on-womens-ordination, accessed November 4, 2020. W. A. Visser 't Hooft, ed., *The First Assembly of the World Council of Churches, Held at Amsterdam, 22 August - 4 September 1948*, SCM Press, 2nd edition, 1948, p. 147 を参照。

タント諸教会（以下、プロテスタント）は、「女性の按手」をたびたびエキュメニカルな議論の俎上に載せるようになる[7]。一方、ローマ・カトリック教会と正教会は自らの意思に反して強制的に議論に引き入れられ、「聖なる伝統は明瞭かつ不変である[8]」という自らの信念に不当に挑戦されているように感じ、そのような動きが「教会の一致」を危険に晒すことを深刻に案じていた。

　実際のところ、1956年に聖公会の人々がカナダ合同教会に合流しなかったように、「女性の按手」が教会合同の妨げとなることがあった。また、スウェーデン教会が1958年にフルミニストリー（full ministry）への女性たちの参加を認め、1960年に初めての按手が行われたことは、英国教会との相互陪餐を深刻に損なうのではないかとも懸念されていた。カンタベリー大主教マイケル・ラムジー（Michael Ramsey）は当時、それがわずか30余年後に実現されると知ることなく、英国教会で女性が聖職に就くには何百万年の何百万倍もかかると自信をもって発言していた[9]。1961年、ニューデリー（インド）におけるWCC第3回総会は信仰職制委員会に「教会、家族、社会における男性と女性の協力に関する部門」（Department on the Cooperation of Men and Women in Church, Family and Society, 以下「男女協力部門」）との協力による「女性の按手」についての神学的、聖書的、教会論的研究を要請する。ジュネーヴにおける会議（後述）を経て、1963年のモントリオールにおける第4回「信仰と職制」世界会議に向けて準備された研究文書『女性の按手について』（*Concerning Ordination of Women*）は、1964年に刊行された。モントリオール会議では議論の進展がほとんど見られなかったと言われているが、これが「女性の按手」に関する初期の主要文書であることは明らかである。

1-2　カルティニーからクリンゲンタールまで（1970年〜1979年）

　ますます多くの教会が女性を按手するようになったことを受けて、1968年のウプサラ（スウェーデン）におけるWCC第4回総会では研究の継続が勧告

7　Raiser, p. 241.
8　Tanner, p. 856.
9　Sharon Jagger, "Could Feminists Save the Anglican Church?," *The Conversation*, January 18, 2016, https://theconversation.com/could-feminists-save-the-anglican-church-53235, accessed November 28, 2020.

された。男女協力部門の職員であった南アフリカ聖公会のブリガリア・バムは、すでに女性を按手している教会の経験に学ぶことを目的として、1970年にジュネーヴ近郊のカルティニーにおいて「女性の按手」に関する会議を開催し、その成果を『按手はどのようになりつつあるか[10]』（*What Is Ordination Coming to?*）にまとめた。これが、フェミニスト神学や解放の神学が導入され、女性たちが従来に比べて多く発言するようになった時期に作成された、次なる重要文書である[11]。1971年、ルーヴェン（オランダ）での信仰職制委員会では同文書が議論され、「女性の按手に反対する19世紀に亘る伝統の力を軽々しく無視することはできない。だが教会では伝統が変わってきている。今この課題に向き合うべき時を迎えている[12]」と認識されるようになった。一方、カルティニー会議においては、正教会からの唯一の参加者の声が十分に聞き取られなかったことへの反発から、感情的な議論も巻き起こったという[13]。

　1972年、マルセイユ（フランス）での信仰職制委員会では「（この問題に関連する教義上の立場はあるとしても）ほとんどのコミュニオンにとって、ミニストリーにおける女性の役割は規律の問題であり、教義の問題ではない[14]」と考えられた。1974年、アクラでの信仰職制委員会では「一つの洗礼、一つの聖餐、相互承認されたミニストリー」に関する合意文書がまとめられ、「女性の按手」はミニストリーに関する文書の「按手」の項目に位置付けられた。その後、1978年から1982年にかけて信仰職制委員会に「教会における女性と男性のコミュニティに関する研究」（Study on the Community of Women and Men in the Church, 以下「コミュニティスタディ」）が設置され、「教育と刷新」ユニット、「教会と社会における女性」サブユニットとの協力が進められたことは、重要な進展であった。

　1975年、ナイロビ（ケニア）におけるWCC第5回総会の「教会と社会にお

10　Brigalia Bam, ed., *What is Ordination Coming To? Report of a Consultation on the Ordination of Women, Cartigny, Switzerland, 1970*, World Council of Churches, Department on Cooperation of Men and Women in Church, Family, and Society, 1971. Raiser, p. 251.
11　Natalie Maxson, *Journey for Justice: The Story of Women in the WCC*, WCC Publications, 2016, p. 73.
12　Parvey, p. 24. "Faith and Order, Louvain, 1971: Study Reports and Documents," Faith and Order Paper No. 59, World Council of Churches, 1971, p. 93を参照。
13　Raiser, p. 252.
14　Parvey, p. 24.

ける女性」部会では、「女性の按手に神学的な反対意見を持たない教会は、『エキュメニカルな配慮』によって行動を抑止されないようにすること[15]」、「女性を按手している教会とそうでない教会は、女性の賜物の程度に応じて、ミニストリーへの女性の完全な参加についての対話を続けること」などの勧告がまとめられ、総会において可決された。このような動きに対してバチカン教理省は1976年に『インテル・インシグニオーレス —— 女性の司祭職への参入に関する問いに関して』(Inter Insigniores: On the Question on Admission of Women to the Ministerial Priesthood)で、ローマ・カトリック教会は「男性のみの聖職」(all-male priesthood)という不断の伝統を変えることについて自由でないと宣言し、牽制の姿勢を示した[16]。

「信仰と職制」運動の誕生から50年を迎える1977年、クレト・ベラール（スイス）における信仰職制委員会では、「一つの洗礼、一つの聖餐、相互承認されたミニストリー」への諸教会の反応についてのさらなる協議が行われた。「女性の按手」についてのワーキングペーパーでは、「一部の伝統では、女性たちは洗礼を通してイエス・キリストや神の民とミニストリーを完全に分かち合っているが、聖餐のミニストリーを完全に分かち合ってはいないと述べられている。このような区別の神学的根拠は何であろうか[17]」と率直に問いかけられた。1978年、バンガロール（インド）における信仰職制委員会では、正教会、ローマ・カトリック教会、復古カトリック教会などの研究者の招集と、「女性の按手」に関する諸教会の立場についての文書の作成が勧告された[18]。

これを受けて、コミュニティスタディの担当職員でアメリカ福音ルーテル教会のコンスタンス・F・パーヴェイは、1979年にクリンゲンタール（フランス）で「エキュメニカルな視点から見た女性の按手」(Ordination of Women in Ecumenical Perspective)に関する会議を開催した。このときに初めて、女性

---

15 Ibid., p. 25. David M. Paton, ed., *Breaking Barriers: Nairobi, 1975: The Official Report of the Fifth Assembly of the World Council of Churches, Nairobi, 23 November – 10 December*, Eerdmans, 1976, p. 309.
16 Tanner, p. 855.
17 "Working Paper on the Ordination of Women," in "Towards an Ecumenical Consensus on Baptism, Eucharist, and the Ministry: A Response to the Churches" Faith and Order Paper No. 84, World Council of Churches, 1977, p. 19.
18 Parvey, p. 27.

たちの視点から「女性の按手」が議論されたとも言われている[19]。その成果は翌年、『エキュメニカルな視点から見た女性の按手』にまとめられた。これが「リマ文書」以前の最後の主要文書である。

1-3　シェフィールドからリマまで（1981年〜1982年）

1981年、コミュニティスタディを総括するシェフィールド会議は、「教会の過半数は女性が占めているのであり、彼女たちは男性との共働のもとに教会の働きに参加できるよう訓練され、備えられる必要がある[20]」との勧告文を中央委員会（ドレスデン）に送り、信仰職制委員会に対しては研究の継続を求めた。この時期には、「女性の按手」に賛成するプロテスタントと聖公会の女性たちが痺れを切らす一方、正教会はますます防衛的な姿勢を固めていった。フランスの正教会神学者エリザベス・ベル＝シージェルによれば、正教会はプロテスタントにとっての「女性の按手」の重要性を過小評価しており、自らの沈黙をプロテスタントから軽蔑の眼差しで見られていると感じていた[21]。1982年、信仰職制委員会がその働きの最大の成果物として公にした「リマ文書」において、「女性の按手」はミニストリーに関する章の主要部分では扱われず、諸教会の立場がコメンタリーにおいて簡潔に説明されるに留まった（コラム④を参照）。このような不明瞭な取り扱いに対し、一方の教会は「女性の按手」が率直に肯定されていないと感じて失望し、他方の教会は「女性の按手」を肯定する暗黙の方向性が含まれていると見なして反発した[22]。

第2節　『女性の按手について』（1964年）

本節では、第一の主要文書『女性の按手について』に収録された「イニシャル・ステートメント」、ジュネーヴにおける会議報告、神学者たちからのイン

19　Raiser, p. 252. Parvey, p. 3, 7, 27を参照。参加者30人のうち、女性が18人であった。教会における「真のパートナーシップ」の探求において議論の的となっている「女性の按手」について、共通のアプローチを模索することが会議の目的であった。
20　Maxson, p. 26.
21　Raiser, p. 251. Jane E. Crawford, "Rocking the Boat: Women's Participation in the World Council of Churches 1948-1991," Doctoral dissertation, Victoria University of Willington, 1995, p. 364.
22　May.

プットにおいて、どのような議論が展開されたかについて見ていこう。

2-1 イニシャル・ステートメント

「イニシャル・ステートメント」は、信仰職制部門の研究主幹であったスイスの改革派神学者ルーカス・ヴィッシャー（Lukas Vischer）によって執筆された。ヴィッシャーによれば、19世紀において、「女性の按手」は周辺的問題として容易に却下されうるものであったが、1965年当時においてそれは、教会はキリストにおいて「男と女もない」という偉大な真実を適切に反映できているのか、という根本的な問題として提起されているため、決して無視することができない。そして、一方には、ミニストリーが男性に限られるべきことは明らかだと感じ、議論そのものに躊躇をおぼえる教会がある。しかし他方には、自らの教会論と聖書理解に照らして、「教会の秩序の形態は決して最終的なものではない[23]」と確信している教会があり、時代状況の変化に合わせて伝統の変更を考慮することによって、キリストに従順であろうとしている。だがその場合でも、女性たちに（男性聖職者とは異なる）限定的職務を与えるに留まる場合もあれば、女性たちのフルミニストリーへの参加を当然視する場合まで、様々ある。

教会が互いに孤立しないようにすることが非常に重要であると考えるヴィッシャーは、「女性の按手」を行う教会は、キリスト教界の分裂を深めていると非難する教会に対して、「聖霊は他の教会においても働いている」との認識に立ち、他の教会における女性たちとの協力に学び、自らの姿勢を再検討するように呼びかける。同時に彼は、「女性の按手」に反対する教会は「女性に対するリスペクトが欠如しているのだ」と考えたくなる教会に対して、エキュメニカルな交わり（ecumenical fellowship）という視点に立ち返り、他の教会が重んじてきた連続性の維持を真摯に捉えるように促している。ここですでに発見されていたのは、「女性の按手」をめぐるエキュメニカルな議論は、単にイエスかノーかで答えられる問題ではなく、教会論、聖書解釈、人間論などの様々な

---

23 Lukas Visher, "The Ordination of Women: Initial Statement," in World Council of Churches, Department on Faith and Order and Department on Cooperation of Men and Women in Church, Family and Society, *Concerning Ordination of Women*, Geneva, 1964, p. 2.

視点による検討が必要となるため、各々が教会の本質とは何かを見つめ直す貴重な機会をもたらすという点であった。したがって、「女性の按手」は「自らの意思に反して取り組む『新たな困難』と見なされるべきではなく、むしろそれは、教会のエキュメニカルな交わりにとって祝福となるかもしれない[24]」とも言い得るのである。

2–2　ジュネーヴ会議（1963年）

　続いて掲載されているのは、男女協力部門のマドレーヌ・バロが1963年にジュネーヴで開催した「女性の按手——エキュメニカルな問題」と題する会議の報告である。そこでは、「女性の按手」はミニストリーについての理解の全体にかかわるものであって、これをフェミニストによる要求や、少数の熱狂的な人々による煽動の結果と見なすのは誤りであると論じられた[25]。キリスト教の真理を現代のイデオロギーに順応させる危険は避けられねばならないが、社会的・文化的運動といった「世俗の運動を用いて神が私たちにみ心を示されることもある[26]」と考えられたのである。

　括弧付きの「男性と女性に関する聖書の教義」はフルミニストリーから女性を排除しているではないかとの主張に対しては、新約聖書はすべての部分でキリストを証ししているのであって、教義体系の確立に関心を向けているのではないと反論された。また、キリスト教のメッセージは、創造だけでなく終末における尊厳と価値の平等を語っているため、「教会はその起源との歴史的連続性の中に生きているが、常に未来に向かって自らを新たに開き、終末論的メッセージに新鮮な表現を与えるように神から招かれている[27]」として、教会の刷新（renewal）が唱えられた。具体的な刷新の例としては、神が父と呼ばれ、キリストが男性として受肉したことを根拠とする「教会のミニストリーの男性性[28]」（the masculinity of ecclesiastical ministry）の放棄を挙げることができ

24　Ibid., p. 4.
25　"The Ordination of Women: An Ecumenical Problem (Report of a Consultation in Geneva, 10-12 May 1963)," in *Concerning Ordination of Women*, Geneva, 1965, p. 5.
26　Ibid., p. 6.
27　Ibid., p. 7.
28　Ibid., p. 8. ジュネーヴ会議において、三位一体の人格、「新しい人間」のイメージであるイエス・キリスト、聖霊を、聖書は性の領域を超えたものと見なしていると解釈された。

る。女性たちが公的責任を担うことは「創造の秩序」に違反するとの主張に対しては、「女性の従属性」は聖書そのものよりもキリスト教の伝統（Christian tradition）に根ざすものであると、徹底的に反駁された。ジュネーヴ会議では、創造における男性と女性の「相補性[29]」（complementarity）がパートナーシップの根拠とされたが、このような見方は、1979年のクリンゲンタール会議において調整されることになる。

　1960年代前半に強調されるようになったのは、ミニストリーと洗礼の密接な関係性であった。受洗した女性たちは、洗礼によって与えられたすべての特権を他のキリスト者たちと分かち合っているにもかかわらず、彼女たちが按手から排除されるのはなぜだろうか。多くの教会は、最初の十二人の使徒職が男性だけで構成されていたことを理由に、「女性の按手」は教会の使徒的遺産を損なうと主張するが、「使徒職の男性性」は、教会の未来をも支配する神の律法に基づくというよりも、人間の伝統（human tradition）に基づくと疑いうる[30]。見落とされてはならないのは、十二使徒には女性だけでなく異邦人も含まれていなかったが、教会はイスラエルに約束された栄光を広く分かち合うために、使徒性（apostolicity）から異邦人を排除しなかったという点である。したがって、使徒的遺産を守ろうとすればするほど、使徒的継承から女性たちが永遠に排除され続けることにはなり得ないと言える。このように、ジュネーヴ会議は「按手からの女性の排除」の問題をきわめて批判的に議論し、諸教会のいかなる判断をも「異端と非難されることなく、聖霊の導きに従うための真摯な努力として受け入れられることが大いに望まれる[31]」と結論付けた。

---

[29] 「相補性」は、女性と男性は本質的に異なる存在であるため、特定の方法でしか互いにかかわることができないとする概念である。近年では例えば、北インド教会のフィリップ・ヴィノッド・ピーコック（Philip Vinod Peacock）が、特定の性別にしかない能力は「出産」と「母乳を与えること」の二つだけであり、それ以外の仕事や役割は完全に関与可能であると喝破し、「相補性」としてのパートナーシップを明確に拒否している。Philip Vinod Peacock, "Towards a Theology of Partnership of Women and Men," in Patricia Sheerattan-Bisnauth, Philip Vinod Peacock eds., *Created in God's Image – From Hegemony to Partnership: Church Manual on Men as Partners – Promoting Positive Masculinities*, World Communion of Reformed Churches, World Council of Churches, 2010, p. 37を参照。
[30] 十二使徒の男性性には、十二人の族長・部族からなるイスラエルの構造が表現されているという。
[31] "The Ordination of Women: An Ecumenical Problem," p. 10.

2-3 神学者たちからのインプット

『女性の按手について』には、パリ・プロテスタント神学院のアンドレ・デュマ（André Dumas）、スイスの神学者マルガ・ビューリグ（Marga Bührig）らによる論文も収録されている。デュマは、「女性の按手」はある人々にはフラストレーションや恐怖心を与えるが、初代教会におけるユダヤ人と異邦人との関係性に個人的な感情の問題が絡んでいたように、「人間の欲望や恐れといった主観的なレベルではなく、神のみ心が何であるかという客観的なレベルで議論が行われることを願うべき[32]」であると主張した。デュマは新約聖書の子細な分析を経て、女性の排除は「聖典ではなく伝統に基づいている[33]」と結論し、「女性の按手」を世俗主義の影響としてではなく、世の光としての教会による創造的な刷新として認識するように訴えた。

ビューリグは、新約聖書には「女性の按手」を拒否する根拠が無いだけでなく、すべての職制（order）に関する根拠が無いと分析し、「女性の按手」は「主に教会論の問題であり、社会学的、心理学的問題は、第二、第三のそれでしかない[34]」との意見を明らかにした。「キリストの体」は常にこの世界に対する使命を視野に入れながら構築されているため、時代状況の参照を抜きにしては、いかなる教会論をも策定できない。また、ビューリグは、平等を求める女性たちの声が高まりがキリスト教を基礎とする西洋世界から起こり、他の諸地域に広がっていったのは偶然ではなく、福音の宣べ伝えの歴史的帰結であると捉え、第二波フェミニズムがもたらす新たな時代状況を肯定的に評価している。

第3節　カルティニー会議（1970年）

次に、第二の主要文書『按手はどのようになりつつあるか』を検討してみよう。1970年当時、WCCに加盟する215の教会のうち、約72の教会が女性を

---

[32] André Dumas, "Biblical Anthropology and the Participation of Women in the Ministry of the Church," in *Concerning Ordination of Women*, p. 13.
[33] Ibid., p. 40.
[34] Marga Bührig, "The Question of the Ordination of Women in the Light of Some New Testament Texts", in *Concerning Ordination of Women*, p. 56.

按手しており、自らの召命を信じて按手を受ける女性の数も増えつつあった[35]。カルティニー会議の参加者たちは、創造と贖いの計画における女性の「補助的役割」に関する伝統的解釈は、もはや維持され得ないとの見解で一致した。一方で新たに見えてきたのは、「女性の按手」を経てもなお、女性たちがリーダーシップを発揮したり、意思決定に関与したりする機会はほとんど無いなどの実際的課題であった[36]。

3–1 按手を受けた女性たちの実際的課題

　女性たちに対する差別は、「未婚」（unmarried）でいるように圧力をかけられたり、神学校を卒業しても「牧師の妻」となることを選択させられたりする例がその典型であった。「独身の誓い」が義務付けられていない場合でも、国によっては、既婚女性がミニストリーにかかわることは許されず、私生活を持たないという理想的な奉仕者のイメージは女性たちに偏って期待されていた。女性には同僚男性の半分の給与しか与えられないこともめずらしくなく、彼女たちを独身にしておくことは、教会にとって安上がりな選択であった[37]。また、女性たちが同僚男性から能力を疑われたり、信徒から牧師同士の夫婦は異常であり、「人間的に劣っている」と仄めかされたりしていることも明らかになった[38]。そのため、彼女たちの中には、女性牧師が当たり前のように認められるようになるまで、「男性が大勢出席する集会では、あまり多くを語らないように気を付ける[39]」ことによって保身を図り、生き延びようとする者もいた。

　カルティニー会議では、按手を受けた女性たちが直面する問題の多くは、「女性」や「聖職者」とはこういうものだ、という固定観念から逸脱した者に対する疑念と関係があるものと推察された。また、平均的な男性よりも「優れている」ことを不当に要求されたり、「女性の按手」に反対する人々から敵意を抱かれたりすることによって、彼女たちが自らを精神的に追い込んでしまう

35　Bam, p. 80.
36　Ibid., p. 2.
37　Ibid., pp. 10-11.
38　Ibid., p. 48.
39　Ibid., p. 51.

問題も指摘された[40]。

3-2 「女性の按手」のその先

興味深いことに、カルティニー会議のための準備文書を執筆したスコットランド教会のイアン・M・フレイザー（Ian M. Fraser）は、過去20年間の議論から言って「女性の按手には、聖書的にも神学的にも何の障壁もなく[41]」、男性ばかりが聖職に就くことを支持してきた稚拙な神学的・聖書的釈義は一掃されたと断言している。また、彼は過去数年間に、女性を按手するようになった教会が「他の教会との合同交渉の際に障害となるのではないかという恐れには、全くもって根拠がないことが明らかになってきた[42]」とも述べる。

しかしながら、先にも触れたように、「女性の按手」の実現は問題の終結を意味しない。例えば、チームミニストリーにおいて、女性たちが同僚男性に合わせる助手の役割を課されている場合、男性支配は巧妙に肯定され続けているので、フレイザーは「それぞれの才能に応じて女性を使用する」という議論は罠であるかもしれないと警告する。そのような刷新なきミニストリーに少しの女性を加えることは、聖職者支配的な既存の組織に数人の信徒を追加するのと同じように、男性聖職者たちの体面を保つのには役立っても、「教会組織を抜本的に改革しようとする、聖霊の圧力に起因する神のフラストレーションに対処できない[43]」のである。その背景にあるのは、未知なるもの、女性、信徒、若者のポテンシャルという脅威への恐れであったり、按手を受けた男性以外のすべての人々の「未熟さ」という奇異な信念であったりする。フレイザーもまた、教会が異邦人にまで拡張され、あらゆる国の人々に按手を受ける道が開かれた点を重視し、人類全体（total humanity）への教会の拡張は「疑いなく、人類全体への按手の可能性を切り開くための根拠である[44]」と論じている。

---

40 Phyllis Guthardt, "Reflections on the Ministry, with Special Reference to the Problems and Opportunities of the Ordained Women," in *What is Ordination Coming To?*, pp. 55-56.
41 Ian M. Fraser, "The Ordination of Women: Reflections on Theology and Practice," in *What is Ordination Coming To?*, p. 17.
42 Idem.
43 Ibid., pp. 17-19. フィンランドのレクター（lector）のような女性専用の職務をあてがわれた人々は、男性たちと同じ地位を持たない自分を「どこにもいない人」と感じるという。
44 Ibid., p. 19.

第4章　女性の按手

3-3　グループ報告

カルティニー会議では、「女性の按手」にかかわるミニストリー、心理的・社会的要因、変革への取り組みについてのグループ討議が行われた。以下では、それらの論点を見ていくことにしよう。

① ミニストリー

10年前と比較して、「女性の按手」を支持する神学的議論の重みが感じられるようになり、多くの教会ではその適切性を肯定する人々よりも、むしろ、反対する人々がその証明の責任を負うようになった点が明らかにされた。ジュネーヴ会議に引き続き、洗礼を受けたすべての人が祭司職（priesthood）を共有するという「万人祭司」が、フルミニストリーへの女性の参加の根拠とされた。エキュメニカル運動は「刷新の運動」であるため、諸教会には他の教会の決定を尊重する準備が求められる。第二バチカン公会議の例に見られるように、教会は一度与えられたものでありながら、今も充溢（fullness）に向かって動きつつあるとして、「女性の按手」は動的な刷新のしるしとして理解された[45]。

② 心理的・社会的要因

先に触れたように、按手を受けた女性たちの多くは、好奇の目や疑いの目で見られたり、ミニストリーにおいて従属的で二次的な存在として扱われたりするストレスに、常に晒されてきた[46]。しかし、「女性の按手」に付随すると考えられてきた問題の多くは、職業に就いている女性たちや牧師一般に共通するものであるかもしれない。女性は肉体的・精神的に弱く、予測不可能で、神経質で、スタミナがないといった古い固定観念のゆえに、男性特権を持つ人の半分の評価を得るために、女性たちは2倍の努力をしなければならない。彼女たちは自分の能力と大義とを何度も証明することによって、奉仕する権利を周囲に認めてもらわなければならないと感じさせられたり、結婚の可能性を否定されたり、女性性（femininity）そのものを疑われたりしている。しかし、このグループでは、教会と神学において、共同体感覚と人間の全体性の修復

45　"Group Reports," in *What is Ordination Coming To?*, pp. 59-61, 63-65.
46　Ibid., p. 65-69.

(restoration) に貢献できるのは彼女たちかもしれないと考えられ、女性たちは「キリストへの愛と、教会と人々への献身という点において疑いなく平等[47]」であると論じられた。

③ 変革への取り組み

　教会と社会における女性差別は、人間性の剥奪（dehumanization）であり、全能者への冒瀆であると批判された。女性をはじめとして、「人々（女性であれ、若者であれ、黒人であれ）[48]」の人間性を奪うことは、教会を麻痺させる毒を分泌している。性別によってキリスト者たちを厳格に分け隔ててきた、教会構造の設計者である男性たちは、教会をこのままにしておきたいと願っている。しかし、このグループでは「正しいエキュメニカルな態度とは、ある教会が、他の教会が動かないからといって変化を拒むのではなく、どのような点でも差別は許されないと宣言し、いまだに差別を行い、実際に制度化している部分を真実に向かって説得しようとすることではないだろうか[49]」と問いかけられた。

第 4 節　クリンゲンタール会議（1979 年）

　カルティニー会議から約 10 年後のクリンゲンタール会議では、「女性の按手」は痛みを伴う問題であるが、それでも継続的な取り組みが必要であると考えられたが、参加者の中には「女性の按手」の議論に飽き飽きしている者もあれば、論争の渦中にある者もあり、問題を外から押し付けられていると感じる者もあった[50]。「女性の按手」を行う教会も行わない教会も、自らのミニストリーの正当性を認めない教会との合同はありえないことと考えていた。ローマ・カトリック教会はこの会議への公式参加を拒否したため、信徒のみが参加することになった。

47　Ibid., p. 71.
48　Ibid., p. 72.
49　Idem.
50　Parvey, p. 7.

第4章　女性の按手

4-1 諸教会の立場

　クリンゲンタール会議では、諸教会の立場の違いがあらためて明らかにされた。英国教会は「女性の按手」を原則的に承認しながら、「一致」のためにそれを行わないことを決定していた。プロテスタントからは、女性を按手する教会をカトリック教会や正教会が受け入れるか否かだけが問題なのではなく、今やその逆もありうるとの意見が上がった。復古カトリック教会は、聖体を受ける者が教会（すなわち花嫁、女性）であるとき、花婿たるキリストを代表する司祭は男性でなければならないとして、聖体拝領における性差の重要性を主張した。正教会ではどの教会もこの問題に関心がなく、無神論の脅威に対処する以外に夢中になるべき問題はないとの声も聞かれた。

　一方で、第二バチカン公会議以降のヨーロッパや米国のローマ・カトリック教会は、制度的に一致していながら、神学的には多様であることが指摘され、ある参加者は、執筆活動に従事しているカトリック神学者の90パーセントは「女性の叙階（按手）」を支持しているとさえ述べた[51]。プロテスタントからは、1936年から独身女性の按手を行ってきたカナダ合同教会が、20年を経て既婚女性の按手に合意したことや、西ドイツのルーテル教会では、10年前に女性の独身条項が撤廃されたばかりであることなどが報告された。女性たちは独身である方が働く場所を見つけやすく、牧師同士の夫婦によるミニストリーはまだ広く受け入れられていないことも指摘された。

4-2 反対論と賛成論

　クリンゲンタール会議では、「女性の按手」の問題にかかわる人々のために、議論のポイントが聖書解釈（人間論）、ミニストリーと祭司職、女性の性質、社会・地域社会の影響、現代の牧会実践、伝統、一致の7点に整理された。以下では、とりわけ率直な意見が交わされた3つの点について見ていくことにしよう。

51　Ibid., p. 11. デトロイトにおいて女性の叙階に関する第1回会議（1975年）が開かれている。

① 聖書解釈と人間論

　パウロは女性の任務を「男性の栄光を讃えること」であると考え、教父の大多数がこの見解を支持している。しかし、彼が一方では、洗礼の神学（theology of baptism）という異なるモデルを提示していることや、他ならぬイエス自身が、前例のない平等と敬意をもって女性たちとかかわったことを根拠として、女性と男性は人間として対等な存在であると主張することもできる[52]。

② 女性の性質

　神は男性と女性を相補性（complementarity）において創造し、異なる賜物を与えた。象徴的に男性は「父」、「教会の頭」である神に対応するのに対し、女性は「人間であるマリア」に対応するので、「教会の保護者であり、新しい命のための道具[53]」である。これは根源的な存在論的差異であるので、不平等の問題ではない。さらに、月経のある女性、結婚している女性、妊娠している女性が聖餐を執行したり、礼拝をリードしたりするのは不適切であるとの議論においては、「女性の生物学的アイデンティティは出産期を中心としたものであるため、（女性は）生涯を通して祭司職には不適当[54]」と考えられている。しかし、生物学的差異はあったとしても、女性と男性には共有する「単一の人間性」があると考える立場は、両者を（いずれかが主／副となる）相補性よりも、対等な相互依存関係（interdependence）として理解する。何世紀にも及ぶ従属的社会化によって、女性たちは才能の十分な発揮を妨げられてきたが、祭司職が男性性に囚われている状態から解放され、教会がよりバランスのとれたものとなるために、女性たちは必要とされている。

③ 伝統

　「女性の按手」を行おうとした初代教会の異端グループは非難されたので、「女性の按手」は前例がなく、必要性もない。伝統には柔軟性があり、常に更新することもできるが、伝統に沿って継続的に行われる創造的な「刷新」

52　Ibid., p. 29.
53　Ibid., p. 33.
54　Ibid., p. 34. 括弧内は筆者による。

(renewal) と、非連続的に行われる「革新」(innovation) は区別されなければならず、「女性の按手」は神への不従順の極み (final disobedience) と見なされるものである[55]。他方、過去と未来のバランスの中で「女性の按手」を肯定する人々は、伝統を語る際に聖霊論を重視し、「女性の按手」を教会の刷新のために働いている聖霊の本質的なしるしの一つと見なす。

クリンゲンタール会議を準備したパーヴェイは、同文書において、教会における完全なパートナーシップという観点から見て、「女性の完全な人間性 (the full humanity of women) を軽視した教会の一致はありえない[56]」とする声は、「信仰と職制」運動の始まりから半世紀を経てもなお、鳴り響き続けていると述べている。クリンゲンタール会議は、教会間の意見が様々であることを痛感させるものでありながらも、教会における女性差別の撤廃、「女性の按手」の議論、ミニストリーについてのエキュメニカルな会議への「女性の参加」の支援などについては、勧告を取りまとめることができた[57]。

そして、ローザンヌからクリンゲンタールに至るまで、50年以上に及ぶエキュメニカルな議論の積み重ねが決して無益ではなかったことは、1980年、英国教会、正教会、ローマ・カトリック教会が「女性の按手」についての正式協議に合意したこと、合同メソジスト教会（米国）が初の女性主教を按手したこと、ケニア聖公会がアフリカ初の黒人女性司祭を按手したことなどの、新たな展開に見ることができた[58]。

4–3 半世紀の議論を経て

端的に言って、エキュメニカル運動史において、教会指導者たちが「女性の按手」に苛立ちや恐れを抱かない時代は存在しなかった。それゆえ、1963年のジュネーヴ会議において、「女性の按手」の問題は「按手からの女性の排除」の問題ではないかと問い直された意義は計り知れない。しかし、1979年

55　Ibid., p. 37.
56　Ibid., p. 21.
57　Ibid., p. 41.
58　Ibid., p. 65.

のクリンゲンタール会議でも、女性の完全な人間性を軽視した「教会の一致」はありえないという長年の反論は、なおも繰り返されなければならなかった。これに対し、1970年のカルティニー会議において、教会による多様な人々（女性を含む）の人間性の剥奪が告発され、人類全体への教会の拡張と「すべての人への按手」の可能性というインクルーシブな展望が描かれたことは瞠目に値する。ここで見落としてはならないのは、この時から「女性の按手」に賛成する人々ではなく、反対する人々こそがその根拠の立証責任を負うべきだと考えられるようになった点である。1970年の時点で、「女性の按手」をめぐるエキュメニカルな議論の方向性に、このような重大な転換が生じていたという事実はいくら強調してもし足りない。

　それでは今日、この問題を俎上に載せる意義はどこにあるのだろうか。それは当然ながら、「女性の按手」が当然視されて久しくなったプロテスタント主流派の立場から、これに反対し続けている人々の「不寛容」を非難し、その人たちに対して別なる（言うなれば「エキュメニカルな」）不寛容をもって対抗することにあるのではない。プロテスタント主流派におけるその意義はむしろ、按手を受けていない／受ける／受けた女性たちに対するあらゆるディスエンパワーメントに粘り強く抵抗したり、現行の職制に内在する暴力性の問題に挑戦したりする可能性にこそ見出される。

　振り返ってみれば、キリスト教において「按手」の対象が異邦人にまで拡張され、あらゆる国や地域の人々（厳密には男性たち）に按手を受ける道が開かれてきた点は、いかなる保守的な教派・教区においても否定されてこなかった。そうであるならば、やはり「女性の按手」は、半世紀前に展望された「すべての人への按手」の可能性を切り開いていくための代え難い緒であると言える。

Column ❹
信仰と職制（Faith and Order）

「信仰と職制'」は、神学的対話を促進することによって教会の一致に取り組む運動である。1910年のエディンバラにおける世界宣教会議では、より効果的な宣教・伝道活動を行うことによって「全世界に福音を宣べ伝える」というアジェンダを推し進めることが最重要視されていたため、教義や神学をめぐって参加者の間で論争が巻き起こることは避けられるべきことであった。その結果、各々の教会に特有の信仰告白、教義などの「信仰」、職務（ministry）、聖礼典（sacrament）、権威（authority）などの「職制」にかかわる諸問題は、世界宣教会議のアジェンダから排除されていた。これに対し、米国聖公会のフィリピン宣教主教（missionary bishop）であったチャールズ・H・ブレント（Charles H. Brent, 1862-1929）は、一致の探求から神学的課題を取り下げることは、分かたれた教会間の協力を存続させるだけであって、教会間の分断を取り除くことにはならないと懸念し、「信仰と職制」をめぐる問題についての対話を呼びかけた。

ブレントが仲間と共に、米国とフィリピンの聖公会に働きかけ、1920年にジュネーヴで行なった「信仰と職制」世界会議の準備会には、40カ国から80以上の教会が参加した。第一次世界大戦による中断を経て、1927年にローザンヌ（スイス）で開かれた第1回「信仰と職制」世界会議には、正教会、改革教会、聖公会、自由教会を含む127の教会を代表する400人以上の参加者が集まり、教会の「可見的一致」（visible unity）がエキュメニカル運動全体の主要目標に位置付けられた。また、ローザンヌ会議では、「信仰と職制」は単に学問的な運動であるばかりでなく、祈りの時から始まった霊的な運動である点が確認された。

---

1 「信仰と職制」という言葉が初めて用いられたのは、1910年の米国聖公会の総会決議においてであった。

ローザンヌ会議の参加者の圧倒的多数はプロテスタントであったが、一部にはブルガリアやギリシャの正教会から参加した人々がいた。ローマ・カトリック教会において一致は「帰正」（唯一の正統な教会であるカトリック教会に人々が戻ってくること）であると理解されていたため、カトリック教会は「信仰と職制」運動からの招待を辞退している。この時、ローザンヌ会議に関心を持っていた教皇ベネディクトXV世は、ノンカトリックの人々がカトリック教会に戻ることを祈っていたという[2]。

　1948年の世界教会協議会（WCC）成立までに、「信仰と職制」運動は1937年のエディンバラ（スコットランド）において第2回「信仰と職制」世界会議を開催している。また、同時期には、恵みの教義、職務と聖礼典、教会と神のみ言葉、生活と礼拝における教会の一致などを主題とする小規模の会合が開かれ、論文集の出版が行われた。このような働きは、1927年のローザンヌでは見知らぬ者同士であったが、1937年のエディンバラで再会を果たした人々の間に信頼と友情を芽生えさせた。その人たちは当初、一致は教会間で生じるものであると理解していた。しかし、実際には「信仰と職制」運動そのものがパラチャーチ組織のように機能したため、人々は相互の誤解を解いたり、何が一致への障壁であるかについて率直に語り合ったりすることができるようになった[3]。

　「信仰と職制」運動は、1948年に「生活と実践」（Life and Work）運動と合流し、WCC信仰職制委員会（Faith and Order Commission）として活動を継続させており、それは現在でも、世界で最も教派横断的な顔ぶれを持つ神学フォーラムであり続けている。1952年のルンド（スウェーデン）における第3回「信仰と職制」世界会議では、議論のための方法論が比較法から、聖書とキリスト論における共通の基盤からアプローチする神学的対話に移行した。1963年のモントリオール（カナダ）における第4回「信仰と職制」世界会議を経て、1993年にサンティアゴ・デ・コンポステラ（スペイン）で開かれた第5回「信仰と職制」世界

2　R. David Nelson, Charles Raith II, *Ecumenism: A Guide for the Perplexed*, T&T Clark, 2017, p. 56.
3　Ibid., p. 36.

会議には、初めてすべての地域からの参加が実現した。また、1974年から信仰職制委員会のメンバーであった英国教会のメアリー・タナー (Mary Tanner, 1938-) は、「信仰と職制」世界会議のモデレーターを務めた最初の女性となり、1991年から1998年にかけてこの運動を主導した。ローマ・カトリック教会が1968年から公式メンバーとして参加している点も、信仰職制委員会の大きな特徴となっている[4]。第6回「信仰と職制」世界会議は、ニケア公会議から1700年を迎える2025年に、アレキサンドリア近郊のワディ・エル・ナトルーン（エジプト）で開催予定である[5]。

信仰職制委員会が2013年に『教会 —— 共通のヴィジョンを目指して』（*The Church: Towards a Common Vision: TCTCV*）を発表するまで、「リマ文書」として知られる1982年の歴史的収斂文書『洗礼、聖餐、職務』（*Baptism, Eucharist and Ministry: BEM*）の作成、承認、受容のプロセスは、エキュメニカル運動においてWCCが果たした最も顕著な貢献であると評されてきた[6]。「リマ文書」は、様々な教会が違いをなくすことによって分断を乗り越えようとするのではなく、違いを見つめながら関係性を育んでいこうとする会議性エキュメニズム（conciliar ecumenism）の代表的文書であり、信仰職制委員会が1979年から1982年のリマ会議（ペルー）までに取り組んだ共同研究の成果物である。その草案は、ローマ・カトリック教会から正教会、聖公会、プロテスタントまで、すべての地域の100を超える加盟教会からのフィードバックを元に推敲され、1990年代の半ばまでに35の言語に翻訳された。

本章で取り上げた「女性の按手」は、「職務」に関するセクションで

---

[4] Günther Gassmann, "Faith and Order," in Nicholas Lossky, el. al., eds., *Dictionary of the Ecumenical Movement*, 2nd Edition, WCC Publications, 2002, p. 462.

[5] Odair Pedroso Mateus, "A Century of World Conferences on Faith and Order," *The Ecumenical Review*, 72 (2), April 2023, pp. 154-171を参照。

[6] 「聖餐を祝うことそれ自体が、この世界に対する神の宣教のみわざに参与する教会の宣教のわざのひとつなのである」という表現には、ミッシオ・デイ（コラム⑥を参照）のモチーフが初めて導入されている。神田健次「エキュメニカル運動における聖餐論 ——『リマ文書』と『リマ式文』をめぐって」、『神学研究』34号、1986年、105頁を参照。

次のように言及された。

> キリストが臨在されるところでは、人間的な隔ての壁はうちくだかれる。教会はこの世に、この新しい人間像をつたえるようにと召されているのである。キリストにあって男も女もない（ガラテヤ3：28）。（中略）しかし婦人たちが制度的に位置付けられた教会の職務につくことを認めるかどうかについてはそれぞれ違った結論を持っている。婦人たちを教会の制度的職務に任ずることを拒否する理由は、聖書的にも神学的にも存在しないと結論づける教会の数は増加しつつあり、その方向で進もうとする教会も多くなりつつある。しかし教会の伝統を堅持し、このことについては変えるべきでないとする教会も依然として多い[7]。

また、このセクションの注では、「女性の按手」を行なっている教会は「教会の職制がただ一方の性だけに限られるとき、職制の完全性に欠けるという深い神学的な確信にもとづいているわけである[8]」と説明され、それを認めない教会は「19世紀にもおよぶ長い歴史のなかで婦人の任職をしないできた伝統の重みを簡単に無視できないと考えるのである[9]」と解説された。このような記述に対し、「女性の按手」を支持する人々は苛立ち、大いに失望した。他方、不支持の立場にある人々は、この文書は暗黙のうちに「女性の按手」を推進する方向性を示していると感じて抵抗している。「信仰と職制」運動において、このような加盟教会間の見解の相違は、1960年代から1970年代にかけて最も活発に議論された。

---

7 日本キリスト教協議会信仰と職制委員会、日本カトリック教会エキュメニズム委員会編訳『洗礼・聖餐・職務——教会の見える一致をめざして』、日本基督教団出版局、1985年、83-84頁。
8 同上、84頁。
9 同上。

第5章　ヒューマンセクシュアリティ

　世界教会協議会（WCC）において、様々な性的指向・性自認（sexual orientation and gender identity: SOGI）を生きる人々の尊厳を支持するための公的声明、ポリシー、コンセンサスが未だに存在しないのはなぜだろうか。WCCが世界の教会に対してキリスト者としての社会的責任を訴えたり、公正かつ包含的（just and inclusive）となるように働きかけてきたりした歴史を鑑みれば、WCCの優柔不断な態度の理由は必ずしも明らかでないように思われる。ところが、2013年のWCC第10回総会（釜山、韓国）の公式報告書を披見する限りでは、それはある意味で当然のことのようにも見えてくる。

　一方では、正教会の代議員たちが「ヒューマンセクシュアリティ」（human sexuality）にかかわる話題を阻止するために、冷淡な気持ちや不賛成を意味するブルーカードを掲げ、ロシア正教会モスクワ総主教庁の代表者は、「同性愛」（homosexuality）を結婚と家庭の伝統的概念を破壊するものとして公に糾弾した[1]。もう一方では、南アフリカにおけるアパルトヘイト撤廃のために闘った聖使修士会（聖公会）のマイケル・ラプスリー（Michael Lapsley）が、派遣礼拝の説教で、性的マイノリティをめぐって生じている信仰共同体の分断に言及し、「あなたがたが時代を超えて経験してきた痛みの一因に、私たちが宗教者として関与したことを、すべてのLGBTIコミュニティに深くお詫びしたい[2]」と述べる場面があった。このように、両者の立場はあまりにも大きく隔たっているが、とりわけ、アフリカ、アジア、ラテンアメリカなどの諸地域

1　Metropolitan Hilarion of Volokolamsk, "The Voice of the Church Must Be Prophetic," in Erlinda N. Senturias, Theodore A. Gill, Jr. eds., *Encountering the God of Life: Official Report of the 10th Assembly of the World Council of Churches*, WCC Publications, 2014, pp. 66-67. 温かい気持ちや賛成を表明する際には、オレンジカードが用いられる。
2　Michael Laspley, "Christ's Co-Workers for Justice and Peace: Sermon at Sending Prayer," in *Encountering the God of Life*, 2014, p. 76.

において同性愛者に対する迫害は続いているため、WCCが毅然とした対応を避けていることへの失望も広がっている[3]。ヒューマンセクシュアリティの諸課題は「事実上、WCCでもタブー化されており、ほとんど論じられることはない[4]」と指摘されているが、そのような現状と「いのちの神よ、私たちを正義と平和に導いてください」(God of Life, Lead Us to Justice and Peace) という総会の主題との断裂は、どのようにして修復され得るのだろうか。

　本章では、WCCをプラットフォームとする取り組みの限界を見極めるとともに、将来のエキュメニカル戦略について考察するために、最も教会を分断する問題と呼ばれる「女性の按手」と「同性愛」のいずれの議論においても周縁化されやすいレズビアン女性たちの声を主に聴きながら、ヒューマンセクシュアリティ、特に「同性愛」をめぐるエキュメニカルな議論の展開を整理していきたい。第1節では、1961年のニューデリー総会に始まる初期の議論、第2節では、1998年のランベス会議とハラレ総会以後の「同性愛」を中心とする議論、第3節では、2003年の米国聖公会における同性愛者主教按手から釜山総会期までの展開を検討する。

第1節　初期の議論

1-1　ニューデリー総会期（1961年〜）

　WCCにおいてヒューマンセクシュアリティが俎上に載せられるようになったのは、1961年のニューデリー（インド）における第3回総会以降のことである。当時の議論では、一夫一婦制や貞節を前提とする結婚が重要視され、それは「喜びと充足という神の賜物を受け取るための手段[5]」であると考えられた。WCCと国際宣教協議会（IMC）の合流を機に、教会と社会における男性と女性の協力に関する部門（Department on the Cooperation of Men and Women

---

3　Trevor Grundy, "Gay Group Upset about Churches Group 'Dodging' Homosexuality," *Ecumenical News*, November 3, 2013, https://www.ecumenicalnews.com/article/gay-group-upset-about-churches-group-dodging-homosexuality-22524, accessed August 24, 2021.

4　西原廉太「エキュメニカル運動の現在と将来──世界教会協議会（WCC）第10回総会」、『ヨーロッパ文化史研究』16、2015年、23頁。

5　Birgitta Larsson, "A Quest for Clarity: The World Council of Churches and Human Sexuality," *The Ecumenical Review*, 50 (2), January 1998, p. 31.

in Church and Society）に「家庭」（family）が追加されると、クリスチャンファミリーの「永続性と固有の神聖さ[6]」の研究が求められるようになった。一方では、それらを揺るがすものと見なされていた諸問題、すなわち、婚前・婚外交渉、非嫡出子、離婚、異宗教・異教派間の結婚などに関して、多くの代議員はWCCに権威ある声明を求めたが、この要請に応じることの困難さは、これ以降も繰り返し表明されていくことになる。

1964年、フネ（スイス）での「今日の性倫理（sexual ethics）」に関する会議では、セクシュアリティをめぐる議論に対し、教会は伝統的に否定的な態度を示してきたが、「キリスト教信仰はこの堕落した世界においても、神の創造の秩序の一部としてのいのちの性的側面を肯定しなければならず、セクシュアリティは人間の存在を構成する神の賜物である[7]」という点で合意された。1966年、ジュネーブにおける「教会と社会に関する世界会議」（World Conference on Church and Society）では、人口過剰問題に対処するための家族計画、避妊、生殖以外の夫婦の結びつき、責任ある親であることなど、もっぱら異性愛（heterosexuality）を前提とする議論が展開された。

1-2　ウプサラ総会期（1968年〜）

1968年にウプサラ（スウェーデン）で開かれた第4回総会では、家族形態は社会状況によって変化する点が認識されるようになり、産児制限、離婚、人工妊娠中絶（以下、中絶）などに加えて、同性愛についての資料が初めて要望された[8]。家庭ミニストリー・オフィスが1973年にマルタで行なった会議では、とりわけ、意見の分かれる中絶の問題に関して「WCCが何らかの宣言を行うことは非常に危険である[9]」と判断された。1974年に西ベルリン（ドイツ）で行われた「1970年代における性差別」に関する女性たちの重要な会議では、「様々な性的指向（sexual orientation）を持つ人々が市民権とその人々の選択

6　Idem.
7　Ibid., p. 32.
8　Eugene Carson Blake, "Uppsala and Afterwards," in Harold C. Fey, ed., *A History of the Ecumenical Movement: Volume 2, 1948-1968*, WCC Publications, 2004, p. 435.
9　Larsson, p. 34.

（their choices）についての一般的受容を求めて[10]」いる点も俎上に載せられたが、性的指向が「自由な選択や嗜好（preference）の問題ではない[11]」という点は議論において決定的に見落とされた。あるワーキンググループでは、パートナーシップは男女の結婚に限定されないという従来とは異なる意見が提出され、「性的指向が（標準とは）異なる人々[12]」（persons of variant sexual orientations）がオルタナティブなライフスタイルを生きる権利が肯定的に捉えられもしたが、当時、このような言い回しに表出している異性愛規範[13]（heteronormativity）の問題性は十分に意識されておらず、この会議でまとめられた勧告に「レズビアン女性たちの権利」が含まれなかったことは、特に北米から参加した女性たちを失望させた[14]。

1-3　ナイロビ総会期（1975年～）

1975年のナイロビ（ケニア）における第5回総会では、諸文化を考慮しながらセクシュアリティに関して神学的に研究し、教会でも無視されることの多い様々なライフスタイルを生きる人々を尊重することが勧告された[15]。1978年以降の「教会における女性と男性のコミュニティ」（Community of Women and Men in the Church）に関する研究プロセスが、1981年のシェフィールド（英国）で総括された際には、セクシュアリティの教育を促進するためには女性たちの視点によるリソースが必要であると考えられた。「キリスト教のスピリチュアリティが体、心、霊（body, mind and spirit）の全体にかかわるものであることを認識し、私たちは喜びを感じている[16]」として、シェフィールド会

10　Ibid., p. 35.
11　James P. Hanigan, "The Centrality of Marriage," *The Ecumenical Review*, 50 (1), January 1988, p. 58.
12　Aruna Gnanadason, *With Courage and Compassion: Women and the Ecumenical Movement*, Fortress Press, 2020, p. 40. 括弧内は筆者による。
13　異性愛を規範的だと考える人々は、それが「聖書、伝統、理性、人間が経験してきた真の愛の最も深遠な経験に基づく」と断言する。Max L. Stackhouse, "Homosexuality," in Nicholas Lossky, José Míguez Bonino, John Pobee, Tom F. Stransky, Geoffrey Wainwright, Pauline Webb eds., *Dictionary of the Ecumenical Movement*, 2nd Edition, WCC Publications, 2002, p. 541 を参照。
14　Elisabeth Moltman-Wendel and Malanie A. May, "Feminism," in *Dictionary of the Ecumenical Movement*, p. 472.
15　David M. Paton, ed., *Breaking Barriers: Nairobi 1975*, World Council of Churches, 1976, p. 62, pp. 113-115.
16　Larsson, p. 37.

第5章　ヒューマンセクシュアリティ

議においてもセクシュアリティは賛美されている。しかし、同年に出版された『女性たちのための声──世界教会協議会の女性たちの部門』(*A Voice for Women: The Women's Department of the World Council of Churches*) では、家族やパートナーシップの概念の深刻な壊乱の例として、欧米における「同性愛やレズビアニズムの称賛[17]」が挙げられるなど、異性愛者以外の人々に対するセンシティビティは明らかに未発達であった。

1-4　バンクーバー総会期（1983年〜）

1983年にバンクーバー（カナダ）で開催された第6回総会では、家庭教育についての教会の基本的責任は「すべて揃っている家族」(complete family) の支援にあるが、「伝統的な家族のイメージは、今日の社会の一部で見られる家族の現実とはもはや一致しない[18]」ことが認識され、同性愛者に対する司牧的責任についての提言が行われた。同年、エジプト・コプト正教会のマリー・アサド（Marie Assad）の主導により、「諸宗教の伝統における女性のセクシュアリティと身体的機能」の研究が開始され、1990年に論文集『女性、宗教、セクシュアリティ』(*Women, Religion and Sexuality*) が出版された[19]。時を同じくして、家庭教育オフィスからも、ヒューマンセクシュアリティ、同性愛などに関する諸教会の見解を知るための手引きとして『神と互いとの契約を生きる』(*Living in Covenant with God and One Another*) が出版された。同書の序文では、これがWCCの公式見解ではない点や、WCCには公的声明を発表する能力がない点が入念に主張されている[20]。同年、世界保健機関（WHO）では国際疾病分類からの「同性愛」の除外が決議され、これ以降、同性愛はいかなる意味でも治療・矯正の対象にならないとの見解が明確化されていった[21]。

17　Susannah Herzel, *A Voice for Women: The Women's Department of the World Council of Churches*, World Council of Churches, 1981, p. 2.
18　Larsson, p. 37.
19　Jeanne Becher, ed., *Women, Religion and Sexuality: Studies on the Impact of Religious Teachings on Women*, WCC Publications, 1990.
20　Clifford Payne and Jorge Maldonado, "Preface," in Robin Smith, *Living in Covenant with God and One Another: A Guide to Study of Sexuality and Human Relations Using Statements from Member Churches of the World Council of Churches*, World Council of Churches, 1990, p. ii.
21　決議が行われた5月17日は、今日、国際反ホモフォビア・バイフォビア・トランスフォビアの日（International Day Against Homophobia, Biphobia and Transphobia: IDAHOBIT）として記念

1-5 キャンベラ総会期（1991年〜）

1991年のキャンベラ（オーストラリア）における第7回総会では、集会を行なったゲイ＆レズビアン・コーカス（Gay and Lesbian Caucus）が、性的指向にかかわるWCCの活動を「家庭生活教育」（Family Life Education）のユニットではなく、「正義」（Justice）のユニットに配置するように要望した[22]。この時期から、ヒューマンセクシュアリティをめぐる議論は同性愛に焦点化されていくことになる。

同年、信仰職制委員会から出版された『女性たちと教会——疎外の時代におけるエキュメニカルな連帯への挑戦』（*Women and Church: The Challenge of Ecumenical Solidarity in an Age of Alienation*）では、レズビアン女性であるヴァージニア・レイミー・モレンコット（Virginia Ramey Mollenkott）が、個人の病的状態や異常として矮小化されやすい「同性愛嫌悪」（homophobia）ではなく、社会全体で行われる制度化された偏見として問題を提起するために、「異性愛主義[23]」（heterosexism）という言葉を用いた[24]。

米国の原理主義的な教会に育ったモレンコットは、異性愛主義とそれに伴う自己嫌悪を内面化し、夫や周囲の男性たちが自分に何を求めているかだけを考えながら長い年月を過ごすが、ある時、「自分がいかに男性を中心とした異性愛主義の教育を受けてきたか[25]」に気付いて愕然とする。彼女によれば、異性愛主義への抵抗とは、按手を望むゲイやレズビアンにだけでなく、教会が想定する「家庭」の維持という名目のもとに、暴力的な結婚に閉じ込められている女性たちや、性的、身体的、精神的虐待に苦しんでいる子どもたちに味方することに他ならない。モレンコットは、他の教派と競い合うのではなくエキュメ

　されている。
22　"World Council of Churches' Contributions to the Discussions on Human Sexuality: From Harare to Porto Alegre: Background Document," World Council of Churches, 14 February 2006, https://www.oikoumene.org/resources/documents/churches-response-to-human-sexuality, accessed April 3, 2021.
23　性別二元論（gender binary）を前提に、異性愛のみを正常、自然と捉え、それ以外のあらゆる性的指向等を異常、不自然と見なして差別、暴力、排斥の対象とすること。「強制的異性愛」とも訳される。
24　Virginia Ramey Mollenkott, "Heterosexism: A Challenge to Ecumenical Solidarity," in Melanie A. May ed., *Women and Church: The Challenge of Ecumenical Solidarity in an Age of Alienation (Faith and Order Series)*, Eerdmans, 1991, pp. 38-39.
25　Ibid., p. 40.

ニカルな連帯を拡大させてきた人々は、異性愛主義にも挑戦し、ゲイやレズビアンとの連帯、特に「いわゆる第二の性の中でも最も沈黙させられているメンバーである、神のレズビアンの娘たち[26]」との連帯に進み出ることなしに、すべての虐げられた神の民との連帯は実現できないと論じた。

1-6　ヨハネスブルクにおける中央委員会（1994年）

　同性愛がより焦点化される契機は、1994年のヨハネスブルク（南アフリカ）で開かれた中央委員会においてもたらされた。そこでは、「女性に対する暴力」の中でも「レズビアンに対する暴力」（violence against lesbians）を特別な焦点とすべきであるとの意見を火種として、感情的な議論が巻き起こった。なかでも、アメリカ正教会に所属する中央委員は、レズビアン女性たちを暴力から保護することは同性間性行為の容認につながるのではないかと感じて憤激した。女性に関するワーキンググループの報告書から「レズビアンに対する暴力」という文言を削除せよとの動議が提出されたが、反対44票、賛成43票、棄権4で否決された[27]。これを受けて、秩序のある議論の手段が必要であると感じたWCC総幹事のコンラート・ライザーは、アオテアロア・ニュージーランド長老教会のアラン・A・ブラッシュに同性愛についてのスタッフ・ワークショップを依頼した。その経験から1995年に出版されたのが、『私たちの違いと向き合う――諸教会とゲイとレズビアンのメンバーたち』（Facing Our Differences: The Churches and Their Gay and Lesbian Members）という有名な著作である[28]。

　そして、中央委員会が第8回総会の開催地をハラレ（ジンバブエ）に決定したことも、人々の間に大きな動揺をもたらした。よく知られているのは、記者会見でオランダ人ジャーナリストが、ハラレの街中で警察がゲイやレズビアンにハラスメントを行い、無差別に逮捕しているとの報道について、現地の教会

26　Ibid., p. 42.
27　Central Committee of the World Council of Churches, *Minutes of the Forty-Fifth Meeting, Johannesburg, South Africa, 20-28 January 1994*, World Council of Churches, 1994, pp. 117-118.
28　Alan A. Brash, *Facing Our Differences: The Churches and Their Gay and Lesbian Members*, WCC Publications, 1995. ＝アラン・A・ブラッシュ（岸本和世訳）『教会と同性愛――互いの違いと向き合いながら』、新教出版社、2001年。

はどのように感じているかを質問したというエピソードである。これに対し、ジンバブエ教会協議会の会長は「同性愛は罪であり、政府は法律に則って行動している。教会はこのことについて考えを変えることはない。私たちは同性愛が正しい生き方だとは思わない[29]」と回答した。この発言をきっかけに、米国合同教会などの諸教会が深刻な人権侵害への懸念を表明し、オランダ福音ルーテル教会は総会への参加そのものをキャンセルしている[30]。これに対し、ジンバブエ大統領のロバート・ムガベ（Robert Mugabe）は、WCCはゲイやレズビアンに甘く、同性愛はアフリカ的でもキリスト教的でもないと激しく非難した[31]。WCCはこの時、現地のゲイとレズビアンのグループ（Gays and Lesbians in Zimbabwe: GALZ）は総会への正式な参加ではなく、特別コーナーでの展示の許可を得ているのだと釈明し、ジンバブエ政府から「総会を妨害しない」との約束を取り付けている。

第 2 節　ランベス会議以後の議論

2-1　ランベス会議（1998年）

ハラレ総会の数カ月前、事態の混迷をさらに深めることになったのは、1998年のランベス会議における「1.10決議」（Resolution 1.10）と、ナイジェリア聖公会の主教エマニュエル・チュクワマ（Emmanuel Chukwama）による悪魔祓い未遂事件であった[32]。「1.10決議」で、聖書は「スピリチュアルな規範としての異性愛[33]」を宣言しているとの従来の見方が踏襲され、「同性愛者同士の結

29　"Discord over Planned WCC Meeting Site," *The Christian Century*, January 1, 1994.
30　"World Council of Churches' Contributions to the Discussions on Human Sexuality." 正教会と一部のプロテスタントは1998年のWCC人権会議に対し、総会に向けた文書で性的指向に言及しないように要求した。当時の教会の諸見解については、Wolfgang Lienemann, "Churches and Homosexuality: An Overview of Recent Official Church Statements on Sexual Orientation," *The Ecumenical Review*, 50 (1), January 1998, pp. 7-21を参照。
31　"Zimbabwe President Criticizes Gays, WCC," *The Christian Century*, May 13, 1998, p. 496. ムガベは「ジャングルの動物は、少なくとも男性と女性の区別を知っているので、これらの人々よりも優れている」とも発言し、批判を浴びている。
32　Keith Sharpe, *The Gay Gospels: Good News for Lesbian, Gay, Bisexual and Transgendered People*, John Hunt Publishing, 2011, p. 68. ナイジェリア聖公会は、アングリカン・コミュニオンにおいて最大である。「1.10決議」は、英国上院における主教の投票行動を支配する原則となった。
33　Andrew Goddard, "Sexuality and Communion," in Mark D. Chapman, Sathianathan Clarke, Martyn Percy eds., *The Oxford Handbook of Anglican Studies*, Oxford University Press, 2015, p. 417.

婚（ユニオン）の祝福や、同性愛の結びつきにある者の聖職按手の公認を奨励できない[34]」と公言されたことにより、アングリカン・コミュニオン（全世界聖公会）の内部に大きな断裂が生じることとなった。そして、同性愛者は「欠陥のある異性愛者[35]」であり、悪霊がその人を変態的欲望に駆り立てていると信じるチュクワマは、レズビアン＆ゲイ・クリスチャン運動（Lesbian and Gay Christian Movement）の創始者であり、英国教会の同性愛嫌悪に抗議している執事リチャード・カーカー（Richard Kirker）を倒錯から解放するためと称して、他の参加者たちの目前で悪魔祓いを試みた。チュクワマがこの時、あなたたちのような人間に「居場所はなく、教会を汚しているのだから出ていくべきだ[36]」と放言したことは、BBCによって報道されている。

ランベス会議における混乱を見聞したWCCは、ハラレ総会での対立を避けるために、ゲイやレズビアンのアクティビストと支援団体によるワークショップを「パダレ」（padare）と呼ばれる広場で非公式に開催させることを決めた。このような措置は結果として、人々が攻撃を受けることなく、安心して参加することのできる「セーフスペース」（safe space）の確保につながっていったと評価されることが多い[37]。

2-2　ハラレ総会期（1998年〜）

1998年、ハラレ総会の総会前集会（pre-assembly）として、1988年から1998年にかけて世界規模で展開されたWCC主導のキャンペーン「教会が女性と連帯するエキュメニカルな10年」（Ecumenical Decade of the Churches in Solidarity with Women, 略称「教会女性10年」）を総括するフェスティバルが行われた。フェスティバルに出席した人々が総会に宛てた書簡を起草した際、正教会の代議員と思われる一部の女性たちは、以下のパラグラフを受け入れられないと感じて強く反発した。

34　西原廉太『聖公会の職制論——エキュメニカル対話の視点から』、聖公会出版、2013年、379頁。
35　Sharpe, p. 67.
36　"Confrontation at Lambeth Conference," August 5, 1998, BBC News, http://news.bbc.co.uk/2/hi/uk_news/145420.stm, accessed August 24, 2021.
37　Elisabeth Raiser, "Inclusive Community," in John Briggs, Mercy Amba Oduyoye, Georges Tsetsis eds., *A History of the Ecumenical Movement: Volume 3, 1968-2000*, WCC Publications, 2004, p. 270.

私たちは、女性の按手、中絶、離婚、そしてすべての多様な形における ヒューマンセクシュアリティ（human sexuality in all its diversity）のように、参加に対して影響を及ぼす倫理的・神学的な問題が数多くありながら、教会のコミュニティの中では対処するのは難しい、ということを認識している。この10年では、多様なヒューマンセクシュアリティが特に重要視された。私たちは、この問題をめぐる（意見の）相違によって引き起こされた暴力を非難する。（中略）実際、私たちの中にはこの問題に正当性がないと考える女性や男性もいる。私たちは、正義が勝利するために話し合いを続けることができるよう、聖霊の知恵と導きを求める[38]。

　ある若い女性が怒りのあまり、総会でのスピーチで「フェスティバルによって分裂が深まった」と仄めかそうとしていることが分かると、WCCの職員は時間をかけて彼女を説得しなければならなかった。WCCの職員として、正教会の女性たちが完全に参加できるように配慮してきたつもりであった南インド教会のアルナ・ニャーナダソンは、当時を振り返って「脆い夢が打ち砕かれた[39]」と語っている。ランベス会議における「1.10決議」、そして、フェスティバルによる書簡をめぐる衝突から徐々に明らかになったのは、「意思決定機関による決断や、権威ある声明に焦点を当てることは、ほとんど逆効果である[40]」という重大なポイントであった。

　しかしながら、立場の表明が難しくなった点のみが問題となったのではなかった。前年から相次いで脱退したグルジア、ブルガリアの正教会に続き、オーソドックスファミリーの中で最大の教勢を誇るロシア正教会が、WCCからの脱退も辞さないとの姿勢を強めてきたため、WCCはヒューマンセクシュ

---

[38] "From Solidarity to Accountability: Letter to the Eight Assembly of the World Council of Churches from the Women and Men of the Decade Festival of the Churches in Solidarity with Women," https://www.oikoumene.org/resources/documents/from-solidarity-to-accountability, accessed August 24, 2021. 括弧内は筆者による。なお、このパラグラフは、NCC女性委員会委員長による翻訳から断りなしに脱落している。秋田聖子訳「『教会が女性と連帯する十年』の祝祭に出席した女性・男性から世界教会協議会第8回総会への手紙──連帯（Solidarity）から責務（Accountability）へ」、『福音と世界』54（5）、新教出版社、1999年5月、37頁を参照。
[39] Gnanadason, p. 133.
[40] "World Council of Churches' Contributions to the Discussions on Human Sexuality."

第5章　ヒューマンセクシュアリティ

アリティに関して新たなプログラムを設置することを不適切と判断し、断念せざるを得なくなった[41]。

それでは、WCCでは一体何ができるのか。エキュメニカルな地図（ecumenical map）が急速に変化しつつある中で有望視されるようになったのは、同性愛などについて様々な立場の人々が出会い、分析し、対話することを可能にする「エキュメニカルな場」（ecumenical space）を作り出すというアプローチであった。ハラレ総会では、以下のように勧告されている。

> WCCは加盟教会の中で、あるいは加盟教会の間で分裂の原因となっているヒューマンセクシュアリティを含む困難な諸問題について、加盟教会が議論できるように、話し合いと協議のための場と方向性（space and direction for conversation and consultation）を提供すべきである。この話し合いは、人種主義（racism）などの問題についてのエキュメニカルな倫理の議論に影響を与えた、共有の神学的・解釈学的考察の上に構築されなければならない[42]。

2–3　レファレンスグループ、スタッフグループ

このような勧告を受けて、ライザーはヒューマンセクシュアリティに関するレファレンスグループ（Reference Group on Human Sexuality）とスタッフグループ（Staff Group on Human Sexuality）を新たに設置し、2001年以降のボセー・セミナー（The Bossey Seminar）などの機会を通じて、デリケートな問題を率直に話し合うことのできるセーフスペースの創出を試みている[43]。なかでも注目に値するのは、カナダ合同教会のロレイン・マッケンジー・シェファード（Lorraine MacKenzie Shepherd）がボセー・セミナーでの議論において、同性愛嫌悪と女性蔑視（misogyny）の関連性を指摘している点である。ゲイ男性が前

41　Raiser, p. 270.
42　"World Council of Churches' Contributions to the Discussions on Human Sexuality." Diane Kessler ed., *Together on the Way: Official Report of the Eighth Assembly of the World Council of Churches*, WCC Publications, 1999, pp. 144-146 を参照。
43　Valburga Schmiedt Streck, "Minutes of the Hearing on Human Sexuality," in Thomas F. Best, ed., *Faith and Order at the Crossroads: Kuala Lumpur 2004: The Plenary Commission Meeting*, WCC Publications, 2005, p. 377.

者の対象とされ、ヘテロセクシュアル女性が後者の対象とされるのに対し、レズビアン女性たちは双方の矛先となって二重に差別され、それゆえの暴力に晒されやすいという問題点は、いくら強調してもし足りない[44]。また、スタッフグループでは教会指導者による性虐待の問題などが検討され、セクシュアリティに対して破壊的な理解を持つ「多くの聖職者（大抵は男性）は、教会の聖職者として自らが行使している（家父長主義的な）権力について、驚くほど自覚していない[45]」点が厳しく指摘されている。

このように、当時のWCCはヒューマンセクシュアリティについての公的発言を断念しなければならなくなる一方、それぞれが様々な見解を持つ加盟教会と交わることのできる独自の状況にある点や、議論に直接的に関与するのではなく、実りある出会いの場を提供している点、多様な視点の「信頼された擁護者[46]」（a trusted custodian）として機能している点について、ある程度の自負心を抱いていたと考えられる。

第3節　同性愛者主教按手以後の議論

3-1　ジーン・ロビンソン主教按手（2003年）

ハラレ総会期に、エキュメニカル運動全体に大きな波紋を広げることになったのは、アングリカン・コミュニオンにおいて初めて、ゲイ男性である米国聖公会の司祭ジーン・ロビンソン（Gene Robinson）がニューハンプシャー教区の次期主教に選出されるというニュースと、それに対して行われたナイジェリア、ケニア、タンザニアなどの聖公会による激烈な非難であった。この時期から、アフリカ、中東、東南アジアなどの極端に保守的な立場を表明する聖公会は「グローバルサウス・アングリカン」（Global South Anglican）と総称されるよ

44　Mark Woods, "Human Sexuality: A Question of Identity," World Council of Churches, 6 August 2004, https://www.oikoumene.org/news/human-sexuality-a-question-of-identity, accessed April 3, 2021.
45　David Coles, "Reclaiming the Sacredness and the Beauty of the Body: The Sexual Abuse of Women and Children from a Church Leader's Perspective," *The Ecumenical Review*, 54 (3), July 2002, p. 230.
46　"World Council of Churches' Contribution to the Discussions on Human Sexuality."

うになる[47]。これに対し、「教会女性10年」の発案者であり、レズビアン女性であるスウェーデン教会（ルーテル）の司祭アンナ・カーリン・ハマーは翌年の『エキュメニカル・レビュー』誌（The Ecumenical Review）で、1948年のアムステルダム（オランダ）における創立総会の有名なメッセージである「私たちは共にいよう[48]」（We intend to stay together）に擬えて、論争の時代にあって、私たちはどのようにして共にいることができるだろうかと問いかけた[49]。

ハマーによれば、西洋の教会による宣教活動は同性愛を「罪」であると教えてきたため、アフリカの教会において同性愛は、人間としてのアイデンティティ、生涯を通じたコミットメントや家族形態として理解されてこなかった。それゆえ、第二次世界大戦以降の西洋の教会が同性愛を包含していくことは、アフリカの教会という文脈からは裏切り（infidelity）のように見えるのではないかと考えられる。しかし、ここで見過ごされてはならないのは、同性愛を異性愛から逸脱する「行為」や「行動」（behavior）として理解することと、「アイデンティティ」として理解することの間には、きわめて大きな隔たりがあるという点である[50]。

併せて注目する必要があるのは、アパルトヘイト撤廃後の南アフリカが同性愛者の権利を保護している点や、南アフリカ聖公会の大主教であったデズモンド・ツツ[51]（Desmond Tutu）とその後継者たちが、レズビアンやゲイを神学的に強く支持している点である[52]。トマス・アクィナスやマルティン・ルターらが許容してきた人種主義に基づく奴隷制が、19世紀末にはほとんどの教会で反対されているように、教会は、その教えが正義や恵みを反映していないことに気付いた時、変わり始めることができるとハマーは主張した。

---

47 Thomas F. Best, "Consolidation and Challenge: 1990 – Present," in Geoffrey Wainwright, Paul McPartlan eds., *The Oxford Handbook of Ecumenical Studies*, Oxford University Press, 2021, pp. 54-55.
48 メッセージは、英国教会のキャスリーン・ブリスによって執筆された。Herzel, p. 17を参照。
49 Anna Karin Hammar, "Staying Together?: on Ecumenism, Homosexuality and Love," *The Ecumenical Review*, 56 (4), October 2004, pp. 450-451.
50 堀江有里「同性愛」、関西学院大学キリスト教と文化研究センター編『キリスト教平和学事典』、教文館、2009年、266-267頁を参照。
51 "Archbishop Tutu 'Would Not Worship a Homophobic God,'" *BBC News*, July 26, 2013, https://www.bbc.com/news/world-africa-23464694, accessed August 24, 2021 を参照。
52 Hammar, p. 453.

また、ハマーは、エキュメニカルな議論において、同性愛に関するコンセンサスが生まれる兆しがないという事実をあるがままに受け止めつつ、この問題をめぐる対話（dialogue）が決裂するリスクに対処するためのファシリテーションと、訓練されたリーダーが必要であるとの意見を提出した[53]。そして、彼女がハラレ総会期のWCCによる真摯な努力と捉えたのが、「正教会の参加に関する特別委員会」（Special Commission on Orthodox Participation, 以下「特別委員会」）の設置であった[54]。

3-2　正教会の参加に関する特別委員会

　特別委員会は、WCCにおいて支配的な「プロテスタント・エートス」（Protestant ethos）や、女性の按手、同性愛などにかかわる倫理的課題についての正教会の声高な不満に対応するために設置されたものである[55]。2002年の最終報告書（「ヒューマンセクシュアリティ」や「同性愛」という言葉は一切使われていない）には、正教会の人々が全く重要視していない諸問題を扱うようにWCCから強要され、「説教[56]」（preach）されていることへの難色が示されている。「加盟教会が教義的・倫理的な決定を行うのであって、協議会が行うのではない[57]」点は厳しく警告され、公的発言についても以下のように戒められた。

　　協議会は、諸教会の立場を代弁することはできず、諸教会に特定の立場を取るように要求することもできない。しかし、すべての教会が互いに相談し、可能な限り共に発言する機会を提供し続けることはできる[58]。

　特別委員会は、少数による反対意見が大きな影響力を持つことになるコンセンサスに基づく意思決定（全会一致制）の導入によって、相互の信頼を高めることや、「あらゆる倫理的・社会的問題の議論にすべての人が完全に参加する

53　Ibid., p. 451, 458.
54　Ibid., p. 449.
55　Ibid., p. 457.
56　"World Council of Churches Special Commission on Orthodox Participation in the WCC," *The Ecumenical Review*, 55 (1), January 2003, p. 9.
57　Ibid., p. 6.
58　Ibid., p. 9.

こと（all to participate fully in the discussion）[59]」をWCCに要望した。しかし、ギリシャ正教会のレオニー・B・リベリス（Leonie B. Liveris）が果敢に指摘したように、ここで求められているのが、正教会の男性聖職者と、彼らに指名された保守的な女性代議員たちの「完全な参加」に過ぎない点には注意を要する[60]。

3-3　ポルトアレグレ総会期（2006年〜）

特別委員会の勧告を受けて、2006年にポルトアレグレ（ブラジル）で開かれた第9回総会ではコンセンサスモデルが採用されたが[61]、「文化横断的かつ神学横断的（cross-theological）な出会いのための『セーフスペース』を作るというWCCの役割[62]」に支えられた対話の継続は、引き続き期待されることになった。このようなWCCの消極的変化に直面して、韓国出身のフェミニスト神学者で合同メソジスト教会（米）のナムスン・カンは総会において、様々な形態の不正義や暴力への加担だけでなく、女性蔑視、同性愛嫌悪、ヒエラルキー的聖職者主義（hierarchical clericalism）についても、世界の教会は組織的に悔い改めなければならないと鋭く批判している[63]。

総会代議員たちが自由に選択して参加する22の「エキュメニカル対話」（Ecumenical Conversations）のうち、ヒューマンセクシュアリティに関する企画では「様々な性的指向のオープンな肯定と承認[64]」や「女性や性的マイノリティに対する暴力[65]」などが俎上に載せられた。興味深いのは、このような企画に正教会の人々が多く参加していた点である[66]。例えば、この企画で

59　Ibid., p. 10.
60　Leonie B Liveris, "Ecumenism at Cost: Women, Ordination and Sexuality," *Journal of Ecumenical Studies*, 41 (1), Winter 2004, p. 62.
61　Luis N. Rivera-Pagan ed, *God, in Your Grace... Official Report of the Ninth Assembly of the World Council of Churches*, WCC Publications, 2007, pp. 42-43.
62　Ibid., p. 267.
63　Namsoon Kang, "God, in Your Grace, Transform Our Churches," in *God, in Your Grace...*, p. 93.
64　Stephen Webb, "Ecumenical Conversations Marks A Significant Step in Dialogue on Human Sexuality," *WCC Feature*, 20 February 2006, https://archive.wfn.org/2006/02/msg00267.html, accessed April 3, 2021.
65　Idem. HIVエイズ、ポルノグラフィ、人身取引、セックスツーリズム、性的虐待などの問題も議論された。レファレンスグループのメンバーであったインド・シリア正教会のジョージ・マシュー・ナーラナッカル（George Mathew Nalunnakkal）、現在のギーヴァルゲーゼ・モル・クーリロス（Geevarghese Mor Coorilos）主教も参加している。
66　"Ecumenical Conversation' on Human Sexuality Models New Way to Approach Difficult Issues," 7 February 2005, *WCC News*, https://www.oikoumene.org/news/ecumenical-conversation-on-

モデレーターを務めたフィンランド正教会のヘイッキ・フットネン（Heikki Huttunen）は、女性の按手や同性愛者の権利を強く支持することで知られるエキュメニカルリーダーである[67]。

　WCCにおいてはポルトアレグレ総会以後、とりわけ、2011年の国連人権理事会によるSOGIに関する初めての決議の前後から、ヒューマンセクシュアリティの諸問題にコミットメントを持つキリスト者の間で、「LGBTの人々」（LGBT people）、性的マジョリティを含む「SOGI」などの言葉が意識的に使われ、包含的（inclusive）、肯定的（affirming）であることを志向する、様々な表現が用いられるようになったものと見られる[68]。その結果、2013年に釜山（韓国）で開かれた第10回総会においても、複数のサイドイベントで「同性愛嫌悪の暴力」（homophobic violence）が非難され、世界中の教会に深い根を下ろしている異性愛主義の問い直しが試みられることになった[69]。

3-4　釜山総会期（2013年〜）

　釜山総会に先駆けて、インドネシア・キリスト教会（Gereja Kristen Indonesia: GKI）の牧師であるジャカルタ神学校のスティーブン・スリマン（Stephen Suleeman）、LGBTキリスト者グループの欧州フォーラム（European Forum of LGBT Christian Groups）のガブリエレ・メイヤー（Gabriele Mayer）が主導する「グローバルLGBT連合」（Global LGBT Coalition）は、ヒューマンセクシュアリティに関するレファレンスグループの再設置を求め、WCC総幹事オラフ・フィクセ・トヴェイト（Olav Fykse Tveit）に書簡を送付するという行動を起こ

---

human-sexuality-models-new-way-to-approach-difficult-issues, accessed September 1, 2021.
67　フィンランド・エキュメニカル協議会の総幹事であったフットネンは、2015年に欧州教会協議会（Conference of European Churches: CEC）の総幹事に指名されている。
68　Manoj Kurian, "An Ecumenical Framework for a Liberative Human Sexuality: Toward a Culture of Justice and Peace," *The Ecumenical Review*, 64 (3), October 2012, pp. 338-345を参照。なお、2009年のウガンダにおける反同性愛法案に対し、WCC総幹事サミュエル・コビア（Samuel Kobia）は深い悲しみを書簡で表明した。同年、スウェーデン教会のエヴァ・ブルンネ（Eva Brunne）が世界で初めてレズビアン女性の主教となる。
69　*God, in Your Grace...* , p. 70. 米国長老教会のロビナ・マリー・ウィンブッシュ（Robina Marie Winbush）は閉会の祈りで、「世界教会協議会が沈黙と否定を破り、ヒューマンセクシュアリティの諸問題についてオープンかつ誠実に語り始め、教会間や教会内での対話を促進することができるならば、それは癒しの葉となるでしょう」と語っている。

第5章　ヒューマンセクシュアリティ

した[70]。総会では「マダン」（madang）と呼ばれる広場に88の展示ブースが設置され、「LGBTIQコミュニティとの共働」などをテーマとする出展が行われた[71]。

特筆に値するのは、ジャカルタ神学校とLGBTキリスト者グループの欧州フォーラムが、南アフリカを拠点として、アフリカの教会に働きかけているインクルーシブ＆アファーミング・ミニストリー（Inclusive & Affirming Ministries: IAM）と共同で行なった分かち合いの果実を、『共に立ち上がろう——世界の性的マイノリティが語る12の証し』（*Stand Together: 12 Testimonies from Sexual Minorities Worldwide*）と題する小冊子にまとめるだけでなく、正教会やアフリカの教会の人々との対話のために、それをロシア語、フランス語を含む5カ国語で発行・配布した点である。その序文において、デズモンド・ツツと北ドイツ福音ルーテル教会のベーベル・フォン・ヴァルテンベルク゠ポッター（Bärbel von Wartenberg-Potter）は、教会指導者たちがゲイやレズビアンに烙印を押すことは、教会に内在する同性愛嫌悪を強化し、社会、文化、国家にも影響を与えると指摘し、世界の教会に「より公正で、応答的で、包含的」（to be more just, responsive, and inclusive）となるように働きかけてきたWCCは、「同性愛嫌悪の暴力」の問題に特別の注意を払うべきであると言明した[72]。

マダンでは、アフリカにおけるエキュメニカルHIVエイズ・イニシアティブ（Ecumenical HIV and AIDS Initiative in Africa: EHAIA）、エキュメニカルアドボカシーアライアンス（Ecumenical Advocacy Alliance: EAA）、世界YWCAによる「HIV、人権、セクシュアル＆リプロダクティブヘルスに対応するための世代を超えたセーフスペースの創出[73]」と題するサイドイベントも行われた。セーフスペースのための対話では、LGBTIQコミュニティの支援で知られているウガンダ教会（聖公会）のクリストファー・セニョンジョ（Christopher Senyonjo）主教をはじめとするアフリカの教会指導者たちが、性的マイノリ

70　Gabriele Mayer, "Journeying Together from WCC 10th Assembly 2013 to WCC 11th Assembly 2021," in Stephen Suleeman and Amadeo D. Udampoh, eds., *Siapakah Sesamaku?: Pergumulan Theologi dengan Isu-isu Keadukab Gender*, Sekolah Tinggi Filsafat Theologi Jakarta, 2019, p. 136. スリマンに関しては、北村由美「教会にかかる虹——インドネシアキリスト教会と性的少数者」、日下渉・青山薫・伊賀司・田村慶子編『東南アジアと「LGBT」の政治——性的少数者をめぐって何が争われているのか』、明石書店、2021年、331-332頁を参照。
71　"Madan: Exhibits and Events," p. 119, 128.
72　"Stand Together: 12 Testimonies from Sexual Minorities Worldwide," p. 4.
73　"Madan," p. 76.

147

ティを教会に迎え入れるために奮闘した実体験を分かち合った[74]。

さらに、「教会における女性と男性のコミュニティ――相互の認識と変革的正義」（Community of Women and Men in the Church: Mutual Recognition and Transformative Justice）についての「エキュメニカル対話」（第6章を参照）では、WCCによるジェンダー正義についての承認事項（affirmations）や声明は、加盟教会に対する拘束力がないために「実践されていない」と端的に指摘されるとともに、WCCと加盟教会、そのエキュメニカル・パートナーは「性とジェンダーに基づく暴力のない空間（sexual and gender-based violence-free spaces）（それはすなわち、性的虐待、ハラスメント、いじめなどのない空間である）でなければならない[75]」点が確認され、男性たちが自らもまた「ジェンダー化された主体」（gendered subjects）である点を意識し、信仰に基づいて、ジェンダー関係の変革に参加できるようにするトランスフォーマティブ・マスキュリニティーズ[76]（transformative masculinities,「ポジティブ・マスキュリニティーズ」と呼ばれることも多い）の取り組みが推奨された。

この点に関連して注目しておきたいのは、釜山総会に先駆けて開催された「女性たちと男性たちの総会前集会」に参加した男性たちが発表した声明文、「ジェンダーの正義のための共なる闘い」（"Shared Struggle for Gender Justice"）である。彼らはそこで、自らが享受してきた男性特権（male privilege）の不平等性を認めるとともに、男性であることを理由に攻撃的に社会化され、「文化、イデオロギー、宗教、神学を利用して暴力を正当化してきた[77]」と告白した。同性愛について次のように言及されている点も、きわめて重要である。

---

74 "World Council of Churches' 'Create Safe Space Caucus' Statement," *Reconciling Works*, October 31, 2013, https://www.reconcilingworks.org/wcc-safespacecaucus-statement/, accessed September 11, 2021. Erza Chitando, Adriaan van Klinken eds., *Christianity and Controversies over Homosexuality in Contemporary Africa*, Routledge, 2019, p. 14によれば、セニョンジョはLGBTの支援を理由に、聖職者としての地位を剥奪されている。

75 "EC 09. Community of Women and Men in the Church: Mutual Recognition and Transformative Justice," in *Encountering the God of Life*, p. 175.

76 ジェンダー正義のための闘いは、男性たちとのパートナーシップの強化なしには大きく前進しないとの認識が深められている。Patricia Sheerattan-Bisnauth, Philip Vinod Peacock, eds., *Created in God's Image from hegemony to Partnership: A Church Manual on Men as Partners: Promoting Positive Masculinitie*, World Communion of Reformed Churches, World Council of Churches, 2010を参照。

77 "Shared Struggle for Gender Justice," in Elinda N. Senturias, Theodore A. Gill, Jr., eds., *Encountering the God of Life: Report of the 10th Assembly of the World Council of Churches*, WCC Publication, 2014, p. 144. 総会前集会は2013年10月28日から29日にかけて開催された。

第 5 章　ヒューマンセクシュアリティ

男性性には様々な形態や実践があるが、私たちは男性の多様性（diversity of men）を尊重してこなかった。私たちは、性的指向のために追放され、同性愛嫌悪の暴力（violence of homophobia）に苦しんでいる男性たちとの連帯を表明する[78]。

以上のように、グローバルノースとグローバルサウスの教会に連なるLGBTIQやストレートアライ[79]（straight ally）、女性や男性が、同性愛嫌悪の暴力への反対を表明したことはWCCを動かし、2014年、ヒューマンセクシュアリティに関するレファレンスグループの再設置が実現した[80]。なお、新型コロナウイルスのパンデミックの影響によって、2021年に予定されていたカールスルーエ（ドイツ）での第11回総会が延期された時期に、レファレンスグループは、LGBTIQの人々との関係性についてのガイドラインの策定を試みていたことが分かっている[81]。

3-5　WCCの限界とこれからの戦略

ヒューマンセクシュアリティをめぐって、異性愛を前提とする初期の議論がWCCの運動の「最盛期」に行われたのに対し、同性愛を焦点とする苛烈な議論が「エキュメニカルの冬」のただ中で行われてきたことは、何を示唆しているのだろうか。後者の議論は20世紀のキリスト教に生じたグローバルシフト[82]（global shift）、すなわち、その中心軸がかつては圧倒的に優勢であった西ヨーロッパ及び北米の教会から、グローバルサウスに分散するプロセスと並行して

78　Ibid., pp. 144-145.
79　「同盟」の意。LGBTIQコミュニティに対する差別や暴力に反対し、共に連帯し、運動する異性愛者を指す。
80　Mayer, p. 137.
81　レファレンスグループのメンバーであるスリマンからの聞き取り（2021年9月11日、オンライン）による。スリマンは同年11月8日に急逝した。彼によれば、レファレンスグループは当時、基本方針（policy）の策定が難しいのであれば、それと比較してゆるやかなガイドラインの策定を試みるという戦略を採用していた。
82　Albert W. Hickman, "Christianity's Shift from the Global North to the Global South," *Review & Expositor*, 111 (1), February 2014, p. 42. David Masci, "Christianity Poised to Continue Its Shift from Europe to Africa," Pew Research Center, April 7, 2015, http://pewrsr.ch/1H1arcN, accessed August 21, 2021.

149

展開されてきたと指摘できる。相対的に大きな発言力を持つようになった東ヨーロッパやアフリカなどの教会を、エキュメニカルな交わりにつなぎ止めておくために、WCCはヒューマンセクシュアリティ（特に同性愛）について自らの立場を表明することが著しく困難になった。それゆえの身動きの取りづらさに、WCCをプラットフォームとする取り組みの限界があると見てよいだろう。

　それでは、どのようなエキュメニカル戦略に今後の可能性を見出したらよいのだろうか。まず考えられるのは、今よりも人々が心身を脅かされる危険性の少ない「セーファースペース」（safer space）としてのエキュメニカルな場を作り出していくことである。これはハラレ総会期以来の重大なタスクであるが、釜山総会のサイドイベントで確認されたように、WCCや加盟教会を「性とジェンダーに基づく暴力のない空間」とする目標は明らかに未達成であるため、この点は継続的にリマインドされる必要がある。

　しかしながら、セーファースペースを目指すという戦略は「すべての人」の完全な参加（full participation）というヴィジョンと不可分であるため、将来的には、それを受け入れ難く感じる人々による新たなバックラッシュのきっかけとなるかもしれない[83]。そこで、次に考えられるのは、特別委員会が苦言を呈してきたプロテスタント・エートス（そして西方教会中心的であること）や、正教会に対する関心の低さや無理解をプロテスタントの立場から省みることや、正教会やアフリカの教会に連なりつつ、指導層とは異なる意見をもって同性愛嫌悪の暴力に反対しているキリスト者たちに学び、その人たちとのエキュメニカルな連帯に進み出ることではないだろうか。

83　Tony Franklin-Ross, "Behind the Blue Cards: Mechanisms for the Exclusion of a Safe Space," Consultation of the Global Network for Public Theology, Bamberg, 2019を参照。「バックラッシュ」は反動、揺り戻し、敵対的な反応を指す。

Column ❺
世界教会協議会（WCC）の成立

　世界教会協議会（WCC）を形成するという構想は、第二次世界大戦より以前から練られてきたものである。「生活と実践」（Life and Work）運動を主導していたナータン・セーデルブルムは、社会的病理に取り組むためにはキリスト者間の協力だけでなく、教会の連携（church cooperation）も絶対的に必要であると考え、「教会協議会」（Council of Churches）を作る必要性を1919年に語っている[1]。

　1937年に「生活と実践」、「信仰と職制」（Faith and Order）双方の運動から35人がロンドンに集まって準備委員会が行われ、1938年にはユトレヒト（オランダ）において暫定委員会が立ち上げられた。暫定委員会では「憲章」（Constitution）が起草され、英国教会のウィリアム・テンプルを議長とし、オランダ改革教会のヴィレム・A・ヴィッサートーフト（1900-1985）を総幹事とすることが決定された。ヴィッサートーフトは世界YMCA同盟の幹事、世界学生キリスト者連盟（WSCF）総幹事を歴任した青年や学生による運動出身のエキュメニカルリーダーである。1939年1月にWCCの形成プロセスが開始されるも、第二次世界大戦による中断を余儀なくされる。「生活と実践」と「信仰と職制」の運動が合流し、WCCは1948年8月23日に成立した[2]。

　アムステルダム（オランダ）における第1回総会で採択された「使信」は、「数百万の飢えている者、家がなく、故郷がなく、希望を失った者がたくさんいる。……われわれは、世界の罪責を分かち合うために、われわれにむけられた神の審きを受け入れなければならない[3]」と、第二

1　R. David Nelson, Charles Raith II, *Ecumenism: A Guide for the Perplexed*, T&T Clark, 2017, p. 38.
2　Ibid., p. 39.
3　"Message, First Assembly of the WCC, Amsterdam, 1948," Michael Kinnamon, Brian E. Cope eds., *The Ecumenical Movement: An Anthology of Key Texts and Voices*, in

次世界大戦がもたらした悲惨さに言及し、平和の課題を負って歩む決意を表明するものであった。ヴィッサートーフトが「ウナ・サンクタ (*Una Sancta*)、すなわちキリストの体のメンバー同士の連帯は、最終的に国籍（nationality）の絆よりも強いものとなるべきである[4]」と確信し、戦争中であっても、むしろ戦争の時にこそ、そのようであるべきだと考えていた点は注目に値する。エキュメニズムは平和な時に享受される贅沢品ではなく、戦争の時にこそ、教会にそのリアルなアイデンティティを思い出させるものとして必要不可欠なのである。

196の教会に招待状が送られ、147の教会がアムステルダム総会に参加した[5]。そうした教会のほとんどは、第二次世界大戦によって壊滅的な影響を受けていたため、「人間の無秩序と神の計画」（Man's Disorder and God's Design）が総会の主題に選ばれた。WCCは教会とつながる個人や団体ではなく、教会そのものを集めるために作られたため、4つのサブテーマではいずれも「教会」が前景化された。

WCCが成立当初から抱える問題はいくつもある。例えば、WCCの総会で作成・発表される声明文（statement）などのエキュメニカル文書は、各々の教会に持ち帰られ、具体的な行動プランが練られ、実行に移されることが期待されている。しかし、そうした文書は加盟教会を拘束するものではないため、ある問題については十分に検討され、またある問題については全く議論されないということが起こり得る。これを受容（reception）の問題という。WCCからの呼びかけをどのように自らの教会に反映させるかについて、加盟教会がそれぞれ完全な自由を持っているという点は、WCCのプラットフォームとしての長所であると同時に、短所にもなってきた。また、「生活と実践」運動、「信仰と職制」運動の合流によって成立したWCCでは、成立当初から「奉仕」と「教義」の

  WCC Publications, 1997, pp. 21-22. 日本語訳は神田健次「エキュメニズム」、関西学院大学キリスト教と文化研究センター編『キリスト教平和学事典』、教文館、2009年、76頁から引用した。
4 Michael Kinnamon, *Unity as Prophetic Witness: W. A. Visser 't Hooft and the Shaping of Ecumenical Theology*, Fortress Press, 2018, p. 33.
5 ローマ・カトリック教会は招待されていたが、不参加であった。

どちらがより重要であるかをめぐる緊張関係が経験されてきた。

また、アムステルダム総会においてWCCは「教会の交わり」(fellowship of churches)と言い表されたが、それが何を意味するかは必ずしも自明でなかった。そのため、WCCの成立から間もない頃には、「スーパーチャーチ」(superchurch)を作ろうとしているのではないかとの疑いを差し向けられることがあった。WCCに反対する人々は、WCCが「一致」を理由に教会の権力を集中させるのではないかと警戒したのである。そこで1950年にトロント（カナダ）で開かれた中央委員会では「トロント声明」(Toronto Statement)として知られる文書が発表され、「世界教会協議会はスーパーチャーチではなく、また、決してスーパーチャーチとなってはならない[6]」と言明された。

実際に、WCCのメンバーシップに関する原理・原則は、「主イエス・キリストを神であり、救い主であると受け入れること」という比較的緩やかなものであった。1961年にニューデリー（インド）で開催された第3回総会では、WCCの自己理解は「聖書に従って主イエス・キリストを救い主であると告白し、それゆえに、父と子と聖霊の一つなる神の栄光のために、共通の召命を共に全うしようとする教会の交わり」に差し替えられた。このように信仰告白が三位一体を明確化するものとして整えられることによって、同年から正教会の正式加盟が実現した。なお、正教会は、自らが教会の完全性を再現していると自負すると同時に、他の教会も様々な程度でその完全性を共有していることを認めている、という見解を有している。ニューデリー総会は、ローマ・カトリック教会から初めて5人の代表者が派遣された点、国際宣教協議会（IMC）がWCCに合流し、世界宣教伝道委員会（CWME）として宣教・伝道の運動を継続するようになった点でも重要な出来事であった。

それではなぜ、IMCの合流は遅れたのだろうか。IMCでは1938年にはWCCとの合流が話題となっていたが、独立・自治を守りたいとの意見

6　WCC Central Committee, Tronto, 1950, "The Church, the Churches and the World Council of Churches," in *The Ecumenical Movement: An Anthology of Key Texts and Voices*, p. 464.

が多数であった。先に触れたように、WCCには2つの運動の間の緊張状態が生じていたため、そこにIMCが参加することによって、宣教・伝道の分野は見過ごされてしまうのではないかと懸念されたのである。1960年代になり、WCCは「宣教と伝道」、「生活と実践」、「信仰と職制」という3つの潮流を兼ね備えるようになった。当時、WCCと距離を置いている人々にさえ、教会が互いにどうかかわるべきかについての雰囲気の変化は伝わったと指摘されている[7]。1960年代に求心力を増したWCCは、主として「生活と実践」運動の活動領域、すなわち人道的支援や人権アドボカシーの分野で世界的に知られるようになっていく[8]。

---

[7] Nelson and Raith, p. 41.
[8] Ibid., p. 59.

第6章　ジェンダー正義

　世界教会協議会（WCC）は「教会が女性と連帯するエキュメニカルな10年」（Ecumenical Decade of the Churches in Solidarity with Women, 略称「教会女性10年」）などの取り組みを通して、かなりの程度まで、女性たちや「ジェンダー正義」（gender justice）のための運動と連帯してきたと評されると同時に、「教会と社会におけるジェンダー正義のための様々なアドボカシー戦略にもかかわらず、諸教会の内部において女性の権利（women's rights）の効果的な言明に大きな進展はなかった[1]」とも厳しく指摘されてきた。南アフリカで組織神学とキリスト教倫理を教えるプレン・レンカブラ（Puleng LenkaBula）が2007年にこのように述べる時、考えなければならないことはいくつもある。そもそも「ジェンダー正義」とはどのような概念であるのか。それは「女性の人権」の比較的目新しい言い換えに過ぎないのか。WCCの運動において「ジェンダー正義」はどのように議論され、実践されてきたのか（あるいは、されてこなかったのか）。

　本章では、国連機関、女性学、ジェンダー研究における「ジェンダー正義」の概念を整理してから、WCCが刊行する『エキュメニカル・レビュー』誌（*The Ecumenical Review*）と『インターナショナル・レビュー・オブ・ミッション』誌（*International Review of Mission*）を媒体として、「ジェンダー正義」を直接的に取り上げている近年の論攷を抽出し、そこで展開された議論（実践のアイデアを含む）を検討する。そのような作業を踏まえて、WCC中央委員会が2022年に承認した「ジェンダー正義に関する基本原則」（Gender Justice Principles）の策定の経緯と主要なポイントを検討し、残された課題等について考察したい。

1　Puleng LenkaBula, "Geneva 1966 and Contemporary Concerns for Ecological and Gender Justice," *The Ecumenical Review*, 59 (1), January 2007, p. 80.

第 1 節　「ジェンダー正義」とは何か

「ジェンダー正義」は管見の限り、1980年代半ば以降の米国の公共政策や司法に関する用語として使用されてきた[2]。ニュージーランド出身で米国在住の政治哲学者スーザン・M・オーキン（Susan Moller Okin）は1989年の『ジェンダー・正義・家族』（Gender, Justice, and the Family）で、理論家たちは正義の理論を「人間一般」について論ずるものであり、女性を排除するものではないという装い、すなわち「見せかけのジェンダー中立性[3]」に依拠しており、「自分たちの理論が扱っている社会がジェンダーに根深く規定されており、現在までつづくジェンダー化された社会の前提によって正義をめぐる困難に直面しているという事実に、ほとんど目を向けてこなかった[4]」と批判した。本節では、2010年以降の国連機関や学術研究で採用されている理解、それらに影響を与えた2007年のアン・マリー・ゲッツ（Anne Marie Goetz）による理解を検討した上で、より新しい研究がもたらす知見について見ていきたい。

1-1　国連機関等における「ジェンダー正義」

2010年に設立された国連女性機関（UN Women）の一部である国連女性基金（UNIFEM）では、「ジェンダー正義」は「家族、コミュニティ、市場、国家において生み出され、再生産されている女性と男性の間の不平等の終了をもたらす[5]」ことを含め、司法から経済政策まで主要な機関がその責任を求められるものであり、女性たちが家庭、コミュニティ、国、地域、世界のいずれのレベルにおいても、形式的な政治的代表を超えて意思決定に参加できるか否かに影響されると説明される[6]。その根拠には、政治的・公的生活において女性は男性と対等な条件（equal terms）で代表されるべきだとする「女性に対するあらゆる

2　David L. Kirp, Mark G Yudof, Marlene S. Franks, *Gender Justice*, University of Chicago Press, 1986.
3　スーザン・M・オーキン（山根純佳・内藤準・久保田裕之訳）『正義・ジェンダー・家族』、岩波書店、2013年、12頁、304頁。
4　同上、8頁。
5　UNIFEM ed., "Gender Justice: Key to Achieving the Millennium Development Goals," 2012. p. 3. 同文書は、"Progress of the World's Women 2010/11" からの抜粋である。
6　Ibid., p. 12.

形態の差別の撤廃に関する条約」（以下「女性差別撤廃条約」）の条文が示される。

国連開発計画（UNDP）は「ジェンダー平等」（gender equality）を「男性たちと女性たちが社会のあらゆる分野で、司法、経済・社会的機会へのアクセスを含め、同じ権利と機会を享受することによって達成される[7]」ものであると定義し、ジェンダーに基づく暴力（gender-based violence）がその大きな障壁となっている点を強調している。また、国連開発計画において「ジェンダー正義」は、国際的・地域的基準、特に女性差別撤廃条約、「北京宣言及び行動綱領」（1995年）、「女性・平和・安全保障」に関する国連安保理決議第1325号（2000年）、持続可能な開発の目標（SDGs）などに沿った説明責任と平等性（accountability and equality）によって実現されるものと説明されている。

2010年にペナン（マレーシア）で開催された第2回アジア女性学学会（Asian Association of Women's Studies: AWWS）において「ジェンダー正義」は、「社会政治的・社会経済的な政策や枠組みの中で、女性の権利を促進し、推進し、議論することによって、社会における女性の地位を向上させるための努力やプロジェクト[8]」であり、「女性の選択と資格（choice and entitlement）の確立、ジェンダーに基づく差別の撤廃、そして権利の言説と戦略を通じたこれらの達成を必然的に必要とするもの[9]」と理解されている。このように「ジェンダー正義」は基本的に、「ジェンダー平等」と同様に「女性の権利」としてフレーム化されてきた[10]。そのような傾向に影響を与えてきたのは、2005年から2014年までUNIFEM、UN Womenにおいてガバナンス・平和・安全保障の政策ディレクターを務めた英国の政治学者アン・マリー・ゲッツである。

1−2　2000年代の議論

ゲッツは2007年の論文において、「ジェンダー正義」は「法改正によって女性の権利を向上させたり、社会・経済政策において女性の利益を促進したりす

---

[7] United Nations Development Programme (UNDP), "Gender Justice & the Law: Assessment of Laws Affecting Gender Equality in the Arab States Region," UNDP, 2018, p. 7.
[8] Reshidah Shuib, Naraida Endut, Diana Wong eds., *Debating Gender Justice in Asia*, Penerbit Universiti Sains Malaysia, 2016, p. 16.
[9] Idem.
[10] Joseph N. Goh, Sharon A. Bong, Thaatchaayini Kananatu eds., *Gender and Sexuality Justice in Asia: Finding Resolutions through Conflicts*, Springer, 2021, p. x.

る解放的なプロジェクトを指して使われることが多い。（中略）この言葉に正確な定義が与えられることはほとんどなく、ジェンダー平等、ジェンダー公正（gender equity）、女性のエンパワーメント（empowerment of women）、女性の権利などの概念と入れ替えて使われることが多い[11]」と指摘している。「ジェンダー平等」や「ジェンダー主流化」（gender mainstreaming）などの用語では、女性たちが経験している不正義を十分に表現したり、適切に対処したりできないのではないかと懸念する研究者やアクティビストによって、「ジェンダー正義」が使われるようになったが、「ジェンダー関係において何が正しく、公平であるかという認識は文化的に多様であるため、ジェンダー正義の定義を明確に行うことは困難である[12]」とも論じられる。

　ゲッツによれば、女性差別撤廃条約（1979年）から20年後、1999年に国連第54回総会で採択された選択議定書（日本は批准していない）では、ジェンダーに基づく差別の不在（absence of gender-based discrimination）が「ジェンダー正義」の指標として位置付けられた。しかし、このような指標は、個人の行動や選択が他者からの強制、妨害、干渉を受けないことを指す「消極的自由」（negative liberty）に過ぎないとも疑い得る。そこでゲッツは「ジェンダー正義」を、「女性たちが男性たちに従属する結果となる、女性と男性の間の不平等を終わらせ、必要であれば、それに対する是正措置を講じること[13]」と定義し、「ジェンダー公正」については「女性と男性が異なるニーズ、要望、関心を持っていること、そして、結果の平等が、男性と女性の異なる扱いを必要とする場合があると認識するもの[14]」であると説明する。

　「公平性」（fairness）を確保するためには、女性と男性が同じ領域で活動することを妨げている歴史的・社会的不利益を識別し、それらを是正する戦略や措置が必要となるという考え方は、国連人口基金（UNFPA）の資料にも見ら

11　Anne Marie Goetz, "Gender Justice, Citizenship and Entitlements: Core Concepts, Central Debates and New Directions for Research," in Maitrayee Mukhopadhyay, Navsharan Singh eds., *Gender Justice, Citizenship and Development*. Zubaan Publications, 2007, p. 17.
12　Ibid., p. 15.
13　Ibid., pp. 30-31.
14　Ibid., p. 27. Reeves, Hazel and Sally Baden, "Bridge Report 57: Gender and Development: Frequently Asked Questions," Brighton Institute of Development Studies, 2000. https://archive.ids.ac.uk/bridge/bridge-publications/reports/document/A52823.html, accessed February 2, 2022.

れるものである。それによれば、「ジェンダー平等」は「社会的に価値のある財、機会、資源、報酬を、女性と男性が平等に享受すること[15]」を指すが、現実問題として、ジェンダー不平等は存在している。その場合、「意思決定や経済的・社会的資源へのアクセスに関して、排除されたり、不利益を被ったりするのは一般的に女性[16]」であるため、「ジェンダー公正」を推進するためには権力の不均衡を明るみに出し、是正し、人生の自律性を高めるための「女性のエンパワーメント」を行うことが必要となる。UNFPAにおいて「ジェンダー公正」は、「男女が同じになることではなく、機会や人生の変化へのアクセスがセックス（身体的性）に左右されず、制約されないこと[17]」と説明される。

　このようにジェンダーをめぐる平等、公正、正義は、絡み合う概念として様々に用いられているため、ゲッツは、資源や機会へのアクセスとコントロール、主体性（agency）を意味するという点で、「女性のエンパワーメント」に関する多くの定義と「ジェンダー正義」に大きな違いはないと認めている[18]。国連西アジア経済社会委員会（ESCWA）のマリナーズ・エル・アワディ（Mahrinaz El Awady）はゲッツの理解を踏襲しつつ、「平等を基本原則の一つとしながらも、形式的平等（formal equality）に留まらず、説明責任を果たすためのプロセスを含む、より広い意味を持つ言葉[19]」として、近年では「ジェンダー正義」が好まれるようになったと明快に述べている。

1-3　2010年代以降の議論

　ゲッツの論文から10年余りを経て、北米の政治学者マーラ・トゥン（Mala Htun）とS・ローレル・ウェルドン（S. Laurel Weldon）は、2018年の『ジェンダー正義の論理学』（*The Logics of Gender Justice*）において、「ジェンダー正義」と「ジェンダー平等」を同義語として用いている[20]。しかし、ゲッツと異なるのは、

15　UNFPA, "Frequently Asked Questions about Gender Equality," United Nations Population Fund, 2005, https://www.unfpa.org/resources/frequently-asked-questions-about-gender-equality, accessed January 25, 2022.
16　Idem.
17　Idem.
18　Goetz, p. 31.
19　Mahrinaz El Awady, "Does Gender Justice Matter?," Economic and Social Commission for Western Asia (ESCWA), United Nations, 2015, p. 3.
20　Mala Htun, S. Laurel Weldon, *The Logics of Gender Justice: State Action on Women's Rights around the*

彼女たちが「ジェンダー正義」を「あらゆるセックス、ジェンダー、性的アイデンティティ、性自認の人々を含む、ジェンダーの諸制度によって構築された人々の平等と自律性（equality and autonomy）[21]」にかかわる概念として従来よりも幅広く捉え、「女性の権利」をその重要なサブカテゴリーに位置付けている点である。
　トゥンとウェルドンは「ジェンダー平等」を、「ジェンダー諸制度によって構成されるグループに、その役割や地位を尊重する政治、経済、社会活動に参加することのできる同等の機会を与え、その結果躍動することのできる理想的な状態や社会的現実であり、どのジェンダーグループも不利益や差別を受けることなく、すべての人が尊厳と権利を持った自由で自律的な存在であると考えられること[22]」と理解する。ここで重要なのは、「ジェンダー平等」には女性ばかりでなく男性や他の性自認の人々が含まれ、そこに「同性婚や養子縁組の合法化、同性愛の非犯罪化など、規範的異性愛に立ち向かうLGBTQの法律や政策の新たな展開[23]」といったセクシュアリティの正義をめぐる諸課題が包含される点である。
　北米だけでなくアジアにおいても、同様の展開は見られる。例えば、ジョセフ・N・ゴー（Joseph N. Goh）らによる2020年の『アジアにおけるジェンダーとセクシュアリティの正義』（*Gender and Sexuality Justice in Asia*）では、トランスナショナルなフェミニストの連帯のネットワークにおいて「何をもって『ジェンダー正義』とするのか、そして誰がカウントされるのかの範囲を広げることによって、女性、ひいてはトランス女性（例として女性差別撤廃条約）だけでなく（中略）誰でも、特にLGBTIQA＋コミュニティを対象とすることができるようになった[24]」と指摘されている。さらには、ある人たちのエンパワーメントが「その他の人々のディスエンパワーメント[25]」（disempowerment of others）

World, Cambridge University Press, 2018, p. 7.「ジェンダー平等」は形式的平等と実質的平等のどちらを意味しているかで混乱を招くことが多いため、「ジェンダー正義」を好む者もいると指摘される。

21　Ibid., p. 2.
22　Ibid., pp. 6-7.
23　Ibid., p. 7.
24　Joseph N. Goh, Sharon A. Bong, Thaatchaayini Kananatu ed., *Gender and Sexuality Justice in Asia*, 2020, p. xiv.
25　Ibid., p. xv. Nancy Fraser, *Justice Interruptus: Critical Reflections on the 'Postsocialist' Condition*, Routledge, 1997, p. 371が参照されているが、正しくはp. 216であると思われる。

第 6 章　ジェンダー正義

につながってはならない点も示唆された。

　近年の資料を披見する限りでは、UN Women などの資金援助によって2020年に発足した「エチオピア・性的搾取と虐待からの保護ネットワーク[26]」（Ethiopia PSEA Network）が2022年に作成した資料「ジェンダーの主要概念」（"Gender Key Concepts"）が、最も明瞭かつ説得的であるように思われる。それによれば、「ジェンダー平等」は「あらゆる年齢、性的指向、性自認にかかわらず、女性／少女と男性／少年が権利、財産、機会、資源、報酬、生活の質を平等に享受すること[27]」を指す。「平等」とは「女性と男性が同じであることを意味するのではなく[28]」、誰もが同じ支援を受けることで利益を得るという考え方である。これに対して、「ジェンダー公正」は「女性と男性の間の利益と責任の分配において、公平性と正義を提供すること[29]」と定義される。「公正」は女性と男性が各々のニーズに応じて公平に扱われることを指すため、「平等な処遇」（equal treatment）だけでなく、権利、利益、義務、機会において同等（equivalent）と見なされる「異なる処遇」（different treatment）が考慮されなければならない。後者には、女性の国会議員の数を確保するためのクォータ制や、ジェンダーに基づく暴力の被害者となっている若い女性たちの支援プログラムなどが含まれる。その意味で、「ジェンダー公正」は「ジェンダー平等」とは区別されるべき概念であると言える。このような理解は、2017年の『ジェンダー研究に関するオックスフォード事典』（The Oxford Dictionary of Gender Studies）にも通底するものである[30]。

　この資料において「平等」（equality）、「公正」（equity）、「正義」（justice）の違いは、塀の向こう側のサッカーの試合を観戦する三人の人物のイラストで表される。長身の黒人男性、中背の白人女性、背の低い子どもが同じ高さの踏み台に立って観戦すること（全員が同じ支援を得ること）は「平等」であるが、子どもには塀の向こうを見渡すことができない。これに対し、踏み台がなくと

26　PSEA は Protection from Sexual Exploitation and Abuse の略。国連機関、NGO、政府省庁で構成される。
27　Ethiopia PSEA Network, "Gender Key Concepts," 2022, https://reliefweb.int/report/ethiopia/ethiopia-psea-network-gender-key-concepts, accessed February 2, 2022, p. 6.
28　Idem.
29　Ibid., p. 7.
30　Gabriele Griffin ed., *Oxford Dictionary of Gender Studies*, Oxford University Press, 2017 を参照。

161

も観戦可能な男性には踏み台が提供されず、女性には一段の踏み台が、子どもには二段の踏み台が提供されること（それぞれが必要とする支援を得ること）が「公正」を生む。そして、塀そのものが取り払われ、向こう側を見通すことのできるフェンスに交換されること（不正義の原因が追及されること）によって、全員が踏み台なしに試合を観戦できるようになることを「正義」という。

　これらの概念の違いは、大きく傾き、片側にばかり実がなっている林檎の木としてイメージすることもできる。林檎を手に取るために必要な高さのはしごを架けることは「公正」を生むが、「正義」をもたらすためには、木そのものが時間をかけて真っ直ぐに整えられ、まんべんなく林檎が実るように手入れされる必要がある。このように、「公正」が現在において実行可能な措置であるのに対し、「正義」はより抜本的な変化を要するものであり、それゆえ、長期的に目指されるべきヴィジョンであると言える。次節では、エキュメニカル運動における「ジェンダー正義」について見ていくことにしよう。

第2節　「ジェンダー正義」をめぐるエキュメニカルな議論

　WCCの運動おいて「ジェンダー正義」を初めて論じたのは、管見の限り、2005年に「預言者的キリスト教におけるジェンダー正義の中心性と教会の宣教の再考」（"The Centrality of Gender Justice in Prophetic Christianity and the Mission of the Church Reconsidered"）と題する論文を発表した韓国のフェミニスト神学者ナムスン・カン（Namsoon Kang）である。本節では、2000年代にアジアのフェミニスト神学者たちが「ジェンダー正義」にかかわる問題を提起し始めた点、2013年の釜山（韓国）におけるWCC第10回総会で催された「エキュメニカル対話」を含めて、2010年代にその議論が深められた点、「教会女性10年」の20周年を記念する2018年の国際協議でより具体的な戦略が策定され、特にジェンダーポリシー（gender policy）の必要性が強調されるようになった点について詳しく見ていきたい。

2-1　2000年代の議論

　カンは2005年の論文で、「解放的で、ラディカルにインクルーシブで、平等

主義的で、正義を志向し、いのちを与える福音が、なぜこのような植民地主義、人種主義、性差別、階級主義、さらには異性愛主義、排外主義の道具になってしまったのか[31]」と問いかけ、それは教会と伝統における預言者的な声が衰退しているためではないか、と指摘する。預言者的キリスト教の伝統は、出エジプトの出来事に示されているように、神は歴史の中で虐げられている人々の側に立って行動されるという大原則にある。そして、神によって解放された人々は、自らもまた、正義を実践することを神から期待される。したがって、キリスト教は本来的に、解放と正義の働きに赴くべきものであって、支配する者や搾取する者の側に立って行動するべきものではない。

続いてカンは、女性たちがキリスト教の歴史と伝統において否定されたり、子ども扱いされたり、理想化されるなどして、自由で自立した人間として存在することを許されてこなかったと指摘し、「ジェンダー正義」は最も重要な教会のミッション (a primary mission of the church) でなければならないと主張する[32]。しかし、女性たちは単なる犠牲者であったのではなく、「劣った存在」や「危険な存在」としてのイメージ、すなわち、女性の劣等性の言説を内面化してきたのではないかという点も、鋭く問われなければならない。カンによれば、女性たちは、社会や制度としての教会、その指導者によって受け入れられる振る舞いこそが「良き女性」(good woman) や「良きキリスト者」(good Christian) を構成するのであって、それ以外の行動は神を不愉快にさせるのだ、という家父長制のメッセージを気付かぬうちに吸収してきた。しかし、米国の歴史学者ゲルダ・ラーナー (Gerda Lerner) が指摘するように、家父長制は女性たちの協力があって初めて機能するものとも捉えられるため、女性たちは抑圧のプロセスに参加し、家父長制の「加害者」としての役割を担っていないか自問する必要がある[33]。

カンはまた、「ジェンダー正義」はキリスト教における正義の言説の中でも、最も無視され、気付かれないでいるミッションであると論じる。多くの「進

---

31 Namoon Kang, "The Centrality of Gender Justice in Prophetic Christianity and the Mission of the Church Reconsidered," *International Review of Mission*, 94 (373), April 2005, pp. 279.
32 Kang, p. 284.
33 Idem. Gerda Lerner, *The Creation of Patriarchy*, Oxford University Press, 1986, p. 217 を参照。

歩的な」キリスト者たちでさえ、「ジェンダー正義」を女性の問題（a woman's issue）に過ぎないと見なしており、それが人間の問題（a human issue）であることを理解していないのである[34]。とりわけ興味深いのは、カンが出エジプト記3：7-8を次のように読み替える点である。

> わたしは、教会にいる女性たちの苦しみをつぶさに見、抑圧者たちのゆえに叫ぶ彼女らの叫び声を聞き、その痛みを知った。それゆえ、わたしは降って行き、家父長制から彼女らを救い出し、この国から、広々としたすばらしい土地、乳と蜜の流れる土地、すなわち共に主の弟子であること（co-discipleship）へと導き上る[35]。

このようにしてカンは、キリスト教は、抑圧者のイデオロギーから被抑圧者のための解放の福音へと変容できるのかだけでなく、被抑圧者を通して、抑圧者のための解放の福音となり得るだろうかとも問いかける[36]。先に触れたように、女性たちは家父長制の被害者であるばかりでなく、それに加担することがあり得る。その意味で、キリスト教は抑圧者をも解放するものでなければならないため、カンは「括弧付きの『女性の問題』（"question of women"）はキリスト教にとっての中心的な宣教課題（the central missional issue）とならなければならない[37]」と主張し、次のように述べる。

> この問題が「女性の問題」であり続ける限り、男性中心の神学言説はそれを神学的な問題にあらざるもの（theological non-question）と見なすだろう。[38]

カンは、教会が預言者的な声を回復させ、平等主義的な伝統へと変容するための解放的な闘争の場となるためには、「ジェンダー正義」の理論と実践がな

---

34 Ibid., p. 286.
35 Idem. *The New American Bible*, St. Joseph Edition, Catholic Book Publishing Company, 1970, p. 61 を参照。
36 Ibid., p. 288.
37 Ibid., p. 289.
38 Idem.

ければならないと論じ、「預言的キリスト教の使命は、教会と社会におけるラディカルな平等と正義を育むこと[39]」であるべきだと結論した。

このように、WCCの媒体において初めて「ジェンダー正義」を論じたのが、アジアのフェミニスト神学者であった点は瞠目に値する。それから間もなく、アジア・キリスト教協議会（CCA）が刊行する『CTC紀要』（*CTC Bulletin*）においても「ジェンダー正義」が論じられた。CCA職員であったフィリピンのフェミニスト神学者リサ・B・ラミス（Liza B. Lamis）は、2007年に「ジェンダー正義のために教会を力づける」（"Empowering the Church for Gender Justice"）と題する論文で、以下のように論じている。

> ここで私は、私たち（教会）は、ジェンダー正義をエキュメニカルなアジェンダの中心に据えるように招かれていることを強調したい。そうすることで、私たちは自らの「キリスト教が、家父長制的現状のジェンダー不正義を単にイデオロギー的に正当化するものとして機能すること」を許さないのだ[40]。

ラミスは、「ジェンダー正義」を実践するためには、貧しく抑圧された人々の大多数を占めている女性たちの批判的視点が欠かせないとの理由から「女性」を強調する一方、すべての人にとってのラディカルな平等と正義を育むために、そこにはゲイ、レズビアン、トランスジェンダー、バイセクシュアルの人々の正義が含まれなければならないと主張する[41]。またラミスは、すべての女性がフェミニストなのではなく、すべてのフェミニストが女性なのではないと述べる。なぜなら、彼女の定義によれば、「フェミニスト」（feminist）とは正義の神、宣教、エキュメニカルなアジェンダの中心にラディカルな正義を位置付ける信

39　Idem.
40　Liza B. Lamis, "Empowering the Church for Gender Justice," *CTC Bulletin*, 23 (3), December 2007, p. 32.
41　Ibid., p. 28. 原文では「トランスセクシュアル」。この言葉は今日かつてのように一般的でなく、ある人々にとっては侮辱的となりうると指摘されているため、ここでは「トランスジェンダー」と言い換えた。http://dictionary.cambridge.org/dictionary/english/transsexual, accessed August 17, 2024.

仰的伝統に命じられて、ジェンダー正義のために働く人々に他ならないからだ[42]。

ラミスは、2013年にWCCとCCAが共同編集した『神学教育とエキュメニズムに関するアジア・ハンドブック』（*Asian Handbook of Theological Education and Ecumenism*）でより具体的な実践例を提案し、ジェンダー正義の諸課題を「生き死ににかかわる問題」（life-and-death issues）と呼んだ[43]。

2-2　2010年代以降の議論

「ジェンダー正義」を主題とする論攷の数は2010年代以降、格段に増えていくことになる[44]。ここでは、フェミニスト神学者のフラタ・ルスング・モヨ（Fulata Lusungu Moyo）、釜山総会における「エキュメニカル対話」、正教会の男性神学者ラスコ・ヨビッチ（Rastko Jovic）を例として、「ジェンダー正義に関する基本原則」の策定に至るまでの主要な議論を検討していく。

① フラタ・ルスング・モヨ

WCC「教会と社会における女性」プログラムの職員として「ジェンダー正義」を担当するマラウイ出身のフェミニスト神学者、フラタ・ルスング・モヨは、2012年の論攷で女性と労働について論じる中で、1998年に「WCCジェンダー・ガイドライン」（WCC gender guidelines）が存在していたことを明かしている[45]。正式名称が「ジュネーヴにおける世界教会協議会の事務局のためのジェンダー・ガイドライン」である点、「職員」という言葉が多用されている点、WCC事務局の置かれているエキュメニカルセンターに託児所や保育所がなく、職員の労働と家庭の両立に問題が生じていると述べられている点から、このガ

42　Ibid., p. 32.
43　Liza Lamis, "Gender Justice and the Discourse on Sexual Minorities in Asian Ecumenism," in Hope Antone, Wati Longchar, Hyunju Bae, Huang Po Ho, Dietrich Werner eds., *Asian Handbook for Theological Education and Ecumenism*, World Council of Churches, 2013, p. 363.
44　神学教育についてはVerena Grüter, "Gender Justice in Pluralistic Societies: Challenges for Theological Education," *International Review of Mission*, 102 (2), April 2013, pp. 82-93を参照。なお、2010年代ではCWCにおいても「ジェンダー正義」は活発に議論されるようになる。世界改革教会共同体（WCRC）が刊行する*Reformed World*では、2016年から2017年にかけて特集が組まれている。例として、Isabel Apawo Phiri, "Keynote: Gender Justice," *Reformed World*, 67 (2), 2017, pp. 13-23を参照。
45　Fulata Lusungu Moyo, "We Demand Bread and Roses When We Are Hired: Gender Justice in Workplaces: A Feminist Ethical Perspective," *The Ecumenical Review*, 64 (3), October 2012, p. 262.

イドラインはWCC職員を対象とする内部文書であったと思われる[46]。

これに対してモヨは、女性と男性に対して平等な労働環境を保証するために、エキュメニカルセンターに事務局を置くエキュメニカル協議会は、ガイドラインと比較してより「積極的に遵守されるジェンダーポリシー（gender policy）を持つべきである[47]」と強調する。モヨはさらに、個別のジェンダーポリシーだけでなく、エキュメニカルセンター内に共通のジェンダーポリシー（in-house joint gender policy）の策定も検討すべきだと述べて、女性が使いやすいトイレ、託児所や保育所の設置、新任職員を対象とするオリエンテーションの実施、予算編成や給与体系における差別の禁止、同一賃金の実現などの具体策を提案した。2012年当時、WCCで男女間の同一賃金が実現されていなかったことは、モヨが同年から「給与の平等」を実現させたルーテル世界連盟（LWF）に祝意を表している点からも明らかである。WCCにジェンダーポリシーの策定を求める声は、2013年に釜山で開かれた第10回総会にも反響していくことになる。

② 釜山総会におけるエキュメニカル対話

釜山総会では総会前集会だけでなく、自由参加型の企画である「エキュメニカル対話」においても「ジェンダー正義」の運動が展開された。「教会における女性と男性のコミュニティ —— 相互認識と変革的正義」（Community of Women and Men in the Church: Mutual Recognition and Transformative Justice）を主題とする「エキュメニカル対話」についての公式報告書は、以下の書き出しから始まる。

> 教会は今日の世界における預言的しるしとして、女性たちと男性たちの真のコミュニティ（true community of women and men）を体現するよう招かれている。このようなインクルーシブコミュニティは「神の像(かたち)に」、男と

---

46 "Gender Guidelines For the Secretariat of World Council of Churches in Geneva," 16 February 1998. 絹川久子氏、アルナ・ニャーナダソン氏の協力により、WCCアーカイブに保存されていたWordファイルを確認した。
47 Ibid., p. 264.

女に (male and female) 創造された人類に対する神の贈り物であり、約束である (創世記1：27)⁴⁸。

「女性たちと男性たち」や「男と女」という言葉遣いからは読み取ることができないが、この報告書の「承認事項」(affirmations)、「課題」(challenges) のセクションを読み進めると、この「エキュメニカル対話」が必ずしも性別二元論の強調を意図しているのではないことが見えてくる。また、2006年にポルトアレグレ（ブラジル）で開かれた第9回総会の公式報告書には見られないのに対し、この「エキュメニカル対話」に参加した人々が「ジェンダー正義」という言葉を明示的に、繰り返し用いている点も特徴的である。他方、この「エキュメニカル対話」にはジェンダーやセクシュアリティをめぐって様々な見解がせめぎ合っていたことも読み取れる。以下に説明しよう。

「承認事項」ではまず、「ジェンダー正義は私たちが追求する一致に不可欠である」と明言される。次に、WCCはすべてのレベルにおいて「ジェンダー正義」と女性のエンパワーメントに取り組まなければならないと主張され、その具体例として「加盟教会の悪しきガバナンスに対処し、尊敬の文化 (culture of respect) を育み、女性の公正な参加と説明責任のためのジェンダーポリシー、行動規範などのツールを作成すること[49]」や、すべての加盟教会がジェンダー正義の提唱者となるように促すことなどが挙げられる。実際に、2013年の中央委員会は、釜山総会期にジェンダーアドバイザリーグループ (Gender Advisory Group) を設置し、そこに「ジェンダーポリシーを策定し、ジェンダー平等に関するWCCの目標とコミットメントを推し進めるための戦略を特定するという明確な任務[50]」を与えている（後述）。

---

48 "EC 09. Community of Women and Men in the Church: Mutual Recognition and Transformative Justice," in Elinda N. Senturias, Theodore A. Gill, Jr., eds., *Encountering the God of Life: Report of the 10th Assembly of the World Council of Churches*, WCC Publication, 2014, p. 173.
49 Ibid., p. 174. 肯定的または変革的な男性性 (positive or transformative masculinities) に取り組むプログラムも奨励されている。
50 Gail Allan, Agnes Abuom, Olav Fykse Tveit, Hyde Merlyn, "Celebrating Women, Addressing the Wounds: Commemorating the Culmination of the Ecumenical Decade of the Churches in Solidarity with Women," *The Ecumenical Review*, 72 (1-2), January-April, 2019, p. 37. 緊急課題として、神学教育、性とジェンダーに基づく暴力、WCCにおける女性の経験の中心化、教会・家庭・コミュニティにおける女性の経験の4点が特定されている。

第6章　ジェンダー正義

　前章で触れた「セーフスペース」(safe space) については、WCC、加盟教会、エキュメニカルパートナーは「性とジェンダーに基づく暴力のない空間 (sexual and gender-based violence-free spaces) でなければならない (それはすなわち、性的虐待、ハラスメント、いじめなどのない空間である)[51]」と具体的に言及された。他方、「WCCはその構成体の内外における、信仰を生きる女性たちによるジェンダー正義の活動をリンクさせ、結集させ、肯定しなければならない[52]」との提言からは、「ジェンダー正義」という言葉の採用を経てなお、その担い手の多くが女性たちのままであることが暗示されている。

　「課題」の冒頭では、①コミュニティスタディ（第3章を参照）を総括したシェフィールド会議からの勧告のほとんどは、未だに達成されていないと断定される。②では、「一致」という大義名分のもとに「ジェンダー正義」が妥協させられる傾向があり、それは女性や「ジェンダー正義」の視点が沈黙させられたり、疎外されたりすることに表れていると厳しく指摘される。また、それは、③女性のリーダーシップの能力開発への無関心や尊敬 (respect) の欠如にも表れているという。④では、ジェンダー不平等がHIVエイズの問題を悪化させており、「性自認 (gender identity) やセクシュアリティに関する教会の沈黙[53]」が、スティグマや暴力への恐れから人々が適切なケアにアクセスすることを阻害していると訴えられる。ここで用いられている「性自認」は、「ジェンダー正義」と同様、前回総会の公式報告書には見られない表現である。

　⑤では、ジェンダー正義に関連するWCCの声明文等は、加盟教会に対する拘束力を持たないために「実践されていない[54]」(not put in practice) と言明される。以下に引用する⑥には、性的指向、交差的正義の働き (intersectional justice work)、ジェンダーに基づく暴力などの鍵概念が散りばめられる一方、「ジェンダー間の関係性」について"among"ではなく、"between"というバイナリーな前置詞が用いられている。

51　"EC 09. Community of Women and Men in the Church: Mutual Recognition and Transformative Justice," p. 175.
52　Idem.
53　Idem.
54　Idem.

私たちは様々な形態の不公正（人種、カースト、民族、地域、階級、能力、権力、地位、性的指向を含むが、これらに限定されない）に固有のつながりがあることを理解しているが、交差的正義の働きが、ジェンダー正義の諸問題にアプローチするための不可欠な方法であることに変わりはない。私たちは人身売買、性とジェンダーに基づく暴力、そして壊れた人間関係など、社会・経済的危機がジェンダー間の関係性（relationship between the genders）に与える影響を認識し、それに対応しなければならない[55]。

⑦では、ジェンダー正義の共通のヴィジョンと表現のために運動するに当たって、教派的視点や全く異なる文化的コンテキストがさらなる課題をもたらしていると指摘され、正教会やアフリカの教会の存在が暗示されている。このように、釜山総会の「エキュメニカル対話」に参加した人々は「ジェンダー正義」を明瞭に提唱すると同時に、複数形の「ジェンダー」（genders）をバイナリーに捉えるか、ノンバイナリーに捉えるかという点においては大いに揺れ動いていたことが分かる。次に注目したいのは、きわめて保守的な性規範で知られる正教会の中から、「ジェンダー正義」を神学的にどのように理解できるかを論じる人物が登場するようになった点である。

③ ラスコ・ヨビッチ

ベオグラード（セルビア）で教える正教会の神学者ラスコ・ヨビッチは、2015年、「ジェンダー正義を宣教的使命として実践する —— 神の正義と私たちの正義」（"Doing Gender Justice as a Mission Imperative: God's Justice and Ours"）と題する論攷でマタイ6：33を引用し、「神の国への道を準備することは積極的に正義を行い、罪の結果を破壊することである[56]」と論じた。興味深いのは、ヨビッチが一方では、加盟教会間の溝を深める「神学的グローバリズム（theological globalism）—— ある問題をすべての人に押し付けること —— を避け

55　Ibid., p. 176.
56　Rastko Jovic, "Doing Gender Justice as a Mission Imperative: God's Justice and Ours," *International Review of Mission*, 104 (1), April 2015, p. 26.

第6章　ジェンダー正義

るべきだ[57]」と述べて、正教会の指導層への配慮を見せながら、もう一方では「ジェンダー正義」は単なる道徳や人権の問題ではなく、カルケドン信仰に深くかかわる問題であり、「特定の集団や個人の権利の問題でも、特定の集団や個人との戦いの問題でもない。ジェンダー正義とは、神の正義と、歴史の制約の中でその正義をできるだけ実現するための闘いへの、私たちの召命にかかわるものなのである[58]」と力強く語っている点である。

「ジェンダー正義」が誰しもかかわりのある問題である点について、ヨビッチは、以下のレトリックを用いて説得的に伝えようとする。

> 邪悪な者、不正な者、抑圧者にとって地球の最高の裁判官（the supreme judge of the earth）である神は、正義の力として恐れられている存在である。しかし、不当な扱いを受けているすべての人にとって、神の公正な行動（God's just action）は希望の理由となる。私たちの可能性とエネルギーに応じてこの世界に正義をもたらすことは、神の正義をもたらすことである。ジェンダー正義もそのように、神の正義の一部として理解されるべきである。ジェンダー正義とは女性だけにかかわるものではなく、すべての年齢、すべてのジェンダー（all genders）の人が恩恵を受けるべき、公正でより良い世界のことである[59]。

> ジェンダー正義は、女性の権利が増え、男性の権利が減るというような否定的なことを意味するものであってはならない。（中略）神の正義であるジェンダー正義は、より多くのエネルギーと才能をもたらすものであり、そこから誰もが恩恵を受けられるものである[60]。

このようにジェンダー正義は、（社会における分断を広げることになる）女性のためだけの正義（justice for only women）として認識されるべきでな

57　Ibid., p. 36.
58　Ibid., p. 35.
59　Ibid., p. 29.
60　Idem.

い……。[61]

　ヨビッチが言葉を尽くしているように、「ジェンダー正義」の焦点が女性だけにあるのではない点はきわめて重要であるが、現実問題として、女性に対する障壁は存在している。そのためヨビッチは、経験、専門性、参加、エネルギーを持ち寄ることのできる「より多くのスペースを女性たちに与える必要はまだある（we still need to allow more space for women）[62]」と論じ、その主張を補強するために、カルケドン公会議で確認された両性説を引き合いに出す。両性説によれば、キリストは完全な男性であっただけでなく、完全な人間でもあったので、「キリストが人間性のすべてを、つまり男性性と女性性を完全な形で受け取られた[63]」点は明らかであるという。

　キリスト論の文脈では、キリストはその性質において100パーセント男性であり、100パーセント女性である完全な人間として、人生を生きた人物である。彼の体（his body）であるところの教会を建てるということは、彼の全人格的な人間性、すなわち、男性と女性の完全性を尊重するという土台の上に（教会を）建てることを意味する。もし私たちが、彼の体に男性と女性の完全な参加（the full participation of male and female in his body）を受け入れる準備ができていないとすれば、歴史の中で私たちが行うキリストの証しは、はたして真正と言えるだろうか[64]。

　……したがって、ジェンダー正義とは神から与えられたすべての能力を用いて、可能な限り最善の方法で、私たちが神のみ国を象徴することができるかどうかということであり、そうでなければ私たちは「自分の賜物（talents）を地面に隠してしまう」（マタイ25：25）ことになる。（中略）私たちの罪は、一人の男性が神から受け取った自分の賜物を隠したという福音

61　Ibid., p. 33.
62　Ibid., p. 29.
63　Ibid., p. 34.
64　Idem.

書の物語におけるものよりも、さらに大きい。ジェンダー正義の文脈では、男性たちはしばしば「女性たちに与えられた神の賜物を隠す」のである。[65]

　ヨビッチの雄弁さは、主として正教会の男性たちの信仰心に訴えることに、ある程度まで成功しているように思われる。その一方で見落としがたいのは、性欲（sexual urges）が単に男性的特質として理解されている点もさることながら、「男性と女性はセクシュアリティを通して人間の本性の完全性を証しする。それは人間であることの完全性への憧れのしるしなのである（Through sexuality, men and women testify to the fullness of human nature; it is a sign of our longing for the fullness of being human）[66]」と、過度にロマンティックに語られている点である。プラトンの『饗宴』では、男性と女性、女性と女性、男性と男性からなる結合体が神々によって二つに切断され、全人的存在への憧れから自らの片割れ（the other half）を探し求めることになる。これに対し、ヨビッチの議論では異性愛のみが強烈に暗示されているように見える。

　そうであるならば、ヨビッチの論攷における「皆」（everyone）はもっぱら異性愛者を名指し、「すべてのジェンダー」（all genders）という表現も単に男性／女性という二つのジェンダーを指すものに過ぎず、そこに様々な性自認の人々は包含されないことになる。「ジェンダー」は「女性」の言い換えに過ぎないという典型的な誤謬から読み手を救うために、ヨビッチが「すべてのジェンダー」という言葉を選んだのであれば、より適切な表現は「両方のジェンダー」（both genders）であったことだろう。しかしながら、ヨビッチの目的が、「女性の按手」が話題になることにさえ嫌悪感を示してきた正教会の指導層に対し、「ジェンダー正義」を自らの課題として捉えるように説得することにあったと考える時、異性愛規範や性別二元論が戦略的に妥協された可能性も否定できない。

2–3　WCC創立70周年における「ジェンダー正義」戦略

　2018年、WCCは発足から70周年を迎えた。これまでの旅路を喜び祝うた

65　Ibid., p. 35.
66　Ibid., p. 34.

めには、まず、教会と社会における破壊的な力や、差別の現実に向き合う必要があるのではないかと考えられた。「正義と平和に仕え、共に歩く」(Walking Together Serving Justice and Peace) を主題として、1998年のハラレ（ジンバブエ）における「教会女性10年」のフェスティバルの20周年を記念する国際協議がキングストン（ジャマイカ）で行われた。同年1月、ビバリーヒルズ（米国）で行われたゴールデングローブ賞の授賞式では、俳優たちが性暴力のサバイバーとの連帯を示すために、黒い衣装を身に纏ったことが世界的に報道され、#MeToo運動に注目が集まった。同年はまた、性暴力の問題に取り組むイラクとコンゴの人権擁護者たちにノーベル平和賞が贈られた年でもある。このような背景から、国際協議では性暴力、人種主義、同性愛嫌悪、トランスフォビア（transphobia）によって、ジャマイカにおいても人々の命が失われている現実が明らかにされ、以下の諸分野が焦点化された[67]。

a. 私たちの賜物、そして先達の女性たちの賜物を讃え、教会や社会におけるジェンダー不正義の傷を癒し、変革していくこと。
b. Thursdays in Black[68]キャンペーンがジェンダー正義の主張とどのように交差しているかを分析し、レイプと暴力のない世界を目指すこのキャンペーンを通して、積極的な連帯を再び約束すること。
c. HIVエイズ、性とジェンダーに基づく暴力、経済的搾取、その他の周縁化に関連して、男性性と女性性の構築について考察すること。
d. 教会や社会におけるレジリエンス、抵抗、希望の物語を共有すること。
e. (i) 教会指導者、(ii) 教会共同体、(iii) 神学教育者、機関、ネットワーク、(iv) エキュメニカルリーダー、(v) 国連などの世俗の国際機関、(vi) 教会や社会の周縁に置かれた人々を巻き込み、すべての人の平等と神聖な尊厳を尊重する公正なコミュニティを構築するためのヴィジョンと

---

67 "Report from the Global Consultation for the Commemoration of the Culmination of the Decade of the Churches in Solidarity with Women," in Gail Allan, Agnes Abuom, Olav Fykse Tveit, Hyde Merlyn, "Celebrating Women, Addressing the Wounds: Commemorating the Culmination of the Ecumenical Decade of the Churches in Solidarity with Women," *The Ecumenical Review*, 72 (1-2), January-April, 2019, p. 52.
68 レイプと暴力のない世界を目指して、木曜日に抵抗とレジリエンスの色である黒い衣装を身に着けること。参照：https://www.oikoumene.org/what-we-do/thursdays-in-black, accessed July 30, 2024.

第6章　ジェンダー正義

戦略を策定すること。

　ハラレにおけるフェスティバルからの20年間に認識されるようになったのは、「ジェンダー正義」のための活動であっても、人種主義、植民地時代からの負の遺産、経済的不正義、生態系の破壊などが女性たちに与える影響など、抑圧の交差性（intersectionality）を考慮せずに行われるのであれば、公正なコミュニティの構築にはつながらないという点であった[69]。また、国際協議では、教会や神学教育においてフェミニストのヴィジョンが後退している点などに加え、「WCCや多くの加盟教会にジェンダー正義に関する基本方針（gender justice policy）がないこと[70]」が懸念事項に挙げられた。その上で、聖書には暴力を正当化する「恐怖のテキスト」（texts of terror）が含まれる一方、男性も女性も神の像(かたち)に創造されている（創世記1：26-27）ことや、イエス・キリストにおいて「男と女もない」（ガラテヤ3：26-29）と語られていることを根拠として、以下のヴィジョンが提出された。

　　地上における神の支配の前触れであるキリスト教共同体は、平等と公平の神学的原理を人々の現在の文脈と生活の中に実現すべきである。キリスト教共同体は、すべての人にとってのセーフスペース、自由と愛の領域、「他者」を歓迎し、傷を癒し、霊的にも身体的にも人間全体を支える領域となる責任がある。キリスト教共同体は、すべての神の民が変革と救いを経験できるように、福音の解放的メッセージの器となり、聖書的、典礼的、霊的な伝統の批判的な読み手、解釈者となるべきである。神学的営為は、共同体の批判的良心（critical conscience）の声として、「今ここ」の新しい挑戦に開かれていなければならず、変革と解放をもたらすものでなければならない[71]。

　このようなヴィジョンに基づき、国際協議はWCCに対して以下の戦略を提

69　Idem.
70　Ibid., p. 53.
71　Ibid., p. 54.

示した[72]。

① 組織、給与、リーダーシップ、加盟教会におけるジェンダー公正を支援する具体的かつ測定可能な基本方針（policy）を、セクシュアルハラスメントや性的攻撃を禁止する行動規範を含むものとして策定すること。
② あらゆる形態のジェンダーに基づく暴力に反対し、女性、女児、コミュニティ内の弱い立場に置かれた人々を支援するために、ローカルの団体やグループを力づけること。
③ ジェンダー正義の諸課題に関してWCC、加盟教会、ローカルのアドボカシーグループの間のコミュニケーションと協力のための新しくより効果的な方法を作り出すこと。
④ 女性、女児、その他の弱い立場に置かれた人々に対する暴行、虐待、監禁、殺害を阻止するための緊急行動ネットワークを構築すること。
⑤ バックラッシュの政治的情勢を名指し、その対応策を開発すること。
⑥ 加盟教会とWCCが、少年と男性の団体が家父長主義への抵抗し、有毒でなく反暴力的な男性性（non-toxic and anti-violent masculinities）を肯定する場となるように支援すること。
⑦ すべての運営レベルにおいて、ジェンダー正義の観点から組織の予算を監査すること。
⑧ 多次元的、文化横断的、宗教横断的なカリキュラム開発に影響を与える神学機関やネットワークとの協力により、加盟教会でのジェンダー正義に関する研究を奨励すること。

2013年の設置以来、①の実現を委託されたジェンダーアドバイザリーグループは、「ジェンダー正義に関する基本方針」（gender justice policy）の策定作業を続けてきたが、そのメンバーであるカナダ合同教会のゲイル・アラン

---

[72] Ibid., pp. 54-55. 各戦略は、「一致と宣教」（Unity and Mission）、「エキュメニカル神学教育とフォーメーション」（Ecumenical Theological Education and Formation）、「公共の証しとディアコニア」（Public Witness and Diakonia）の3つのプログラム分野と、「女性と男性の公正な共同体」（Just Community of Women and Men）や「エキュメニカルな若者の参加」（Ecumenical Youth Engagement）などの横断的な分野に統合されるべきものとして提案された。

第 6 章　ジェンダー正義

(Gail Allan) によれば、「受け止めは様々[73]」(reception has been mixed) であった。この国際協議に参加したアランは、「常にそのように名付けられたり、認識されたりしているわけではないが、ジェンダー正義はこの旅路の中心にあり続けてきた[74]」と述べて、初代総幹事ヴィレム・A・ヴィッサートーフトによる過去の預言者的発言を引用している[75]。

> これが単なる組織調整の問題であり、教会の男性メンバーがもう少し想像力を働かせれば解決するとは誰も思わないでください。もっと想像力を働かせる必要があることは間違いありませんが、本当の問題は、キリスト教会の交わりにおける男性と女性の関係について、諸教会が自らの信仰の基本的な信条（basic tenets）に本当に向き合っているかどうかなのです[76]。

興味深いことに、「WCCは組織として、ジェンダー正義と女性と男性の公正なコミュニティ（just community of women and men）のヴィジョンを含む巡礼の旅路には、さらに多くの仕事があることを認めなければならなかった（そして、私はそれが性別二元論に挑戦する人々との公正なコミュニティであることを願っている）[77]」というアランの言葉からは、彼女自身がジェンダーをバイナリーに理解しているのではない点を窺い知ることができる[78]。

また、ジェンダーアドバイザリーグループの設置を後押しした当時のWCC総幹事オラフ・フィクセ・トヴェイトが、釜山総会以降の「正義と平和の巡礼」（Pilgrimage of Justice and Peace: PJP）と呼ばれる枠組みに則り、「ジェンダー正義は、すべての人のための正義と平和に向けた私たちの現在進行中の巡

73　Allan et. al., p. 37.
74　Gail Allan, "We Intend to Move Together: The Story of Ecumenical Women on a Pilgrimage of Gender Justice," *International Review of Mission*, 104 (1), April 2015, p. 3.
75　Allan, et. al., p. 33.
76　W. A. Visser 't Hooft, "Foreword," in Kathleen Bliss ed., *The Service and Status of Women in the Churches*, SCM Press, 1952, p. 10.
77　Allan, et. al., p. 37.
78　2018年にアルーシャ（タンザニア）で開催された世界宣教伝道会議が発表した「主の弟子であるためのアルーシャからの呼びかけ」（Arusha Call for Discipleship）においても、「周縁化と排除によって成り立っている世界において私たちは、公正でインクルーシブなコミュニティであることにおいて、一致の探究において、そして、エキュメニカルな旅路において、主の弟子として固く手を取り合うよう招かれている」と呼びかけられた。

礼（ongoing pilgrimage）の重要な焦点であり、基準である[79]」と明言している点も注目に値する。トヴェイトは、賜物を祝うこと（via positiva）、傷を訪ねること（via negativa）、不正義を変革すること（via transformativa）というPJPの三つの次元に関連付けて、次のように述べている。

> ジェンダー、性的指向、人種、エスニシティ、障がい、年齢に基づく排除の傷（の問題）に取り組むことは、エキュメニカルな旅路の一部であり続けてきた。それは「傷を訪ねること」であり、互いの変革に向けて伴走することである[80]。

トヴェイトは、近年行われたThursdays in Blackキャンペーンの刷新を通して、「WCCは女性の主体性、回復力、抵抗、変革のスピリチュアリティを認識している[81]」と指摘し、ジェンダーアドバイザリーグループが進めている「ジェンダー正義に関する基本方針」の策定プロセスが、WCCだけでなく加盟教会をも刺激する可能性をもたらすことを期待していた[82]。とりわけ重要なのは、トヴェイトが「教会女性10年」の20周年を記念する国際協議において、基本方針を世界に変化をもたらすための「愛の道具」（tools of love）、「ジェンダー正義」を「神聖な仕事」（sacred work）と呼んで、このために働く人々を力づけていた点であろう[83]。

第3節　WCC「ジェンダー正義に関する基本原則」（2022年）

ジェンダーアドバイザリーグループは、2018年8月から2019年1月にかけて「ジェンダー正義に関する基本方針」（Gender Justice Policy）のフルドラフトを策定し、2019年5月の常議員会に提出した。これを受けて、常議員会はトヴェイトに対し、この文書が職員、運営組織、委員会、レファレンスグループのた

79　Allan, et. al., p. 42.
80　Ibid., p. 44.
81　Ibid., p. 45.
82　Ibid., p. 46.
83　Idem.

第 6 章　ジェンダー正義

めの内部文書である点を明確にする序文の追加を依頼するとともに、この文書が「女性の按手」に関する文書ではない点も明記すべきであると勧告した。他にも、「性差別的な言葉」の使用禁止についての文言を、包含的言語（inclusive language）の使用に言い換えることなどの勧告が反映され、この文書は最終的に、「基本方針」（policy）から「基本原則」（principles）に改称された[84]。

2019年11月の常議員会は翌年の中央委員会に対し、改訂されたこの文書をWCCの内部文書として受け取るように勧告した[85]。その後、2022年2月にオンラインで開催された中央委員会において「ジェンダー正義に関する基本原則」（Gender Justice Principles）は承認された。本節では、主に7つのセクションで構成される基本原則の内容を簡略に紹介しながら、特に重要と思われる点に言及していきたい。

3-1　序文から聖書的・神学的基盤まで

「序文」では、WCCは加盟教会の多様な教会論を尊重しているため、「この基本原則は女性の按手についてのものではない。WCCジェンダー正義に関する基本原則の主な対象は、職員、運営組織、委員会、レファレンスグループである[86]」と明記され、「正義と平和の巡礼」の三つの次元を参照するものであると説明される[87]。

第一の次元である「賜物を祝うこと」（via positiva）は、神の像（かたち）における創造は（「原罪」ならぬ）「原祝福」と言うべきものであり、私たちは共に交わりとして「いのちの網の目」のユニークな一部分であることをいう。第二の次元である「傷を訪ねること」（via negativa）は、巡礼は私たちを美しい場所にだけでなく、醜い暴力や不正義が行われている場所にも導くことを指す。第三の次元である「不正義を変革すること」（via transformativa）には、「私たちの行動の信頼性は、私たちが共有している交わりの質、すなわち、正義と平和の交

---

[84] World Council of Churches, "Gender Justice Principles and the Code of Conduct," WCC Publications, 2022.
[85] World Council of Churches, Central Committee, 9-15 February 2022, Geneva, Switzerland, Document No. GEN NOM 08, "WCC Gender Justice Principles." WCC中央委員（当時）の西原廉太氏より資料を提供していただいた。
[86] "Gender Justice Principles and the Code of Conduct," p. 4.
[87] Ibid., p. 6.

わりの質によって高められるかもしれない。私たちは祈りを通して変革され、祈りにおいて行動する[88]」との決意が込められている。

「根拠」では、「女性と男性の公正な共同体」という共通のコミットメントと展望を持つWCCが基本原則を策定し、それに基づいて行動することは、WCCの宣教的使命において不可欠であると語られる。この点は、次のように表現される。

> 私たちはキリスト者として、女性と男性は神の像(かたち)に平等に造られており、洗礼を受けた者たちの共同体において、キリストの体への平等な参加者であると信じる。この基本原則の意図は、社会状況の変革に貢献するいのちを肯定する神学的衝動を動力化し、生成し、ジェンダー正義を確保するために役立つ新しい行動を提供することにある[89]。

興味深いのは、「これはWCCの交わりの共通課題の一部であるため、どの加盟教会も協議会に対して、ジェンダー正義に関する基本原則を自分たちのために適用する上での伴走を要請できる[90]」という婉曲的な表現を用いて、WCCが加盟教会と共に取り組みたいとの意思表示を行なっている点である。

「歴史的根拠」では、1948年にアムステルダムで開催された第1回総会よりも前から、すなわち、形成プロセスの段階から、WCCは女性たちとの連帯を示すように求められてきたことが確認される。続いて、アムステルダム総会に設置された「教会における女性の生活と実践に関する委員会」から「教会女性10年」(1988年～1998年)、Thursdays in Blackなどのキャンペーンに至るまでの継続的な取り組みが概観される[91]。

「聖書的・神学的基盤」についてのセクションでは、「『ジェンダー正義』と『女性と男性の公正な共同体』という観点から聖書の伝統を解釈すること

---

88 "WCC Central Committee – An Invitation to the Pilgrimage of Justice and Peace Revised," Document No. GEN 05 rev, pp. 4-5.
89 "Gender Justice Principles and the Code of Conduct," p. 7.
90 Idem.
91 Ibid., pp. 7-9.

第 6 章　ジェンダー正義

で、聖典の最も崇高な地平を捉えることができる[92]」と明言され、二つの創造物語は「人間が平等であり、神の像(かたち)に参加し、神の似姿を生きるダイナミックなプロセスを経験することを宣言している[93]」と説明される。一方、創世記3：16について「現在の性別間の不公正な関係性（unjust relationships between the sexes）を正当化するために使われることがあるが、この節は実際には、神の創造への意志ではなく、堕落と人間の罪深さの結果を描いているのである[94]」と説明されている点については、聖書学やフェミニスト神学の観点からの批判的検討が求められるだろう。新約聖書に関しては「イエス・キリストの教え、癒し、生涯に表現された新しい平等主義的なエートスや、公共の場、特に最初のキリスト教共同体の生活において、女性の役割を力づけた例がたくさんある[95]」と述べられ、女性たちが「復活の最初の目撃者であり、キリストが良い知らせを伝えるために派遣した最初の人物[96]」であったという重要な点も確認されている。

　初代教会の洗礼定式は、キリスト教共同体があらゆる形態の階層的差別や不正義に反対するものであることを示唆しており、したがって、「ジェンダー正義とは、神が教会に与えたすべての能力をもって、人間社会に対する神の意志を受肉（または体現）させることができるかどうかということである[97]」と語られている点は、とりわけ肝要であると思われる。続いて、「聖典と伝統が、固定観念、抑圧、差別、排除、奴隷制度、大量虐殺、あらゆる形態の暴力を正当化するために誤用され、悪用されてきたことをWCCの仲間として共に認識[98]」することの重要性にも言及されている。

3-2 **基本原則から結論まで**

　「基本原則」のセクションは、①正義の柱、②パワー・シェアリング、③パリテ（男女同数）、④個人的な事柄、⑤実践、⑥多元性、⑦視点、⑧ポジティ

92　Ibid., pp. 9-10.
93　Ibid., p. 10.
94　Idem.
95　Idem.
96　Idem.
97　Ibid., p. 11. 括弧内は筆者による。
98　Idem.

ブ・マスキュリニティーズ、⑨交差性（インターセクショナリティ）、⑩巡礼（神の子どもたちとして）の10項目から構成される。

　③ではパリテの実現が目指されているが、およそ半年後にカールスルーエ（ドイツ）で開催された第11回総会で新たに選出された150人の中央委員のうち、約60パーセントを男性が占める結果となったように、他の基本原則と比較して最も達成しやすいと思われる目標も、現在のWCCにとっては至難である。⑥では、「ジェンダー正義と一致という揺るぎない原則にコミットしながら、異なる伝統的な視点と地域のコンテクストを尊重し支持する[99]」と述べられ、オーソドックスファミリーが強く意識されているものと思われる。⑦では、性別役割分業を「神の定め」や「自然」であると捉えることは誤解であると指摘される。⑧は、男性たちが自らもまた「ジェンダー化された主体」（gendered subjects）である点を意識し、信仰に基づいて、ジェンダー関係の変革に参加できるようにすることが目指す運動である。言い換えれば、これは「自他を害する男性性への過剰なこだわり」を意味するトクシック・マスキュリニティ[100]（toxic masculinity）を批判的に顧みる動きということになる。⑨は人種主義、年齢差別、性差別、階級差別、その他の抑圧のシステムが交錯すると不正義は増長する、という問題の認識を示す。「すべての人が旅の途中で同じ地点にいるわけではないが、相互理解、愛、尊敬を通じて、お互いに同行し、指導することを私たちは求めている[101]」とする⑩には、諸教会の間でジェンダー正義の推進への意欲や能力に差がある点を認めつつ、それでも旅路を共にしていくという方向性が示されている。

　「実施」のセクションでは、WCCがジェンダー包含的な職場環境を育み、ジェンダーバランスを促進し、世代間の対話を促進するための「セーフスペース」を作り出すことへの決意が表明されている。基本方針の採択以降、人事部はジェンダー統計を経営陣に提供し、新任人事に際してはパリテが達成・維持されるように監視する。また、「女性と男性の公正な共同体」プログラムの担

99　Ibid., pp. 12-13.
100　伊藤公雄・多賀太・大束貢生・大山治彦『男性危機？──国際社会の男性政策に学ぶ』、晃洋書房、2022年、22–24頁を参照。
101　"Gender Justice Principles and the Code of Conduct," p. 13.

当職員、ジェンダー正義に関するスタッフグループなどが連携して、すべての職員を対象とするジェンダー正義についての研修を行い、基本原則の尊重を約束するように求めることや、フレキシブルな労働時間の手配を強化することも明記されている。「2020年までに同一賃金の報酬制度を導入する」、「定年の平等を約束する」という項目には、多くの人々の想像に反して、WCCにおけるジェンダー正義が進展していない実情が表されている[102]。さらに、ワークショップ、セミナー、会議などのプログラム、資料、文書も基本原則を遵守したものでなければならないこと、聖句参照の際には新改訂標準訳（New Revised Standard Version: NRSV）を用いること、1980年代に示された方針を再確認し、WCCのすべての文書とスピーチにおいて包含的言語（inclusive language）を使用すること[103]、司会者、代議員、進行役、講演者、パネリスト、資料提供者は、WCCの憲章および規則に従って任命または選出されること、この基本原則がベストプラクティスとして、グループ、委員会、運営組織のすべての会合で共有される背景文書に含まれることなどが、「実施」の方法として具体的に示されている。加盟教会とエキュメニカル・パートナーに対しては、先に挙げた諸原則の導入がゆるやかに呼びかけられた[104]。

「結論」のセクションでは、女性と男性の公正な共同体を構築・維持するためには、「互いの中にある神の像（かたち）を確認する必要がある[105]」と語られ、文書全体が次のように総括されている。

> 手短に言えば、ジェンダー正義に関する基本原則は、私たちの共通の遺産の一部として、交わりの中でジェンダーの正義、公平、平等（gender justice, equity, and equality）に向けた前向きな歩みを肯定するとともに、過去の罪と傷、現在の不正と虐待を認めるものである。そして何よりもこの基本原則は、被造世界における神の支配の実現のために、ジェンダーの不正義、性とジェンダーに基づく暴力に満ちた世界を癒すという神の宣教

102　Ibid., p. 15. スイスにおける定年年齢は女性が64歳、男性が65歳である。
103　Ibid., p. 16.
104　Ibid., p. 17.
105　Idem.

に参加するよう、教会に呼びかけるものである[106]。

3-3 残された課題──『巡礼路での対話』を手がかりに

基本原則はWCCの評価サイクルに沿って3年ごとに見直されるため、将来的な改善の可能性がある点に留意しつつ、残された課題を列挙しておきたい。

第一に、「女性の按手」に言及することそのものが妨げられたため、この文書では、按手からの女性の排除の問題について沈黙が貫かれている。

第二に、WCCが「過去の罪と傷、現在の不正と虐待を認める」と表明した点は評価されるべきだが、文書の性格上、困難であったと想像できるものの、WCCがどのような不正義に加担してきたかについての具体性に乏しい。過去の総会で暴力の被害を経験した人々がいたことを思い起こすならば、踏み込んだ記述が行われていない点は容易に看過しがたい。また、この文書では「悔い改める」（repent）という言葉は使われていない。

第三に、市民運動、学術研究、国連機関において、「ジェンダー正義」はあらゆるSOGIの人々を包含する概念として理解されているのに対し、この文書では「女性と男性」（women and men）という言葉が繰り返されることにより、性別二元論が維持・強化されている。

第四に、この文書はヒューマンセクシュアリティにも一切触れておらず、同性愛嫌悪の暴力や異性愛主義の問題などが未解決のままに置かれている。

第五に、この文書は正教会の指導層をはじめとして、教派横断的に存在する保守派の人々に対する配慮が強く意識されているように思われ、加盟教会に対して大胆な働きかけを行うことができていない。

WCCが、長年に亘って要望されてきた「ジェンダー正義に関する基本原則」を完成させ、世界の教会に広く発信したことの意義は計り知れないが、これがもっぱら性的マジョリティを読み手として想定し、設計された文書となっていることは、WCC成立以前から70年を超えて積み上げられてきた議論と実践に鑑みて、決して満足できるものとは言えない。これを受けて、釜山総会期に再設置されたヒューマンセクシュアリティに関するレファレンスグルー

106　Idem.

第6章　ジェンダー正義

プ（第5章を参照）は2022年2月、『巡礼路での対話——ヒューマンセクシュアリティの事柄についての共なる旅への招き』（*Conversations on the Pilgrim Way: Invitation to Journey Together on Matters on Human Sexuality*）と題する文書を中央委員会に提出した。世界各地の加盟教会、キリスト教世界共同体（CWC）、教会協議会（NCC）、地域エキュメニカル協議体（REO）による取り組みについての網羅的なリソースの提供を通して、レファレンスグループはSOGIESCと総称される性的指向・性自認・性的特徴・性表現（sexual orientations, gender identities, sex characteristics and sexual expressions）を俎上に載せ、「ヒューマンセクシュアリティ」というアンブレラタームがジェンダー正義の諸課題を包含する点を強調したのである。

　『巡礼路での対話』において、ヒューマンセクシュアリティは「性的感情や性交渉以上のもの[107]」であり、感情、思考、行動や、女性、男性、トランスジェンダーであること、他者を惹きつけたり、他者に惹かれたりすること、愛すること、様々な形の親密さを含む関係性など、複雑さ（complexity）を含むものであると説明される。そして、ヒューマンセクシュアリティが社会においてどのように理解され、語られるかは、個々の人間のアイデンティティや生活の質（quality of life）に重大な影響を与えるものであり、様々なSOGIESCを生きる人々の権利や尊厳が、ある程度まで認識されている国々においても、性的マジョリティが圧倒的に優越する構造とシステムは、人々に壊滅的な影響を与えていると警告された[108]。

　「ジェンダーに基づく暴力」に関しては、それはジェンダーやセクシュアリティに結び付いた期待や、対等でない力関係を理由とする暴力であり、「トランスジェンダーの男性や女性のように、推定されたジェンダー（presumed gender）に基づく期待に背いた装いや表現を行う人々に対する、身体的攻撃や言葉による侮辱（性的であろうとなかろうと）[109]」が含まれると解説される。また、ジェンダー規範（gender norms）に従わない人々を「罰したい」という欲

107　World Council of Churches, *Conversations on the Pilgrim Way: Invitation to Journey Together on Matters on Human Sexuality (A Resource for Reflection and Action, Received by WCC Central Committee at a meeting held 9-15 February 2022 by video conference)*, WCC Publications, 2022, p. 11.
108　Ibid., p. 54.
109　Ibid., p. 41.

望に動機付けられた攻撃も、ジェンダーに基づく暴力の一形態である[110]。つまり、攻撃を受ける人が実際にレズビアン、ゲイ、バイセクシュアル、トランスジェンダーやインターセックスである必要はなく、「単に同性愛(原文ママ)、トランスジェンダー、インターセックス、その他のノンコンフォーミングなアイデンティティ（non-conforming identity）であるという認識だけで、その人は十分にリスクに晒される[111]」ことになる。そして、とりわけトランスジェンダーやインターセックスの人々が、バイナリーな性役割（gender roles）を揺るがすものに対して、恐れと憎しみを抱く人々による性暴力の被害に遭いやすい点にも注意が促される[112]。「『本物』の男性や女性であるとはどういうことか」という問いかけや、特定の理解の押し付けが、様々な形態の暴力に結び付いていくのである。

　さらに厳密に言えば、ジェンダーに基づく暴力は人命に深くかかわっている。世界で最も自死率が高いのは、SOGIESCにかかわる深い悩みを抱えた子どもたちや若者であり、その人たちは家庭、学校、教会などにおいて組織的暴力（institutional violence）を経験しており、さらに悪い場合には、その苦しみに乗じる大人たちによる性暴力の被害を被っている。また、SOGIESCに基づく暴力は、人種、民族的背景、障がいの有無や程度、国籍や在留資格の有無などによっても増幅されるため、子どもたちや若者にとって「自分自身についての健康的な感覚を培うためのセースフペースがないこと[113]」は致命的な課題となる。したがって、教会と社会に今よりも包含的なコミュニティを形成していくためには、現実におけるセーフスペースの不存在をあるがままに受け入れた上で、より安全な空間、セーファースペース（safer space）の創出を目指すことが急務となる。

> ……神の子どもである一人ひとりは神から愛され、同じテーブルを囲む。謙虚さと敬意をもって他者とかかわり、互いの傷付きやすさと欠点を認

110　Ibid., p. 44.
111　Idem.
112　Ibid., p. 54.
113　Idem.

め合う。こうした傷付きやすさと欠点のゆえに、完全なセーフスペース（安全な空間）は存在せず、ただセーファースペース（より安全な空間）が存在するばかりなのである（...... it is evident that there is no completely safe space – only safer spaces)[114]。

このように、『巡礼路での対話』を通してヒューマンセクシュアリティに関するレファレンスグループが提出した問題意識は、基本原則のそれと比較して広範である。それは、はたして私たちの教会と社会は子どもたちや若者にとってのセーファースペースとなり得るのか、言い換えれば、その人たちの心身の健康、人生、尊厳、権利の信頼された擁護者（defenders）や提唱者（advocates）となり得るのか、という世代間倫理の領域にまで及ぶ。そして当然ながら、ある場所がより安全か否かを判断するのはマジョリティではなく、「現在マイノリティに属する人々[115]」に他ならない。

---

114 Ibid., p. 13.
115 「NCCジェンダー正義に関する基本方針案」（2024年3月12日採択）を参照。若い世代からのコメントに基づく。

Column ❻
ミッシオ・デイ（missio Dei）

　ラテン語で「神の宣教」を意味するミッシオ・デイ（missio Dei）は、1952年のヴィリンゲン（ドイツ）における宣教活動の神学的根拠についての議論を通じて、特に国際宣教協議会（IMC）にかかわる聖公会とプロテスタントの人々から提唱されてきた概念である[1]。

　ヴィリンゲン会議では、オランダの宣教学者J・C・ホーケンダイク（J. C. Hoekendijk, 1912-1975）らが宣教事業の地平を狭めるものとして「教会中心主義」を激しく批判し、イエス・キリストにおいて自らを啓示した三位一体の神こそが、宣教の中心に求められるべきではないかとの新たな着想が獲得された。ミッシオ・デイの概念では、「神の宣教」はもちろん教会の宣教によって示されるが、それは教会において／教会を通してのみ示されるものではなく、「あらゆる宣教の働きは（教会ではなく）神に帰属する」と考えられた。教会と宣教は共に歩みを進めるものであるが、「宣教によってこそ、教会は生きるものとなる」点が強調されたのである。

　宣教事業の派遣元は、当然ながら、教会や宣教協会という人間の組織・制度であった。これに対し、ミッシオ・デイは神中心の宣教論であるため、宣教の働きへと派遣する権威となり得るのは、ただ「派遣の神」（sending God）のみであると考えられた。宣教の主体は神であり、教会はこの「神の宣教」に責任応答的に参与する存在である。そして、宣教の働きは神→教会→世界ではなく、神→世界→教会の順序で捉えられなければならない。このように再考されるようになった背景には、19世紀の世界宣教が非キリスト教世界を「未開である」、「邪教に陥っている」、「サタンの手に落ちている」などの表現で貶めたり、現地の人々に

1　Tom Stansky, "missio Dei," in Nicholas Lossky et. al., eds., *Dictionary of the Ecumenical Movement*, 2nd Edition, WCC Publications, 2002, p. 780.

コラム6　ミッシオ・デイ（missio Dei）

改宗を強制したり、植民地主義と結託しながら教会拡張に取り組んだりしたことへの深い反省がある。

　1961年のニューデリー（インド）におけるWCC第3回総会では、ミッシオ・デイを要とする宣教のパラダイム転換が行われた。1968年のウプサラ（スウェーデン）における第4回総会では「他者のための教会」（"The Church for Others"）と題する宣教論のレポートが発表された。これは、WCC宣教研究部の委嘱を受けた西ヨーロッパと北米の研究グループによる共同研究の成果であり、ホーケンダイクらによって提起されてきたミッシオ・デイをWCCが世界宣教の命題として採択したことを示すものであった。このレポートでは、宣教の場は静的ですでに出来上がった世界ではなく、歴史としての世界、生きた世界、変化を続ける世界であると考えられた。

　ウプサラ総会は「世界が教会にアジェンダ（主題）を与える」と結論したこのレポートを高く評価し、①教会が貧しい人々、虐げられ、疎外されている人々の側にあるかどうか、②教会が、キリスト者が他者の課題を共に担うように導いているかどうか、③教会が、他の人々と共に、時のしるしを見分けるためにふさわしい状況に身を置いているかどうか、また新しい人間性の到来に向けて、歴史の中で活動するためにふさわしい状況にいるかどうかを、教会がイエス・キリストを現代の文脈において説得的に証ししているか否かを測る「永続的な評価基準」に位置付けた[2]。その後の展開として特に重要なのは、1990年にソウル（韓国）で開かれた「正義、平和、被造世界の保全」（Justice, Peace and Integrity of Creation: JPIC）世界会議で、ミッシオ・デイが人間世界だけでなく、被造世界全体に対してもなされるものであると理解された点である[3]。

　教会による複数形の「宣教」（missions）から単数形のミッシオ・デ

2　西原廉太「エキュメニズムに進むキリスト教」、荒井献・出村彰監修、栗林輝夫・西原廉太・水谷誠著『総説キリスト教史3 ── 近・現代篇』、日本キリスト教団出版局、2007年、253-254頁。他方、このレポートにも「西洋人こそが他者の保護者であり、その人たちを守り導く能力があるのだ」という高慢な態度が反映されているのではないかとの批判も巻き起こった。そうであれば、「他者のための教会」ではなく「他者と共なる教会」を目指すべきではないかとも論じられた。

3　同上、254頁。

イへの転換は、IMCが発行する『インターナショナル・レビュー・オブ・ミッションズ』誌（International Review of Missions）が『インターナショナル・レビュー・オブ・ミッション』誌（International Review of Mission）に変更された点にも表現されている。1966年に「ミッションズの時代は終わり、今やミッションの時代が始まった[4]」と語ったのは、ティルネルヴェーリ（南インド）の聖公会主教スティーブン・ニール（Stephen Neill, 1900-1984）であった。ニールは、教会は自らの働きをミッシオ・デイであると単純に主張することはできず、それはミッシオ・デイへの参加の反映である限りにおいて、本物であると言うことができると考えた。このようにして、かつて「伝道」（evangelism）と変わらぬものとして使われてきた「宣教」の概念は、神による癒しと和解の業（わざ）にかかわるあらゆる事柄を含むものとして、きわめて幅広く理解されるようになった。

---

4 David J. Bosch, *Transforming Mission: Paradigm Shifts in Theology of Mission*, Orbis Books, 1991, p. 391. Stephen Neill, *A History of Christian Missions*, Penguin, 1966 (first published in 1964), p. 572を参照。

結　論

　本書では、1990年代以降の世界教会協議会（WCC）の運動に「エキュメニカルの冬」（ecumenical winter）と呼ばれる停滞期をもたらしたと言われる問題群——女性の按手、ヒューマンセクシュアリティ、同性愛——をめぐる議論と実践が、2022年の「ジェンダー正義に関する基本原則」の採択までにどのような変遷を辿ってきたのかについて、2010年代以降の鍵概念である「ジェンダー正義」の視点から読み解いてきた。本章では各章を総括し、そこから導き出される論点が、2022年にカールスルーエ（ドイツ）で開催されたWCC第11回総会の総会前集会（pre-assembly）にどのような影響を与えているかについて捕捉的に見ておきたい。最後に本書の内容を踏まえて、「ジェンダー正義に関する基本原則」以降のエキュメニカル運動と研究において取り組まれるべき課題について考察する。

1　各章の総括

　第1章〈エキュメニカルの冬〉では、主流派プロテスタントの衰退だけでなく、女性の按手、同性愛などのヒューマンセクシュアリティをめぐる教会の対内的・対外的分裂が、「冬」の到来と関係付けられてきた経緯を整理した。リベラルな立場を取りやすいWCCやNCCの指導層を、教派横断的に存在する保守派の人々が「福音の敵」と難詰する例に見られるように、「教義は分かつが、奉仕は一つにする」（"Doctrine divides but service unites"）というかつてのスローガンに逆転が生じている点、エキュメニカル運動の再活性化のためには成長モデルからの脱却や、「信徒の参加」の再評価が欠かせない点を確認した。
　第2章〈信徒の参加〉では、WCC第1回総会に「教会における信徒の重要性」に関する委員会が設置されていた点や、「信徒の再発見」が「ラオス」

191

(laos)、「神の民」(people of God) などを従来よりもインクルーシブに再定義した点を確認した。1970年代以降に集合的用語としての「信徒」は後景に退くが、実際の信徒運動は「女性」や「障がい者」を含めて、すべての人のニーズに焦点を当てる諸運動へと分岐的に発展し、1990年代以降の「インクルーシブコミュニティに向けた信徒の参加」と呼ばれる新たな潮流を通して、「女性の参加」と合流していく経緯を確認した。

　第3章〈女性の参加〉では、ヘンリエッタ・ヴィッサートーフト゠ボダートを主な事例として、初期の女性たちがWCCの運動への平等な参加を訴えてきた点を確認した。次に、女性たちが「性差別は罪である」と宣言した西ベルリンでの国際会議（1974年）、コミュニティスタディ、WCCの組織運営の改善をめぐる一進一退の議論を俯瞰した。また、「教会が女性と連帯するエキュメニカルな10年」（教会女性10年）が女性のエンパワーメントだけではなく、性差別からの教会の解放を目的とした点、「女性に対する暴力」をめぐる経験の分かち合いに注力した点、WCC史上最大規模の訪問プログラムによって教会における暴力の問題に取り組んだ点、1998年のハラレ（ジンバブエ）におけるフェスティバルでは抑圧の交差性（intersectionality）が再認識された点について検討した。

　第4章〈女性の按手〉では、「リマ文書」の成立までの議論にかかわる主要文書を検討し、1963年のジュネーヴ会議において「按手からの女性の排除こそが問題である」と問い直された点を確認した。しかし、その後の議論に目覚ましい進展は見られず、1979年のクリンゲンタール会議においても、女性の完全な人間性を軽視した「一致」はありえないとの長年の反論が繰り返されなければならなかったのに対し、1970年のカルティニー会議では、（女性を含む）多様な人々の人間性が教会によって剥奪されてきたことが告発され、「すべての人々への按手」の可能性というインクルーシブなヴィジョンが展望された点について論じた。そこでは、「女性の按手」に賛成する人々ではなく、反対する人々こそがその根拠の立証責任を負うべきだという重大な転換が生じていた。

　第5章〈ヒューマンセクシュアリティ〉では、1960年代に同性愛が伝統的なクリスチャンファミリーを脅かすものと見なされていた点や、1980年代に長

結　論

く危険視されてきた女性の身体やセクシュアリティについての研究に取り組まれるようになった点を確認した。1990年代以降に同性愛が焦点化され、男性中心的な異性愛主義の問題も認識されるようになった。続いて、1998年の「1.10決議」を契機としてアングリカン・コミュニオンが分裂を深めた点や、正教会の指導層からの声高な不満に直面したWCCが、ハラレ総会以降、「エキュメニカルな場」の提供による対話の促進にポイントを移さざるを得なかった点について検討した。また、2000年代にグローバルノースとグローバルサウスの教会間の「同性愛」の理解をめぐる重大な齟齬が明らかになった点、過去の宣教活動が、グローバルサウスにおける同性愛嫌悪にある程度の責任を負っていると指摘されている点について論じた。一方、近年の総会では、正教会やアフリカの教会においてLGBTIQの人々のいのちと尊厳のために運動している人々が、世界各地の草の根のイニシアティブと連帯している点も確認した。

　第6章〈ジェンダー正義〉では、国連機関等における「ジェンダー正義」が2010年代にセクシュアリティの正義を含む概念に拡大される過程を概観してから、韓国のフェミニスト神学者ナムスン・カンをはじめとして、2000年代以降のエキュメニカル運動において「ジェンダー正義」がどのように論じられてきたかを検討した。また、「教会女性10年」から20周年を記念する国際協議では「ジェンダー正義に関する基本方針」の必要性があらためて提起され、ジェンダーアドバイザリーグループが立ち上げられた経緯についても言及した。続いて、2022年に「ジェンダー正義に関する基本原則」（以下、基本原則）が、女性と男性の公正な参加、セーフスペース、交差性などの重要な論点を提示する一方、性別二元論と異性愛規範の問題を乗り越えられなかった点を確認した。これを受けて、ヒューマンセクシュアリティに関するレファレンスグループが、同年、WCC構成体やエキュメニカルパートナーによる取り組みを学ぶためのリソースを提供し、「ジェンダーに基づく暴力」がジェンダー規範からの逸脱を疑われれば、誰しもが標的となり得ることや、それが子どもたちや若者、とりわけトランスジェンダーやインターセックスの人々に与える影響の甚大さを指摘した点にも注目した。

　以上のように本書では、WCCの運動史における「女性の参加」をめぐる積

年の議論と実践を基礎として、2010年代に提起された「ジェンダー正義」というエキュメニカルなヴィジョンが、様々な葛藤を伴いながらも、今日、従来型のバイナリーなアプローチを突破し、セクシュアリティの正義を包含するものへと刷新されようとしているプロセスを描出した。次節では、このような新たな展開が、基本原則以降のWCCにどのような影響を与えているかを検討するために、「女性と男性の公正なコミュニティ」（Just Community of Women and Men: JCWM）を主題とするカールスルーエの総会前集会に注目したい。

2　カールスルーエ総会における「ジェンダー正義」

「女性と男性の公正なコミュニティ」の会合では、女性／男性の境界線は必ずしも自明でない点がますます認識されるようになり、基本原則では触れられていなかった「ノンバイナリー」（nonbinary）、「性自認[1]」（gender identity）、「ジェンダーに適合しないコミュニティ」（non-gender conforming community）、「ジェンダー多様性」（gender diversity）が重要なキーワードとして俎上に載せられた。

この会合では「ジェンダー正義に関する基本原則」、「行動規範」、「教会が女性と連帯するエキュメニカルな10年」（Ecumenical Decade of Churches in Solidarity with Women: DCSW）20周年の国際協議で策定された諸戦略（第6章を参照）、「正義と平和の巡礼」（Pilgrimage of Justice and Peace: PJP）の女性チームによる訪問、PJP正教会女性会議（Orthodox Women's Meeting）などの重要資料が検討され、WCCの運動における「インクルーシブな参加とジェンダー正義に向けた変革のための働きの歴史[2]」が喜び祝われた。その上でこの会合は、継続的な取り組みが必要となる4つの領域について提言し、「Thursdays in Blackキャンペーン、『ジェンダー正義に関する基本原則』、行

---

[1] 聖書研究（使徒言行録8：26-39）では、不正義がいかに性自認や人種、民族、宗教に関連するアイデンティティを基礎として生じているかが問題化され、「何が排除を維持し、ラディカルな歓迎を妨げているのか」と問われた。
[2] "Message from the Just Community of Women and Men Pre-Assembly Meeting," World Council of Churches, *Christ's Love Moves the World to Reconciliation and Unity: Report of the WCC 11th Assembly, Karlsruhe, Germany, 2022*, WCC Publications, 2023, p. 260.

結 論

動規範、DCSW戦略、WCCや加盟教会による取り組みを持続させ、増幅させること[3]」を含め、WCC、加盟教会、エキュメニカルパートナーに対して10項目の行動を呼びかけている。以下にそのポイントを見ていこう。

①「暴力と虐待」のセクションでは、ジェンダー不正義の交差性に注意が払われている。パンデミック、気候的危機、紛争、戦争などが増幅させる性とジェンダーに基づく暴力（sexual and gender-based violence: SGBV）、オンライン空間における女性と子どもたちに対する暴力、配偶者を亡くした女性やシングルマザーが貧困や虐待のリスクに晒されやすい点が懸念された。これに関連して、人種的正義（racial justice）、経済的搾取・抑圧、軍事化・政治的暴力などを含む「ジェンダー正義の交差的側面（intersectional dimensions of gender justice）に取り組むこと[4]」が行動目標の一つに位置付けられた。画期的なのは、「LGBTQIAA＋コミュニティ」に対する暴力や聖職者による虐待の問題が、次のように言及されている点である。

> ハラレにおけるWCC総会が（1998年に）女性に対する暴力（violence against women）は罪であると宣言して以来、ほぼ四半世紀が経とうとしているが、悲しいことに、私たちの教会と社会のいずれにおいても、私たちは性とジェンダーに基づく暴力の話を耳にし続けている。私たちはその影響を、私たちのコミュニティ全体を通して追跡している。それはしばしば戦争の道具として、女性や子どもたちに対して、LGBTQIAA＋コミュニティに対して、難民、移住者、人身売買された女性たちに対して、先住民やマイノリティの女性や少女に対して影響を及ぼしており、しばしば人種主義、外国人嫌悪、選択的包摂（selective inclusion）とも重なり合っている。私たちは構造的で組織的な暴力を永続させる助けとなる、有害な神学的教義と聖書解釈を思い起こす。私たちの教会内部の暴力の存在、特に聖職者による虐待について、沈黙の文化（culture of silence）が続いていることを私たちは認める[5]。

3　Ibid., p. 263.
4　Idem.
5　Ibid., p. 261.

②プラクシス（ポリシーと実践）のセクションでは、先の引用に見られる「選択的包摂」が「家父長主義は女性たち、男性たち、あらゆるジェンダーの人々（people of all genders）を傷付け、搾取する。家父長主義の運用や女性と男性の間の力の不均衡は、権力を持つ人々によって設定された条件を伴う包摂を生み出す[6]」という言葉で説明される。また、ここで「按手」という言葉は使われていないが、キリスト教共同体では性とジェンダーに基づく差別が正当化され、「神学教育や聖職への道（entry in to ministry）が開かれても、女性たちが可能性を最大限に発揮して奉仕することを妨げる障壁が存在する[7]」と指摘されている。

③「権利と責任」のセクションでは、「ジェンダー正義は、私たちの教会と共同体のすべての方針、言語、プログラム、構造、制度において、実施と説明責任に注意を払いながら主流化されなければならない[8]」と明瞭に主張されている。そのための実際的な課題として、「女性のエンパワーメントのために適切な資源を配分することはきわめて重要であり、それにはジェンダーに対応した予算編成（gender-responsive budgeting）が含まれなければならない[9]」点も指摘され、行動目標の一つに取り入れられた。そして注目に値するのは、このセクションで性別二元論の問題性が次のように問われた点である。

> コンセンサスが得られていないことを認めつつも、非常に多くの人々が、現在のJCWMの性別二元論的な枠組みに異議を唱えた。変化は、ノンバイナリーやジェンダーに適合しないコミュニティ（non-gender conforming community）の人々を尊重するための言葉の変容から始まるかもしれない[10]。

この点に関連して、「ノンバイナリーやジェンダーに適合しないコミュニ

6　Idem.
7　Idem. これに関連して、トランスフォーマティブ・マスキュリニティーズのための取り組みが緊急かつ不可欠であると提言される。
8　Ibid., p. 262.
9　Idem.
10　Idem.

ティの人々を尊重するために言葉遣いを変えること[11]」が行動目標に加えられ、ジェンダー多様性をめぐる対話と肯定を生み出すためのセーファースペースの必要性が再確認された。しかし、ジェンダー多様性というキーワードが用いられる一方で、「トランスジェンダー」という言葉だけが巧妙に避けられているように思われる点には、トランスジェンダーの女性たちを「女性」と認めないにもかかわらず、フェミニストを自称するトランス排除的ラディカルフェミニスト[12] (trans-exclusive radical feminist: TERF) の影響を疑い得る。このようにして、文書の焦点は再び「女性」に戻っていくことになる。

④「尊敬を込めた肯定」のセクションに見られる「女性たちがまだ苦しんでいる限り、私たちは可視的一致（visible unity）と和解を見ることはできない[13]」という言葉には、明らかに「キリストの愛が世界を和解と一致へと動かす」というカールスルーエ総会の主題が意識されている。以下の引用に見られるように、「女性と男性の公正な共同体」の実現に向けて行動する人々は、ジェンダー正義を妥協することによって維持される「教会の一致」に一切の興味を示さないのである。

> 神の共同体は、女性たちの生きた経験を薄め、退け、否定するようないわゆる一致（so-called unity）によって奉仕されるものではない。一致を優先すること（prioritization of unity）で、女性と男性を傷付けている現実の問題を深く掘り下げ、探究することを妨げてはならない[14]。

11　Ibid., p. 263.
12　Sally Hines, "The Feminist Frontier: On Trans and Feminism," in Tasha Oren, Andrea Press eds., *The Routledge Handbook of Contemporary Feminism*, Routledge, 2019, pp. 94-96 を参照。TERF は2008年に米国のフェミニストのブログに登場して以来、フェミニストとトランスジェンダーの運動の語彙として確立されつつも、論争を呼び続けている。ジャニス・レイモンド（Janice Raymond）は1979年の *The Transsexual Empire* で、ジェンダーは生物学的性（biological sex）の表現であり、染色体に依存するため、ジェンダーとセックスは出生時に固定されると主張した。男性から女性への性別移行は、家父長制的な医療システムによって考案された男性の行為（male practice）であり、「性転換」した男性は女性ではないとレイモンドがあからさまに述べたことは、反トランスジェンダー的な偏見の正当化につながったと見なされている。トランス排除的な人々はTERFと呼ばれることを中傷的であると感じ、自らを「ジェンダークリティカル」（gender-critical）などと呼ぶ。
13　"Message from the Just Community of Women and Men Pre-Assembly Meeting," p. 262.
14　Idem.

3　運動の課題 ── セーファースペース

　次に考えたいのは、「ジェンダー正義に関する基本原則」以降のエキュメニカル運動では、どのような課題に取り組む必要があるかという点である。それは端的に言って、性的指向・性自認・性的特徴・性表現（SOGIESC）に基づくあらゆる暴力に反対し、神の助けによって、教会や神学教育機関をはじめとするコミュニティをセーファースペースに向かって変革させていくことに他ならない。その際に留意されるべきポイントは、以下の通りである。

　第一に、セーファースペースは、シスジェンダーの女性たちだけでなく、トランスジェンダーの女性たちにとっても安全な場所でなければならない。「女性と男性の公正なコミュニティ」の総会前集会が「あらゆるジェンダーの人々」に言及した点は評価されるべきだが、先に述べたように、トランスジェンダーの女性たちはなお暗黙のうちに排除されているように思われる。トランスミソジニー（transmisogyny）を含むトランスフォビアへの反対は、「ジェンダー正義」を宣教的使命とする運動にとって必須の課題である。

　第二に、レイプと暴力のない世界を目指すThursdays in Blackや、ジェンダーに基づく暴力に反対するアクティビズムの16日間（16 Days of Activism against Gender-based Violence）などの国際キャンペーンとの連帯は、WCC、加盟教会、エキュメニカルパートナーがセーファースペースに向かって変革されていくための一助となり得るが、その一方で、キリスト教界におけるタブーの一つであり続けている「男性聖職者による性暴力」（male clergy sexual abuse）の問題をこれ以上放置すべきでない。本書では詳しく取り上げられなかったが、WCC「教会と社会における女性」プログラムが世界学生キリスト者連盟（WSCF）と2013年に共同出版した『牧師たちが苛む時 ── 女性に対する聖職者による性暴力を克服するために[15]』（*When Pastors Prey: Overcoming Clergy Sexual Abuse of Women*）や、全聖公会中央協議会（ACC）が2019年に発表した『セーフチャーチ ── 始め方のガイド[16]』（*Safe Church: How to Start Guide*）など、2010

15　Valli Boobal Batchellr ed., *When Pastors Prey: Overcoming Clergy Sexual Abuse of Women*, WCC Publications, 2013.
16　Anglican Communion Safe Church Commission, *Safe Church: How to Start Guide*, The Anglican

年代以降には画期的なリソースが多く公開されている。ローマ・カトリック教会の聖職者による子どもたちへの性暴力が2000年代に相次いで告発されたことも、このような動きの背景となっている[17]。これからの運動では、教会から匿われやすいという特権を与えられている聖職者による性暴力の問題について、人々が心身を脅かされることなく話し合うことのできる「小さなセーファースペース」の準備から始められる必要があるだろう。それは同時に、性被害だけでなく、神学生たちは安全な環境で学ぶことができているのかを含めて、一人ひとりの安全にかかわる大小様々な話題について、恐れなしに対話が始められる場でなければならない。

第三に、セーファースペースの必要性はもはや現実世界に限らない。WCCは2022年、世界キリスト教コミュニケーション協会（World Association for Christian Communication: WACC）とともに、オンラインのヘイトスピーチ、荒らし行為（trolling）、フェイクニュースに対処するための手引きを発行している[18]。ジェンダー正義の観点からも「デジタル・ジャスティス」（digital justice）がきわめて重要であることは、2023年の第67回国連女性の地位委員会（CSW）の一環として、ルーテル世界連盟（LWF）とACTアライアンスが共催したイベントにおいて、インターネット上のハラスメント、ストーカー行為、グルーミングなどの問題が取り上げられた点にも表れている[19]。

第四に、安全についての意識を高めるプログラムなどの実施を可能にするためには、先に触れた「ジェンダーに対応した予算編成」が行われなければならない。教会の意思決定にかかわる人々を説得するという困難な仕事を成し遂げなければならないが、そのための手がかりはすでに用意されている。例えば、正教会の神学者ラスコ・ヨビッチによれば、ロシアの神学者ソロビエフ（Soloviev）は「地上に天国を生み出すことができないが、地上の生活が地獄に

  Consultative Council, 2023.
[17] 日本聖公会・ワーキンググループ編「すべてのアングリカン・コミュニオンの人々、ことに子ども、青年、弱い立場のおとなの安全を高めるための『セーフ・チャーチ・ガイドライン』日本聖公会版策定を目指して」、2023年、2頁.
[18] Erin Green, *Digital Justice: A Study and Action Guide*, WACC and WCC Publications, 2022.
[19] P. Hitchen, "CSW: Churches Working for a Safe and Inclusive Cyberspace," Lutheran World Federation, March 10, 2023. https://www.lutheranworld.org/news/csw-churches-working-safe-and-inclusive-cyberspace, accessed November 17, 2023.

なることも許されない[20]」と語ったのに対し、洗礼者ヨハネは、地上の生活が地獄にならないようにするだけでなく、来たるべき神の国を象徴するために努力しなければならないと教えている。敷衍すれば、セーファースペースのために必要なのは不正義の告発だけでなく、ジェンダーポリシーやガイドラインの採択であり、エキュメニカルな戦略の策定であり、個別具体的なプログラムの設計であり、予算編成を含めたプロジェクトマネジメントである。

　第五に、セーファースペースを作り出していくためには、様々なSOGIESCを生きる人々のエンパワーメントが不可欠であるが、同時に、他の人々が可能性を発揮することを妨害したり、その人たちの意欲を削いだりするディスエンパワーメントの暴力性にも教会は注意深くあらねばならない。

4　研究の課題 ── プロテスタント・エートス

　続いて、これからのエキュメニカル研究の課題についても考えておきたい。本書で詳しく扱うことのできなかった問題領域は、聖職者による性暴力の他にも多くある。例えば、それは1990年代以降の「インクルーシブコミュニティに向けた信徒の参加」の焦点の一つであった「障がいと共に生きる人々」(people living with disabilities)、そして、教会の指導層から「女性」と並んで一括りにされやすい「若者」(youth)や「子どもたち」(children)にかかわる諸課題である。後者については、気候的正義とのつながりにも注目しながら、今後の研究で取り組んでいきたい。それに対して、本書全体を通じて最も鋭く突きつけられたのは、正教会の指導層が非難する「プロテスタント・エートス」(Protestant ethos)という難題ではないだろうか。

　一方では、「女性の按手」や「同性愛」に関する正教会の断罪的態度に接することが、ジェンダーやセクシュアリティを理由とする排除に反対する（プロテスタントを中心とする）人々にとって、大いに気持ちを挫かれる経験となってきた点は否定できない。そのような機会の積み重ねが、プロテスタントの人々から正教会そのものに対する健全な関心を失わせてきたことは、皮肉にも

20　Rastko Jovic, "Doing Gender Justice as a Mission Imperative: God's Justice and Ours," *International Review of Mission*, 104 (1), April 2015, p. 30.

結 論

WCCにおける「プロテスタント・エートス」を強化してきたのではないかと推測できる。

　他方では、本書の研究を通して、すべての人のいのちと尊厳のラディカルな肯定のために思考し、行動してきた正教会の人々の存在と、その人たちから学ぶための文献資料の所在を概ね把握することができた。「女性の按手」に反対する正教会において、女性たちはどのようにエキュメニカル運動に参加してきたのか。彼女たちは「ジェンダー正義に関する基本原則」をどのように捉えているのか。フィンランド正教会のヘイッキ・フットネンは、どのようにして「女性の按手」や同性愛者の権利を支持するエキュメニカルリーダーとなったのか。正教会におけるLGBTの人々の包含は、いつからどのように挑戦されてきたのか[21]。このような問いをきっかけに正教会の人々から学ぼうとすることは、ジェンダー正義の働きにさらなる連帯の可能性を切り開く。それは容易な試みであるとは言えないが、カールスルーエに集った人々からのエキュメニカルな呼び声に応えようとするとき、目先の不可能性はもとより問題にならないことだろう。

　　教会生活における共同かつ公正な参加なくして、私たちは人間性、イマゴ・デイ、そして、イエス・キリストが私たちに与えられた満ち足りたいのちの経験について語ることはできない。教会はキリストの体であり、キリストは完全な人間である（fully human）。ジェンダー正義は、キリスト教会としての私たちの真のアイデンティティにかかわる課題なのである（Gender justice is an issue of our authentic identity as Christian churches）[22]。

　教会、エキュメニカル運動、ジェンダー正義へのコミットメントを表すために、最後に「私たち」という主語を使って、次のように結論したい。私たちが一つの信仰を分かち合いながらも、互いに異なる者たちであることは、ジェン

21　Misha Cherniak, Olga Gerassimenko, Michael Brinkschröder, eds., *For I Am Wonderfully Made: Texts on Eastern Orthodoxy and LGBT Inclusion*, European Forum of Lesbian, Gay, Bisexual and Transgender Christian Groups, 2016 などを参照。
22　"Message from the Just Community of Women and Men Pre-Assembly Meeting," p. 264.

ダーやセクシュアリティをどのように理解するかをめぐって生じた諸教会の対内的・対外的分裂に見られるように、「エキュメニカルの冬」においてより鮮明に可視化されてきた。しかしながら、男性聖職者中心的となったWCCの運動史を、信徒、女性、その他のマイノリティの完全な参加（full participation）を抜きにした「一致」はあり得ないものと知り、神の助けによって、祈り、思考し、連帯してきた人々の信仰運動の記録として読み直す時、私たちが今この時にも、互いの姿を鏡に映しながら気付き合い、人間コミュニティ全体（さらには、いのち全体）の綻びを繕うために、共に行動するように招かれていることは明らかである。インクルーシブコミュニティに向かって教会が刷新されていくために、そして、完全な人間であるキリストのゆえに、「ジェンダー正義」は今日、すべての教会を結び合わせるエキュメニカルなアイデンティティとして、私たち一人ひとりに問われようとしている。

参考文献一覧

＊外国語文献はアルファベット順、日本語文献は五十音順、その他の諸資料は発行年の古いものから順に記載した。また、新聞記事やインターネット関連の諸資料については割愛した。

外国語文献
【事典】

Chapman, Mark D., Clarke, Sathianathan., Percy, Martyn. (eds.), *The Oxford Handbook of Anglican Studies* (Oxford University Press, 2015).

Gabriele Griffin. (ed.), *The Oxford Dictionary of Gender Studies* (Oxford University Press, 2017).

Lossky, Nicholas., Bonino, José Míguez., Pobee, John., Stransky, Tom F., Wainwright, Geoffrey., Webb, Pauline. (eds.), *Dictionary of the Ecumenical Movement*, 2nd Edition (WCC Publications, 2002).

Oren, Tasha., Press, Andrea. (eds.), *The Routledge Handbook of Contemporary Feminism* (Routledge, 2019).

Wainwright, Geoffrey., McPartlan, Paul. (eds.), *The Oxford Handbook of Ecumenical Studies* (Oxford University Press, 2021).

【WCC総会・公式報告書】

Visser 't Hooft, Willem A. dolph. (ed.), *The First Assembly of the World Council of Churches: Held at Amsterdam, August 22nd to September 4th, 1948* (World Council of Churches, SCM Press, 1949).

Visser 't Hooft, W. A. (ed.), World Council of Churches, *The Evanston Report: The Second Assembly of the World Council of Churches, 1954* (SCM Press, 1955).

Visser 't Hooft, W. A. (ed.), *The New Delhi Report: The Third Assembly of the World Council of Churches* (World Council of Churches, 1962).

Goodall, Norman. (ed.), *The Uppsala Report 1968: Official Report of the Fourth Assembly of the World Council of Churches* (World Council of Churches, 1968).

Paton, David M. (ed.), *Breaking Barriers: Nairobi, 1975: The Official Report of the Fifth*

Assembly of the World Council of Churches, Nairobi, 23 November – 10 December (Eerdmans, 1976).

Gill, David. (ed.), *Gathered for Life: Official Report (VI Assembly, World Council of Churches, Vancouver, Canada, 24 July – 10 August 1983)* (World Council of Churches, 1983).

Kinnamon, Michael (ed.), *Signs of the Spirit: Official Report of the Seventh Assembly of the World Council of Churches* (World Council of Churches, 1991).

Kessler, Diane. (ed.), *Together on the Way: Official Report of the Eighth Assembly of the World Council of Churches* (WCC Publications, 1999).

Rivera-Pagán, Luis N. (ed.), *God, in Your Grace…: Official Report of the Ninth Assembly of the World Council of Churches* (WCC Publications, 2007).

Senturias, Erlinda N., Jr. Gill, Theodore A. (eds.), *Encountering the God of Life: Official Report of the 10th Assembly of the World Council of Churches* (WCC Publications, 2014).

World Council of Churches. *Christ's Love Moves the World to Reconciliation and Unity: Report of the WCC 11th Assembly, Karlsruhe, Germany, 2022* (WCC Publications, 2023).

【主要参考文献・論文】

Allan, Gail. *Piecing Hope: The Ecumenical Decade of Churches in Solidarity with Women and Justice for Women in Canada*, Ph.D. Thesis (University of Toronto, 2004).

Allan, Gail. "We Intend to Move Together: The Story of Ecumenical Women on a Pilgrimage of Gender Justice," *International Review of Mission*, 104 (1), April 2015, 3-17.

Allan, Gail., Abuom, Agnes., Tveit, Olav Fykse., Merlyn, Hyde. "Celebrating Women, Addressing the Wounds: Commemorating the Culmination of the Ecumenical Decade of the Churches in Solidarity with Women," *The Ecumenical Review*, 72 (1-2), January-April, 2019, 32-55.

Appiah, Evelyn. "Laity and Inclusive Community," *The Ecumenical Review*, 45 (4), 1993, 437-442.

Appiah, Evelyn V. "Empowering the Laity," *One World*, 188, August – September 1993, 9-11.

参考文献一覧

Apostola, Nichola (ed.), *A Letter from Christ to the World: An Exploration of the Role of the Laity in the Church Today* (WCC publications, 1998).

Arce-Valentin, Dora. "Introduction to the Justice and Partnerships' Work on Gender Justice," *Reformed World*, 66 (2), 2016, 2-8.

Ashwood, Nicqi., Gunda, Masiiwa. *Mitigating Racial and Gender (In)Justice: An Invitation to Collaborate with the WCC* (World Council of Churches, 2024).

Bam, Brigalia. (ed.), *What is Ordination Coming To? Report of a Consultation on the Ordination of Women, Cartigny, Switzerland, 1970* (World Council of Churches, Department on Cooperation of Men and Women in Church, Family, and Society, 1971).

Barot, Madeleine. "Considerations on the Need for a Theology of the Place of Women in the Church," *The Ecumenical Review*, 7 (2), January 1955, 151-160.

Batchelor, Valli Boobal. (ed.), *When Pastors Prey: Overcoming Clergy Sexual Abuse of Women* (WCC Publications, 2013).

Bates, H. N. (ed.), *Faith and Order: Proceedings of the World Conference, Lausanne, 3-21 August 1927* (World Council of Churches, 1927).

Becher, Jeanne. (ed.), *Women, Religion and Sexuality: Studies on the Impact of Religious Teachings on Women* (WCC Publications, 1990).

Bent, Ans J. van., *W. A. Visser't Hooft: Fisherman of the Ecumenical Movement* (WCC Publications, 2000).

Best, Thomas F. "The Community Study: Where Do We Go from Here?," *The Ecumenical Review*, 40 (1), January 1988, 48-56.

Best, Thomas F. (ed.), *Faith and Order at the Crossroads: Kuala Lumpur 2004: The Plenary Commission Meeting* (WCC Publications, 2005).

Bismarck, Klaus von., Mathew, E. V., Matten, Mollie. "The Laity: The Church in the World," *The Ecumenical Review*, 14 (2), January 1962, 203-206.

Bliss, Kathleen. *The Service and the Status of Women in the Church* (Student Christian Mission Press, 1952).

Bliss, Kathleen. "The Ecumenical Movement and the Role of the Laity," *The Ecumenical Review*, 10 (3), April 1958, 249-254.

Bliss, Kathleen. *We, the People* (SCM Press, 1963).

Boddaert, Henriette. "Eve, Where Art Thou?," *The Student World*, Serial Number 114,

Vol. 29, Number 3, Third Quarter, 1936, 208-220.

Brash, Alan A. *Facing Our Differences: The Churches and Their Gay and Lesbian Members* (World Council of Churches, 1995).

Briggs, John., Oduyoye, Mercy Amba., Tsetsis, Georges. (eds.), *A History of the Ecumenical Movement: Volume 3, 1968-2000* (WCC Publications, 2004).

Central Committee of the World Council of Churches. *Minutes of the Forty-Fifth Meeting, Johannesburg, South Africa, 20-28 January 1994* (World Council of Churches, 1994).

Chakko, Sarah. "Reflections on Recent Travels in Europe and North America," *The Ecumenical Review*, 3 (1), January 1951, 148-149.

Coles, David. "Reclaiming the Sacredness and the Beauty of the Body: The Sexual Abuse of Women and Children from a Church Leader's Perspective," *The Ecumenical Review*, 54 (3), July 2002, 228-234.

Crawford, Janet Estridge. "Rocking the Boat: Women's Participation in the World Council of Churches 1948-1991," Ph.D. dissertation (Victoria University of Wellington, 1995).

El Awady, Mahrinaz. "Does Gender Justice Matter?" (Economic and Social Commission for Western Asia, United Nations, 2015).

Evans, Gillian R. *Method in Ecumenical Theology: The Lessons So Far* (Cambridge University Press, 1996).

Fey, Harold C. (ed.), *A History of the Ecumenical Movement: Volume 2, 1948-1968* (WCC Publications, 2004).

Gnanadason, Aruna. *No Longer A Secret: The Church and Violence Against Women* (WCC Publications, 1993).

Gnanadason, Aruna. *Church and Gender Justice* (Indian Society for Promoting Christian Knowledge, 2020).

Gnanadason, Aruna. *With Courage and Compassion: Women and the Ecumenical Movement* (Fortress Press, 2020).

Goh, Joseph N., Bong, Sharon A., Kananatu, Thaatchaayini. (eds.), *Gender and Sexuality Justice in Asia: Finding Resolutions through Conflicts* (Springer, 2021).

Goldie, Rosemary. "The Laity in the Ecumenical Movement," *Gregorianum*, 68 (1/2), 1987, 307-337.

Gros, Jeffrey., Meyer, Harding., Rusch, William G. (eds.), *Growth in Agreement II: Reports and Agreed Statements of Ecumenical Conversations on a World Level, 1982-1998*, Faith and Order Paper No. 187 (WCC Publications, 2000).

Grüter, Verena. "Gender Justice in Pluralistic Societies: Challenges for Theological Education," *International Review of Mission*, 102 (2), April 2013, 82-93.

Hammar, Anna Karin. "Staying Together?: on Ecumenism, Homosexuality and Love," *The Ecumenical Review*, 56 (4), October 2004, 448-458.

Hanigan, James P. "The Centrality of Marriage," *The Ecumenical Review*, 50 (1), January 1988, 54-68.

Herzel, Susannah. *A Voice for Women: The Women's Department of the World Council of Churches* (World Council of Churches, 1981).

Htun, Mala., Weldon, S. Laurel. *The Logics of Gender Justice: State Action on Women's Rights around the World* (Cambridge University Press, 2018).

Jovic, Rastko. "Doing Gender Justice as a Mission Imperative: God's Justice and Ours," *International Review of Mission*, 104 (1), April 2015, 26-36.

Kang, Namsoon. "The Centrality of Gender Justice in Prophetic Christianity and the Mission of the Church Reconsidered," *International Review of Mission*, 94 (373), April 2005, 278-289.

Kang, Namsoon. "God, in Your Grace, Transform Our Churches," in Luis N. Rivera-Pagán. (ed.), *God, in Your Grace...: Official Report of the Ninth Assembly of the World Council of Churches*, WCC Publications, 2007, 90-96.

Kanyoro, Musimbi. (ed.), In *Search of a Round Table: Gender, Theology and Church Leadership* (WCC Publications, 1997).

Kaper, Gudrun. *Eva wo bist du?: Frauen in internationalen Organisationen der Öikumene* (Burckhardthaus-Laetare Verlag, 1981).

Keum, Jooseop. (ed.), *Together Toward Life: Mission and Evangelism in Changing Landscapes with a Practical Guide* (WCC Publications, 2013).

Kinnamon, Michael. *Vision of the Ecumenical Movement: And How It Has Been Impoverished by Its Friends* (Chalice Press, 2003).

Kinnamon, Michael. *Can a Renewal Movement Be Renewed?: Questions for the Future of Ecumenism* (Eerdmans, 2014).

Kinnamon, Michael. Cope, Brian E. (eds.), *The Ecumenical Movement: An Anthology of*

Key Texts and Voices (WCC Publications, 1997).

Koshy, Ninan. *A History of the Ecumenical Movement in Asia, Volume 1* (World Student Christian Federation, Asia-Pacific Region, Asia and Pacific Alliance of YMCAs, Christian Conference of Asia, 2004).

Kraemer, H. *A Theology of the Laity* (Lutterworth Press, 1958).

Kurian, Manoj. "An Ecumenical Framework for a Liberative Human Sexuality: Toward a Culture of Justice and Peace," *The Ecumenical Review*, 64 (3), October 2012, 338-345.

Lamis, Liza B. "Empowering the Church for Gender Justice," *CTC Bulletin*, 23 (3), 2007, 28-34.

Lamis, Liza. "Gender Justice and the Discourse on Sexual Minorities in Asian Ecumenism," in Antone, Hope., Longchar, Wati., Bae, Hyunju., Huang, Po Ho, Werner, Dietrich. (eds.), *Asian Handbook for Theological Education and Ecumenism*, World Council of Churches, 2013, 363-367.

Lange, Ernst. *And Yet It Moves: Dream and Reality of the Ecumenical Movement* (Eerdmans, 1979).

Larsson, Birgitta. "A Quest for Clarity: The World Council of Churches and Human Sexuality," in *The Ecumenical Review*, 50 (2), January 1998, 30-40.

LenkaBula, Puleng. "Geneva 1966 and Contemporary Concerns for Ecological and Gender Justice," *The Ecumenical Review*, 59 (1), January 2007, 77-86.

Liveris, Leonie B. "Ecumenism at Cost: Women, Ordination and Sexuality," *Journal of Ecumenical Studies*, 41 (1), Winter 2004, 55-73.

Liveris, Leonie B. *Ancient Taboos and Gender Prejudice: Challenges for Orthodox Women and the Church* (Routledge, 2017).

Mateus, Odair Pedroso. "A Century of World Conferences on Faith and Order," *The Ecumenical Review*, 72 (2), April 2023, 154-171.

Maxson, Natalie. *Journey for Justice: The Story of Women in the WCC* (WCC Publications, 2016).

May, Melanie A. (ed.), *Women and Church: The Challenge of Ecumenical Solidarity in an Age of Alienation (Faith and Order Series)* (Eerdmans, 1991).

Moltmann, Jürgen. "Henriette Visser 't Hooft and Karl Barth," *Theology Today*, 55 (4), 1999, 524-531.

Mott, John R. *Liberating the Lay Forces of Christianity: The Ayer Lectures for 1931* (Macmillan, 1932).

Moyo, Fulata Lusungu. "We Demand Bread and Roses When We Are Hired: Gender Justice in Workplaces: A Feminist Ethical Perspective," *The Ecumenical Review*, 64 (3), October 2012, 254-266.

Mukhopadhyay, Maitrayee., Singh, Navsharan. (eds.), *Gender Justice, Citizenship and Development* (Zubaan Publications, 2007).

Nadar, Sarojini., Ueti, Paulo., Jodamus, Johnathan. "Toward Gender Justice: Reimagining Religion, Race, Gender, and Sexuality in Acts 8:26-40," *The Ecumenical Review*, 75 (1), January 2023, 96-111.

Neill, Stephan C., Weber, Hans-Ruedi. (eds.), *The Layman in Christian History: A Project of the Department of the Laity of the World Council of Churches* (S.C.M. Press, 1963).

Neill, Stephen. *A History of Christian Missions*, Penguin, 1966 (first published in 1964).

Nelson, R. David., Raith II, Charles. *Ecumenism: A Guide for the Perplexed* (T&T Clark, 2017).

Noble, Ivana. *Essays in the Ecumenical Theology I: Aims, Methods, and Contexts* (Brill, 2019).

Norwood, Donald W. *Pilgrimage of Faith: Introducing the World Council of Churches* (WCC Publications, 2018).

Oduyoye, Mercy. *Who Will Roll the Stone Away? The Ecumenical Decade of the Churches in Solidarity with Women* (WCC Publications, 1990).

Parlin, Charles C. "Are Laymen Being Muzzled," *The Ecumenical Review*, 14 (4), July 1962, 472-479.

Parvey, Constance F. (ed.), *Ordination of Women in Ecumenical Perspective: Workbook for the Church's Future*, Faith and Order Paper No. 105 (World Council of Churches, 1980).

Parvey, Constance F. (ed.), *The Community of Women and Men in the Church: The Sheffield Report* (World Council of Churches, 1983).

Peacock, Phillip. "Some Insights on Imago Dei in Light of Our Present Context," *Reformed World*, 66 (2), 2016, 37-45.

Peacock, Philip Vinod. "Keynote: Justice," *Reformed World*, 67 (2), 2017, 24-29.

Perumalla, Amritha Bosi. "Gender Justice: Who Speaks for Whom?," *Reformed World*,

66 (2), 2016, 46-53.

Phiri, Isabel Apawo. "Keynote: Gender Justice," *Reformed World*, 67 (2), 2017, 13-23.

Pizzey, Antonia. *Receptive Ecumenism and the Renewal of the Ecumenical Movement: The Path of Ecclesial Conversion* (Brill, 2019).

Raiser, Elisabeth. "Inclusive Community," in Briggs, John., Oduyoye, Mercy Amba., Tsetsis, Georges. (eds.), *A History of the Ecumenical Movement, Volume 3, 1968-2000*, WCC Publications, 2004, 243-277.

Raiser, Konrad. "Laity in the Ecumenical Movement: Redefining the Profile," *The Ecumenical Review*, 45 (4), 1993, 375-383.

Raiser, Konrad. *Ecumenism in Transition: A Paradigm Shift in the Ecumenical Movement* (World Council of Churches, 1991).

Root, Michael. "Ecumenical Winter," *First Things*, 286, October 2018, 33-39.

Senturias, Erlinda N., Lamis, Liza B. (eds.), *Building HIV Competent Churches: Called to Prophesy, Reconcile and Heal* (Christian Conference Asia, 2010).

Sharpe, Keith. *The Gay Gospels: Good News for Lesbian, Gay, Bisexual and Transgendered People* (John Hunt Publishing, 2011).

Sheerattan-Bisnauth, Patricia., Peacock, Philip Vinod. (eds.), *Created in God's Image from hegemony to Partnership: A Church Manual on Men as Partners: Promoting Positive Masculinities* (World Communion of Reformed Churches, World Council of Churches, 2010).

Shuib, Reshidah., Endut, Naraida., Wong, Diana. (eds.), *Debating Gender Justice in Asia* (Penerbit Universiti Sains Malaysia, 2016).

Smith, Robin. *Living in Covenant with God and One Another: A Guide to Study of Sexuality and Human Relations Using Statements from Member Churches of the World Council of Churches* (World Council of Churches, 1990).

Soares, Judith. "Gender Justice and the Christian Mission," *The Journal of Religious Thought*, 57 (2), 2001, 67-82.

Suleeman, Stephen., Udampoh, Amadeo D. (eds.), *Siapakah Sesamaku?: Pergumulan Theologi dengan Isu-isu Keadukab Gender* (Sekolah Tinggi Filsafat Theologi Jakarta, 2019).

Tjørhom, Ola. "An 'Ecumenical Winter'?: Challenges in Contemporary Catholic Ecumenism," *The Heythrop Journal*, 49 (5), September 2008, 841-859.

UNIFEM. (ed.), *Gender Justice: Key to Achieving the Millennium Development Goals* (UNIFEM, 2022).

United Nations Development Programme (UNDP). "Gender Justice & the Law: Assessment of Laws Affecting Gender Equality in the Arab States Region" (UNDP, 2018).

Visser 't Hooft, W. A., Oldham, J. H. *The Church and Its Function in Society* (Willet, Clark & Company, 1937).

Visser 't Hooft, Willem Adolf. "Karl Barth and the Ecumenical Movement," *The Ecumenical Review*, 32 (2), April 1980, 129-151.

Visser 't Hooft W. A. *The Genesis and Formation of the World Council of Churches* (World Council of Churches, 1982).

Walker-Smith, Angélique Keturah. *Ahead of Her Time: Pan African Women of Faith and the Vision of Christian Unity, Mission, and Justice* (WCC Publications, 2023).

Walz, Hans Hermann. "Lay, Theology of the Laity, Laymen's Work," *The Ecumenical Review*, 6 (4), July 1954, 469-475.

Webb, Pauline. "Gender as an Issue," *The Ecumenical Review*, 40 (1), January 1988, 4-15.

Webb, Pauline. *She Flies Beyond: Memories and Hopes of Women in the Ecumenical Movement* (WCC Publications, 1993).

Weber, Hans Ruedi. "The Ecumenical Movement, the Laity, and the Third Assembly," *The Ecumenical Review*, 13 (2), January 1961, 203-214.

Werner, Dietrich. "'And Yet It Moves': Dream and Reality of the Ecumenical Movement – Reflections on the 11th Assembly of the World Council of Churches in Karlsruhe," *The Ecumenical Review*, 75 (1), January 2023, 16-32.

World Council of Churches. *Revised Interim Report of a Study on the Life and Work of Women in the Church: Including Reports of an Ecumenical Conference of Church Women, Baarn, Holland, and of the Committee on "The life and work of Women in the Church" of the Assembly of the World Council of Churches, Amsterdam, 1948* (World Council of Church, 1948).

World Council of Churches. *New Delhi Speaks* (SCM Press, 1962).

World Council of Churches. "Faith and Order, Louvain, 1971: Study Reports and Documents," Faith and Order Paper No. 59 (World Council of Churches, 1971).

World Council of Churches. *Sexism in the 1970s, Discrimination Against Women: A Report of a World Council of Churches Consultation, West Berlin*, 1974 (World Council of Churches, 1975).

World Council of Churches. "Towards an Ecumenical Consensus on Baptism, Eucharist, and the Ministry: A Response to the Churches," Faith and Order Paper No. 84 (World Council of Churches, 1977).

World Council of Churches. *Study on the Community of Women and Men in the Church* (World Council of Churches, 1978).

World Council of Churches. *Ecumenical Decade 1988-1998: Churches in Solidarity with Women: Prayers & Poems, Songs & Stories* (WCC Publications, 1988).

World Council of Churches. *When Christian Solidarity Is Broken: A Pastoral and Educational Brochure Addressing the Issue of Sexual Harassment* (World Council of Churches, 1991).

World Council of Churches. *Living Letters: A Report of Visits to the Churches during the Ecumenical Decade – Churches in Solidarity with Women* (World Council of Churches, 1997).

World Council of Churches. "Towards a Common Understanding of Laity/Laos: Opening Remarks," (World Council of Churches, 1997).

World Council of Churches. *Together with Courage: Women and Men Living without Violence Against Women* (WCC Publications, 1998).

World Council of Churches. *Stream of Grace* (World Council of Churches, 2005).

World Council of Churches. *Just Peace Companion*, 2nd edition (WCC Publications, 2012).

World Council of Churches. *The Church: Towards a Common Vision*, Faith and Order Paper No. 214 (WCC Publications, 2013).

World Council of Churches. *Thursdays in Black Bible Studies: Listening, Learning and Responding to the Word of God (Bible Study Series One)* (WCC Publications, 2021).

World Council of Churches. "Gender Justice Principles with Code of Conduct" (WCC Publications, 2022).

World Council of Churches. *Her-Stories of Transformation, Justice, and Peace: Report on the Women of Faith Pilgrimages* (WCC Publications, 2022).

World Council of Churches. *Report on the Ecumenical Conversations at the WCC 11th*

Assembly* (WCC Publications, 2023).

World Council of Churches. *Waterfall of Solidarity and Resistance: Sharing the Stories* (WCC Publications, 2023).

World Council of Churches, Central Committee. "The Ministry of the Laity in the World," *The Ecumenical Review*, 9 (1), October 1956, 58-61.

World Council of Churches, Commission on World Mission and Evangelism (CWME). *Together towards Life: Mission and Evangelism in Changing Landscapes* (WCC Publications, 2012).

World Council of Churches, Department on Faith and Order and Department on Cooperation of Men and Women in Church, Family and Society. *Concerning Ordination of Women* (World Council of Churches, 1964).

日本語文献

秋田聖子「『教会女性十年』の総括と展望」、『福音と世界』54（5）、新教出版社、1999年5月、44-45頁。

石井祥裕「エディンバラ宣教会議100周年、現代エキュメニカル運動のあゆみ（第2回）第二次世界大戦から第二バチカン公会議までカトリック教会の動向」、『礼拝と音楽』146号、日本キリスト教団出版局、2010年、50-53頁。

伊勢希「WCC総会からみるエキュメニズムの未来」（特集 世界教会協議会（WCC）第11回総会）、『福音と世界』78（6）、新教出版社、2023年6月、24-27頁。

江藤直純「神の民としての信徒論――現代の宣教的教会論構築のための一試論（1）」、『テオロギア・ディアコニア』30、ルーテル学院大学、1996年、41-56頁。

海老沢亮『世界教会運動の発展――エキユメニカル運動の動向』、日本基督教協議会エキュメニカル運動委員会、1955年。

大津健一「ハラレ総会で問われたこと――機構としてのWCCの現状と展望」、『福音と世界』54（5）、新教出版社、1999年5月、6-7頁。

大津健一「エキュメニカル運動の課題――世界とアジアと日本を結ぶ」、『福音と世界』56（5）、新教出版社、2001年5月、31-37頁。

大津健一「エキュメニカル運動00年代」、『福音と世界』65（2）、新教出版社、2010年2月、30-33頁。

小田部進一「正義と包摂的であることをめざす教会共同体――21世紀に向けたエキュメニカル宣教論の視点からの一考察」、『富坂キリスト教センター紀要』13

号、2023年、155-175頁。

神田健次「エキュメニカル運動における聖餐論――『リマ文書』と『リマ式文』をめぐって」、『神学研究』34号、1986年、85-129頁。

神田健次『現代の聖餐論――エキュメニカル運動の軌跡から』、日本キリスト教団出版局、1997年。

神田健次「21世紀のエキュメニカル運動の新たな展開」、『福音と世界』65（11）、新教出版社、2010年11月、24-29頁。

神田健次「エディンバラ宣教会議100周年、現代エキュメニカル運動のあゆみ（第1回）草創期のエキュメニカル運動」、『礼拝と音楽』145号、日本キリスト教団出版局、2010年、54-57頁。

神田健次「エキュメニカル運動史（1）　草創期から第3回WCC総会（ニューデリー）」、『キリスト教文化』18号、かんよう出版、2021年、3-16頁。

神田健次「エキュメニカル運動史（2）　第4回WCC総会（ウプサラ）から第10回総会（釜山）」、『キリスト教文化』18号、かんよう出版、2021年、17-37頁。

金性済「世界危機の闇に照らすWCCのエキュメニカル宣教のともし火」（特集 世界教会協議会（WCC）第11回総会）、『福音と世界』78（6）、新教出版社、2023年6月、6-13頁。

庄司真理子・宮脇昇・玉井雅隆編著『新グローバル公共政策（改訂第2版）』、晃洋書房、2021年。

世界教会協議会社会部（竹中正夫訳）『社会的激変に対決する教会――世界教会協議会社会部報告書』、新教出版社、1961年。

世界教会協議会世界宣教伝道委員会・信仰職制委員会編（西原廉太監訳、村瀬義史・橋本祐樹訳）『いのちに向かって共に／教会――現代世界エキュメニカル運動における二大重要文書』、キリスト新聞社、2017年。

竹中正夫『連続と変革――ウプサラ・レポート』、日本基督教団出版局、1969年。

鄭詩温「WCC第11回総会――痛みや悲しみ、希望や喜びを共にする人と人との出会い」（特集 世界教会協議会（WCC）第11回総会）、『福音と世界』78（6）、新教出版社、2023年6月、20-23頁。

西之園路子「WCC第11回総会に参加して」（特集 世界教会協議会（WCC）第11回総会）、『福音と世界』78（6）、新教出版社、2023年6月、14-19頁。

西原廉太「エキュメニズムに進むキリスト教」、荒井献・出村彰監修、栗林輝夫・西原廉太・水谷誠著『総説キリスト教史3――近・現代篇』、日本キリスト教団出

版局、2007年、229-258頁。

西原廉太『聖公会の職制論 ── エキュメニカル対話の視点から』、聖公会出版、2013年。

西原廉太「エキュメニカル運動の現在と将来 ── 世界教会協議会（WCC）第10回総会」、『ヨーロッパ文化史研究』16号、東北学院大学ヨーロッパ文化総合研究所、2015年、1-26頁。

日本基督教協議会エキュメニカル運動委員会編『WCCエヴァンストン大会準備研究報告書』、日本基督教協議会エキュメニカル運動委員会、1953年。

日本信仰職制研究会編『教会一致の神学』、教文館、1965年。

バロ，マドレーヌ（倉田清・波木居純一訳）『教会一致運動』、白水社、1970年。

平田真貴子「WCCの今後の活動の方向性 ── プログラムガイドラインから」、『福音と世界』54（5）、新教出版社、1999年5月、50-54頁。

平田眞貴子「『暴力克服のための十年』を開始したWCC」、『福音と世界』56（5）、新教出版社、2001年5月、38-40頁。

三村修「教会のアカウンタビリティ（説明・行動責任）とその道具としてのエキュメニカルなヒューメニュティクス（解釈学）── 教会女性十年・ハラレ総会のフリンジ（周辺）で」、『福音と世界』54（5）、新教出版社、1999年5月、42-43頁。

宮崎光「エディンバラ宣教会議100周年、現代エキュメニカル運動のあゆみ（第3回）第二バチカン公会議から1983年リマ文書の採択まで」、『礼拝と音楽』147号、日本キリスト教団出版局、2010年、52-55頁。

宮本憲「エディンバラ2010と今日のキリスト教宣教」、『福音と世界』65（11）、新教出版社、2010年11月、30-38頁。

宮本憲「エディンバラ宣教会議100周年、現代エキュメニカル運動のあゆみ（最終回）20世紀末からエディンバラ2010年まで、世界キリスト教時代の到来とエキュメニズム」、『礼拝と音楽』149号、日本キリスト教団出版局、2011年、50-54頁。

村瀬義史「宣教における教会間のパートナーシップの一考察 ── 戦前の世界宣教会議における『若い』教会と『旧来の』教会との関係を通して」、『神学研究』52号、関西学院大学神学研究会、2005年、231-234頁。

村瀬義史「草創期エキュメニカル運動における宣教の神学 ── 諸宗教との関わりにおける宣教理解に注目して」、『関西学院大学キリスト教と文化研究』14号、2012年、71-104頁。

村瀬義史「現代に生きる主の弟子のあり方を問う —— WCCアルーシャ世界宣教伝道会議報告」、『福音と世界』73(7)、新教出版社、2018年7月、37-39頁。

山本俊正「三つの潮流から見たWCCの歩み（上）　宣教論の推移と展望」、『福音と世界』56(5)、新教出版社、2001年5月、41-48頁。

山本俊正「三つの潮流から見たWCCの歩み（中）『生活と実践』運動から『いのちの神学』へ」、『福音と世界』56(6)、新教出版社、2001年6月、60-67頁。

山本俊正「三つの潮流から見たWCCの歩み（下）『信仰と職制』運動と『教会一致』の行方」、『福音と世界』56(7)、新教出版社、2001年7月、58-64頁。

山本俊正「WCC釜山総会に向けて —— いのちの神よ、わたしたちを正義と平和に導いてください（第2回）WCCの『正義と平和』への取り組み（史的変遷に見る課題）」、『福音と世界』68(3)、新教出版社、2013年3月、54-57頁。

ライザー，コンラート（三村修訳）『教会であること —— 第三千年紀のエキュメニズム挑戦と希望』、新教出版社、2000年。

ルート，マイケル（石居基夫訳）「エキュメニカルな対話におけるルーテル教会 —— その過去と将来」、『ルター研究』10号、ルーテル学院大学、2010年、59-87頁。

あとがき

　多くの読者にとって、「ジェンダー正義」はまだ馴染みのない言葉かもしれない。「ジェンダー平等」でもよいのではないかと思われる方もいることだろう。しかし、本書で取り組んだのは、現代のキリスト教に課されている「正義の問題」（justice issues）であって、「平等」（equality）の話ではないという点について、私は決して譲ることができない。

　曾祖母、祖母、母からプロテスタント信仰を受け継いだ私は、「アジア人で、女性で、キリスト者であるとは一体どういうことか」という、きわめて素朴かつ実存的な問いを神学研究の出発点としてきた。しかし、博士課程在学中の私がアジアにおけるフェミニスト神学運動に関心を寄せていたことは、しばしば身も蓋もない非難に晒された。男性教授から「女の（しかもアジアの）神学に何の意味があるのか分からない」と面と向かって言われたことも、忘れがたい思い出である。それでも、例えば栗林輝夫先生のように、私の問いに驚きつつ、喜んで耳を傾けて力づけてくださる方々——すなわちエキュメニカルな視点を持つ人々——との出会いが他方において多く与えられたことは、私にとって非常に幸運であった。

　時間をかけて理解したことの一つは、本書で取り上げたヘンリエッタ・ヴィッサートーフト＝ボダートの例に見られるように、「何のことはない、教会と社会の現状に疑問を呈してきた女性たちのほとんどすべてが、教派や世代を超えて同じような非難に晒され、その言葉と行いに『はたして意味があるか否か』を繰り返し問われてきたではないか」ということであった。そしてもう一つは、それゆえにアジアのフェミニスト神学者たちのほとんどすべては世界教会協議会（WCC）、さらにはアジア・キリスト教協議会（CCA）、各地の教会協議会（NCC）などを通して、自らの思いや考えを率直に語り合える仲間を、教派も国境も超えて求めてきたのではないかということであった。

彼女たちから影響を受けて、2014年にジュネーヴ郊外のボセー・エキュメニカル研究所を訪れて以降、私もまたエキュメニカル運動に強い関心をもって参加し、これを研究し、講義するようになった。そうであるから、WCCが70周年を迎える2018年、タンザニア北部のアルーシャで開かれた「『エディンバラ』の流れを汲む」世界宣教伝道会議への参加を、WCC中央委員（当時）の西原廉太先生に勧めていただいたことは僥倖であった。

　私が特に感激したのは、シングルマザーに育てられた若いアフリカ人女性の神学者が基調講演者として登壇し、すべての教会の課題として「ジェンダー平等」を語る姿を目撃した瞬間であり、黒い衣装を身に纏った世界中の女性たちに囲まれたThursdays in Blackのパワフルなひとときであり、「主の弟子であるためのアルーシャからの呼びかけ」（声明文）にも反映された、インクルーシブコミュニティというヴィジョンに深い感銘を受けた特別な時間であった。このようにして、世界宣教伝道会議は私の研究に新たな方向性を与えたが、私は希望だけを抱いて帰国の途に就いたのではなかった。

　その理由はいくらでも挙げることができる。70周年を迎えてもなお、世界宣教伝道会議の1,000人を超える参加者の50パーセントを女性とする目標をWCCは達成できなかった。声明文の草稿にコメントしようと多くの人がスタンドマイクの前に列をなし、若者たちが「女性の按手」やLGBTIQの尊厳を守るよう発言する度に、正教会の代表者らはブルーカード（次の話題に進むように促すために用いられる）を高々と掲げた。女性たちの多くは、一部の男性たちから連絡先をしつこく聞かれることに辟易していた。私自身は、通りがかりに挨拶し、少し言葉を交わしただけのタンザニア人男性のダンサー（朝夕の礼拝のために多くのダンサーが会場にいた）から、「まだ話し足りない」というだけの理由で腕を強く摑まれて怖い思いをした。そして何より、会場の広い敷地内で参加者の女性が車に引きずり込まれて、誘拐されそうになったことを私は忘れない。底知れぬ怒りを覚えたのは、エキュメニカルな「理想」と「現実」の筆舌に尽くしがたい落差とその暴力性であった。

　「エディンバラ」から100年以上を経ても、すべての人の心身が脅かされることのないセーフスペースなど存在しないではないか、と驚愕した。同時に、若い世代から頻繁に発せられる「ジェンダーやセクシュアリティに基づく暴力、

差別、排除の問題について声を上げることが、この運動でいまだに困難なものとされているのはなぜなのか」という問いに、共感・共苦するだけでは足りないのだと思い知らされた。私自身で答える努力を始めなければならない。振り返ってみれば、私の憤激の矛先はWCCのみならず、キリスト教界全体が醸し出している「平等幻想」にも向かっていたように思われる。

　「いや、人間は実際に平等ではないか」と反駁される読者もいるかもしれないが、「人は生まれながらにして自由であり、権利において平等である」という有名な主張から、ジャン＝ジャック・ルソーが女性を排除していたことを思い出してみるとよい。ジェンダー法学の分野で言われるように、「平等は空っぽ」（equality is empty）なのではないかと疑いうる限り、教会は「神の前の平等」を嘯くばかりでよいとはどうしても思われないのである。必要とされているのは、教会の内外における暴力、差別、排除に対する抵抗、すなわち、公正（equity）と正義（justice）のための思考と連帯行動であって、ジェンダー不平等という現実から私たちの目をそらせる「平等幻想」ではない。思い起こせば、「どんな子どもであっても、神さまは一人ひとりを大切にされているし、これからもずっとそうだ」という平易な「みことば」を、日ごと溢れるほどに注いで私を育ててくれたのは、キリスト教幼児教育や教会学校などにかかわるキリスト者たちであった。その人たちが聞かせてくれたのは、空っぽな平等の話などではないと私は信じている。それは神の像（かたち）に造られた人間の尊厳の話であり、神の「正義」の話であった。

　2020年の春に日本キリスト教協議会（NCC）から、WCCとルーテル世界連盟（LWF）とつながりの深いACTアライアンスがアジア太平洋地域に新設した「ジェンダー正義に関する実践コミュニティ」に派遣された際、私が「平等」と「公正」の違いをよく知らないままであったことや、ましてや「正義」（WCCはかねてから「正義と平和」を強調してきた）を自らの語彙にできないままであったことに初めて気付かされた。翌年、NCCのために「ジェンダー正義に関する基本方針」を策定するという任務を与えられた私は、「ジェンダー正義とは何か」という疑問に、できる限り明快に答えられるようになりたいと願うようになった。WCC、LWF、ACTアライアンスなどが共催す

る訓練プログラム（Women's Human Rights Advocacy Training for Faith-Based Organizations）を修了してもなお、満足できる答えを得ることができなかったので、WCCの運動史の根本的な読み直しに挑戦することにした。

　このような経緯から、日本学術振興会（JSPS）科研費の研究課題「現代エキュメニカル運動における包括的共同体に関する思想史研究」（課題番号20K12838）の一部として発表してきた論文等を再構成し、最終章とコラムを中心に書き下ろし、本書は刊行された。WCCによる「ジェンダー正義に関する基本原則」の公表から2年余りを経て、NCC第42回総会（2024年3月）においても「ジェンダー正義に関する基本方針」が採択された。それから時を待たずして、「ジェンダー正義」の視点による本書を刊行できることを、私は心から喜ばしく思う。

　そうは言っても、「エキュメニカルの冬」の時代に論究されるべきエキュメニカルな課題は数限りなく、本書はそれらのごく一部に取り組むものに過ぎない。また、一部の資料が入手困難であったため、収録が間に合わなかった論文（「世界教会協議会（WCC）における『暴力を克服する10年』（2001〜2010年）――女性に対する／ジェンダーに基づく暴力の問題を中心に」）は、本書の刊行に先がけて『宣教学ジャーナル』（2024年6月発行）に掲載していただいた。さらに言えば、最も確からしい情報の整理に努めたとは言え、WCCの構造の複雑さゆえに巻末の年表は完全であるとは言えず、時間的制約から詳しく説明できなかった事柄も少なくない。

　しかしそれでも、神に信頼し、教会と社会における暴力、差別、排除の問題に抵抗してきた人々――気持ちを挫かれることはあっても、決して力を奪われ尽くすことのない人々――が、教派や世代、その他の様々な隔ての壁を超えてエキュメニカルな連帯に生かされてきたことに限っては、ある程度まで記述できたのではないかと感じている。今後は、ヒューマンセクシュアリティに関するレファレンスグループが構想中の『巡礼路での対話』に付随するスタディガイドや、今総会期に新設された「ジェンダー正義に関するレファレンスグループ」の動向に注目しながら、Thursdays in Blackの聖書研究をリソースとして、特に若い世代の人々との対話を始めてみたいと考えている。また、本書では大人たちのことばかり書いてしまったので、幼い頃から私に神の「正

あとがき

義」の話を聞かせてくれた人々に報いるためにも、子どもたちにかかわるエキュメニカルな課題についても論究していきたい。

　最後に、本書の刊行のために寛大なご支援をくださった方々にお礼を申し上げたい。同志社大学一神教学際研究センター（CISMOR）のアダ・タガー・コヘン先生、森山央朗先生、朝香知己先生、CISMOR事務局や研究支援課の職員の皆様のお力添えにより、このような研究課題に取り組むことができた。資料収集に当たっては、WCC信仰職制委員会のデジタルアーカイブに加えて、ボセー・エキュメニカル研究所、ACTアライアンス、ルーテル学院大学図書館の皆様に頼らせていただいた。また、日本基督教学会、日本宣教学会、関西学院大学キリスト教と文化研究センター、NCC教育部、関西セミナーハウス活動センター、エキュメニカル・ネットワーク、南山大学社会倫理研究所、CCAなどの皆様から、研究発表、発題、論文掲載、学術的交流の機会を与えていただいた。本書の執筆と同時進行であった「ジェンダー正義に関する基本方針」の策定プロジェクトを通じて、様々な教派的背景を持つエキュメニカルワーカー、フェミニスト神学、クィア神学の専門家、NCC青年委員会の皆様から、多くの示唆とインスピレーションを与えていただいた。難解な英語表現を読み解く際には、同志社大学神学部の三宅威仁先生からきめ細かなご指導をいただいた。本書の刊行に際しては、新教出版社の小林望さん、森本直樹さんから丁寧な添削とご助言をいただいた。そして、これから本書を手に取ってくださる方々にも心より感謝申し上げたい。

　なお、本書は、日本学術振興会（JSPS）令和6（2024）年度科学研究費助成事業（科学研究費補助金）研究成果公開促進費（学術図書）24HP5004の助成を受けて刊行されたものである。

2024年8月

　　　　　　　　　　　　　　　　　　　　　　　　　　　藤原　佐和子

『現代エキュメニカル運動史』年表

年	事　項
1910	世界宣教会議（エディンバラ、スコットランド）、継続委員会発足
1912	『インターナショナル・レビュー・オブ・ミッションズ』誌（*International Review of Missions*）創刊 ジョン・R・モットがアジア各地を訪問する（〜1913年）
1914	「教会を通して国際的な友情を促進するための世界連盟」発足（コンスタンツ、ドイツ）
1921	「国際宣教協議会」（IMC）発足（モホンク湖、ニューヨーク、米国）
1923	IMC世界会議（オックスフォード、英国）
1925	第1回「生活と実践」（Life and Work）世界会議（ストックホルム、スウェーデン）
1927	第1回「信仰と職制」（Faith and Order）世界会議（ローザンヌ、スイス）
1928	IMC世界会議（エルサレム）
1932	ジョン・R・モット『キリスト教の信徒の力を解放する』刊行
1934	ヘンリエッタ・ヴィッサートーフト＝ボダート「女性の問題はあるのか」（於 *The Student World*）発表
1935	「キリスト教一致祈祷週間」始まる
1936	ヘンリエッタ・ヴィッサートーフト＝ボダート「エバ、あなたはどこにいるのか」（於 *The Student World*）発表
1937	第2回「生活と実践」世界会議（オックスフォード） 第2回「信仰と職制」世界会議（エディンバラ）
1938	IMC世界会議（タンバラム）（マドラス［現チェンナイ］、インド） WCC暫定委員会発足 ヴィレム・A・ヴィッサートーフトが初代総幹事に就任
1945	国際連合（以下、国連）発足
1946	国連「女性の地位委員会」（CSW）発足 国際関係教会委員会（CCIA）発足 ボセー・エキュメニカル研究所発足（所長：ヘンドリック・クレーマー、副所長：スザンヌ・ド・ディートリヒ）
1947	IMC世界会議（ウィットビー、英国） 「教会における女性の生活と実践」に関するアンケート調査
1948	国連「世界人権宣言」採択 女性たちの総会前集会（バールン、アムステルダム近郊） WCC第1回総会（アムステルダム、オランダ） 「教会における女性の役割に関する委員会」（委員長：サラ・チャッコ、書記：キャスリーン・ブリス）

『現代エキュメニカル運動史』年表

年	事　項
1948	「教会における信徒の重要性に関する委員会」発足（責任者：ヘンドリック・クレーマー） 『エキュメニカル・レビュー』誌（*The Ecumenical Review*）創刊 日本基督教協議会（NCCJ）発足（1969年より日本キリスト協議会に改称）
1949	「信徒の働きのための事務局」発足（責任者：ハンス・ヘルマン・ヴァルツ） 「教会における女性の生活と実践に関する委員会」発足（委員長：サラ・チャッコ、書記：キャスリーン・ブリス） シモーヌ・ド・ボーヴォワール『第二の性』刊行
1950	「教会、諸教会、世界教会協議会」（トロント声明）発表 サラ・チャッコがサバティカルを取得し、「教会における女性の生活と実践に関する委員会」に専従（～1951年）
1951	サラ・チャッコがWCC会長団の一人に選出される（女性初） ヨーロッパ信徒会議（バート・ボル、ドイツ） 『信徒の働き』（*Laymen's Work*）創刊
1952	IMC世界会議（ヴィリンゲン、ドイツ） 第3回「信仰と職制」世界会議（ルンド、スウェーデン） 北米信徒会議（バッファロー、米国） キャスリーン・ブリス『諸教会における女性たちの奉仕と地位』刊行
1953	「教会と社会における男性と女性の協力に関する部門」発足（責任者：マドレーヌ・バロ）（～1966年）
1954	WCC第2回総会（エヴァンストン、米国） スザンヌ・ド・ディートリヒ、ボセー・エキュメニカル研究所を退職。以後、30年以上に亘って女性の教員採用はなし
1955	「信徒部門」発足（責任者：ハンス=ルディ・ウェーバー） 「教会と社会における男性と女性の協力に関する部門」第1回会合（ダボス、スイス） マドレーヌ・バロ「教会における女性の地位に関する神学の必要性についての考察」（於 *The Ecumenical Review*）発表
1958	IMC世界会議（アチモタ）（アクラ、ガーナ） ヘンドリック・クレーマー『信徒の神学』刊行 スウェーデン教会で「女性の按手」が認められる
1959	『信徒』（*Laity*）創刊 東アジア・キリスト教協議会（EACC）（1957年の会合を経て）正式発足
1960	スウェーデン教会で「女性の按手」が実現する
1961	WCC第3回総会（ニューデリー、インド） IMCの合流、正教会の正式加盟、ローマ・カトリック教会による正式代表の派遣が実現する 「家庭」に関する課題が追加され、「教会、家族、社会における男性と女性の協力に関する部門」発足（責任者：マドレーヌ・バロ）（～1966年）

年	事　項
1962	第二バチカン公会議（～1965年）
1963	世界宣教伝道会議（メキシコシティ、メキシコ） 第4回「信仰と職制」世界会議（モントリオール、カナダ） 「女性の按手——エキュメニカルな問題」に関する会議（ジュネーヴ、スイス） 信徒部門『キリスト教史における信徒』刊行
1964	『エキュメニズムに関する教令』（第二バチカン公会議）発表 「今日の性倫理」に関する会議（フネ、スイス） 研究文書『女性の按手について』刊行
1965	国連「人種差別撤廃条約」採択（1969年発効）
1966	教会と社会に関する世界会議（ジュネーヴ） ユージン・カーソン・ブレイクが総幹事に就任 国連「国際人権規約」採択（1976年発効）
1968	WCC第4回総会（ウプサラ、スウェーデン） ポーリーン・ウェブが中央委員会副議長に選出される（女性初）
1969	「人種主義を撲滅するプログラム」（PCR）設置（～1992年）
1970	「女性の按手」に関する会議（カルティニー、ジュネーヴ近郊） 研究文書『按手はどのようになりつつあるか』発表 武田（長）清子がWCC会長団の一人に選出される
1971	機構改革により、「教会、家族、社会における男性と女性の協力に関する部門」の働きが2つのデスクに分けられる。「家庭」に関する課題は教育サブユニットに、「女性の解放」に関する課題は刷新サブユニットの「女性デスク」に移管される（責任者：ブリガリア・バム） 「刷新と会衆生活」サブユニット（信徒部門を吸収）発足 世界キリスト教教育協議会（WCCE）がWCCに合流
1972	フィリップ・ポッターが総幹事に就任 世界宣教伝道会議（バンコク、タイ）（～1973年） 「社会的関心のためのキリスト教信徒センター、アカデミー、運動のための世界共働委員会」発足 『成長の限界』（*The Limits to Growth*）レポート発表
1973	メアリー・デイリ『父なる神を超えて——女性解放の哲学に向けて』刊行 EACCがアジア・キリスト教協議会（CCA）に改称
1974	「1970年代における性差別——女性に対する差別」に関する会議（西ベルリン） 米国聖公会が11人の女性たちに按手を行う（フィラデルフィア・イレブン）
1975	国連「国際女性年」、第1回世界女性会議（メキシコシティ） WCC第5回総会（ナイロビ、ケニア）では女性代議員数が増加 機構改革により、ユニットⅢ（教育と刷新）に「教会と社会における女性」サブユニット（通称「女性デスク」）発足（～1992年）

『現代エキュメニカル運動史』年表

年	事　項
1976	「国連女性の10年」開始（〜1985年） バチカン教理省『インテル・インシグニオーレス——女性の司祭職への参入に関する問いに関して』発表 「教会と社会における正教会の女性たちの役割」に関する会議（アガピア、ルーマニア）
1977	「教会指導層の女性たち」に関する会議（グリオン、スイス） ロザベス・モス・カンター（社会学者）が「黄金の3割」理論を提唱
1978	信仰職制委員会「教会における女性と男性のコミュニティに関する研究」（コミュニティスタディ）開始（責任者：コンスタンス・F・パーヴェイ） 女性デスクが「若い神学者たち」に関する会議（カルティニー、ジュネーヴ近郊）を後援 フィリス・トリブル『神とセクシュアリティの修辞学』（邦題『神と人間性の修辞学——フェミニズムと聖書解釈』）刊行
1979	国連「女性差別撤廃条約」採択（1981年発効） 「エキュメニカルな視点から見た女性の按手」に関する会議（クリンゲンタール、ドイツ）
1980	第2回世界女性会議（コペンハーゲン、デンマーク）、「女性に対する暴力」の概念化 世界宣教伝道会議（メルボルン、オーストラリア） コンスタンス・F・パーヴェイ『エキュメニカルな視点から見た女性の按手』（信仰職制文書）刊行 バーベル・フォン・ヴァルテンベルク＝ポッターが「教会と女性における女性」サブユニットの責任者に就任（〜1985年） マリー・アサドがWCC副総幹事に就任（女性初、信徒初）
1981	「教会における女性と男性のコミュニティ」に関する会議（シェフィールド、英国） スザンヌ・ヘルツェル『女性たちのための声——世界教会協議会の女性たちの部門』刊行
1982	『洗礼、聖餐、職務』（リマ文書）、「女性の按手」についての議論が後退 コミュニティスタディ終了
1983	WCC第6回総会（バンクーバー、カナダ） ポーリーン・ウェブが総会の開会礼拝で説教を行う（女性初） すべての出版物における包含的言語の使用義務化 米国NCC「包含的言語による聖書日課」（Inclusive Language Lectionary）発行 「諸宗教の伝統における女性のセクシュアリティと身体的機能」に関する研究開始（責任者：マリー・アサド） エリザベス・シュスラー＝フィオレンツァ『彼女を記念して——フェミニスト神学によるキリスト教起源の再構築』刊行
1984	ローズマリー・ラドフォード・リューサー『性差別と神の語りかけ——フェミニスト神学に向けて』刊行

年	事　項
1984	第三世界神学者エキュメニカル協議会（EATWOT）に「女性委員会」発足 国連「拷問等禁止条約」採択（1987年発効）
1985	第3回世界女性会議（ナイロビ）で「西暦2000年に向けての女性の地位向上のためのナイロビ将来戦略」採択 「国連女性の10年」終了 エミリオ・カストロが総幹事に就任
1986	アンナ・カーリン・ハマーが「教会と社会における女性」（女性デスク）の責任者に就任（～1990年）
1987	マーシー・オドゥヨイェがWCC副総幹事に就任
1988	「教会が女性と連帯するエキュメニカルな10年」（教会女性10年）開始（～1998年）
1989	国連「子どもの権利条約」採択（1990年発効） 世界宣教伝道会議（サンアントニオ、米国）
1990	「正義、平和、被造世界の保全」世界会議（ソウル、韓国） マーシー・オドゥヨイェ『石を転がすのは誰か』刊行 世界保健機関（WHO）国際疾病分類改定、精神障害から「同性愛」を除外 ジャンヌ・ベッヒャー編『女性、宗教、セクシュアリティ』刊行 ロビン・スミス編『神と互いとの契約を生きる』刊行（WCC加盟教会による声明を用いたセクシュアリティに関するスタディガイド） 「教会と文化」に関する正教会女性会議（クレタ、ギリシャ） 国連「移住労働者権利条約」採択（2003年発効） ジュディス・バトラー『ジェンダー・トラブル』刊行
1991	WCC第7回総会（キャンベラ、オーストラリア） チョン・ヒョンギョン「聖霊よ、来てください。被造世界全体を刷新してください」発表 アルナ・ニャーナダソンが「教会と社会における女性」の責任者に就任（～2009年） 信仰職制委員会『女性たちと教会——疎外の時代におけるエキュメニカルな連帯への挑戦』刊行 国際キャンペーン「ジェンダーに基づく暴力に反対するアクティビズムの16日間」開始 メアリー・タナーが信仰職制委員会の議長に選出される（女性初）（～1998年）
1992	環境と開発に関する国連会議（地球サミット）開催（リオ・デ・ジャネイロ、ブラジル） エミリオ・カストロ「エキュメニカルの冬なのか」発表 コンラート・ライザーが総幹事に就任 「インクルーシブコミュニティに向けた信徒の参加」設置（責任者：イヴリン・アピア）

『現代エキュメニカル運動史』年表

年	事　項
1992	「人種主義と性差別の撤廃のために闘う姉妹たち」（SISTERS）ネットワーク発足 機構改革により、「正義、平和、被造世界」ユニットに「女性たちと連帯する教会」の潮流が発足 英国教会で「女性の按手」が認められる
1993	世界人権会議（ウィーン、オーストリア） 第5回「信仰と職制」世界会議（サンティアゴ・デ・コンポステラ、スペイン） 信徒センター世界大会（モントリート、米国） 国連総会「女性に対する暴力の撤廃に関する宣言」採択 アルナ・ニャーナダソン『もはや秘密ではない』刊行 チーム訪問プログラム「リビング・レターズ」開始（〜1996年）
1994	国連人権委員会が「女性に対する暴力、その原因と結果に関する特別報告者」の地位を新設 中央委員会（ヨハネスブルク、南アフリカ）で「レズビアンに対する暴力」をめぐる論争 英国教会で「女性の按手」が実現する
1995	教皇ヨハネ・パウロ2世による回勅『キリスト者の一致』 第4回世界女性会議（北京、中国）「北京宣言及び行動綱領」採択（「女性に対する暴力」が焦点化され、「ジェンダー主流化」が提唱される。また、ジェンダー平等に向けたあらゆる行動に対する男性の完全な参加が初めて奨励される） 「エキュメニカル・ウィミン・ユナイテッド」発足 アラン・A・ブラッシュ『私たちの違いと向き合う――諸教会とゲイとレズビアンのメンバーたち』（邦題『教会と同性愛』）刊行
1996	世界宣教伝道会議（サルヴァドール、ブラジル）
1997	「信徒／ラオスの神学的概念の共通理解に向けて」会議（ジュネーヴ）
1998	第13回ランベス会議「1.10決議」、同性愛をめぐってアングリカン・コミュニオンの分断が顕在化 「教会女性10年」を総括するフェスティバル（ハラレ、ジンバブエ） WCC第8回総会（ハラレ、ジンバブエ） 「ヒューマンセクシュアリティに関するレファレンスグループ」発足 マルゴット・ケスマン『暴力の克服――すべての場所の教会への問いかけ』刊行 日本キリスト教協議会（NCCJ）創立50周年宣教会議、「NCC宣教宣言」発表
1999	ローマ・カトリック教会・ルーテル世界連盟（LWF）「義認の教理に関する共同宣言」（後に諸教派が支持を表明）
2000	国連特別総会「女性2000年」会議（ニューヨーク） 「女性、平和、安全保障に関する国連安保理決議第1325号」採択 「女性に対する暴力の克服に関するプロジェクト」発足（エディンバラ）

年	事　項
2000	「教会であることについて ── 女性たちの声とヴィジョン」に関する調査研究（～2005年）
2001	国連「世界の子どもたちのための平和の文化と非暴力のための国際の10年」開始 「暴力を克服する10年 ── 和解と平和を求める教会」（DOV）開始（～2010年） キリスト教世界共同体（CWCs）の代表者が「ダンディー原則」に合意 ジュディス・ソアレス「ジェンダー正義とキリスト教宣教」（於 The Journal of Religious Thought）発表
2002	「正教会の参加に関する特別委員会」発足 WCC、ルーテル世界連盟（LWF）、世界改革教会連盟（WARC）、ヨーロッパ教会協議会（CEC）が「紛争状況における女性たち ── 正義ある平和を、女性たちは声を上げよう！」と題する協議開催 韓国基督教教会協議会（NCCK）「性暴力の克服と予防に関する教会声明」発表
2003	米国聖公会における初めての同性愛者主教按手（ジーン・ロビンソン） アジア・キリスト教協議会（CCA）「ジェンダー正義と男性と女性の真のパートナーシップについての諸宗教間協議」（バンコク）
2004	サミュエル・コビアが総幹事に就任 「国際平和デー」と連動する「平和のための国際祈祷日」開始 特別キャンペーン「鳩の翼の上で」（～2005年）が世界中の教会に「ジェンダーに基づく暴力に反対するアクティビズムの16日間」への参加を呼びかける
2005	国連CSW「北京＋10」閣僚級会合（ニューヨーク） 世界宣教伝道会議（アテネ、ギリシャ） ナムスン・カン「預言者的キリスト教におけるジェンダー正義の中心性と教会の宣教の再考」（於 International Review of Mission）発表 女性と子どもに対する暴力の克服のためのリソース『恵みの流れ』刊行 WCC「エキュメニカル神学教育」（ETE）、大湖沼及びアフリカの角キリスト教協議会・教会連合（FECCLAHA）などが、アフリカで「タマル・キャンペーン」開始（「ジェンダーに基づく暴力」（特に性暴力とDV）の克服に向けた取り組み） イザベル・アパウォ・フィリほか編『教会であることについて ── アフリカ女性たちの声とヴィジョン』刊行 レティ・ラッセルほか編『女性たちの声とヴィジョン ── 北米からの考察』刊行 日本キリスト教協議会（NCCJ）「NCC宣教会議・2005年宣教宣言」発表
2006	WCC第9回総会（ポルトアレグレ、ブラジル） ナムスン・カンが講演で女性蔑視、同性愛嫌悪、聖職者主義を批判 ジェンダーやヒューマンセクシュアリティに関する「エキュメニカル対話」開催

『現代エキュメニカル運動史』年表

年	事　項
2006	クリスティナ・ブレアバンほか編『教会についての女性たちの声とヴィジョン――正教会の女性たちの考察』刊行 国連「障がい者権利条約」採択（2008年発効）
2007	フラタ・ルスング・モヨが「教会と社会のおける女性」の責任者に就任 リサ・B・ラミス「ジェンダー正義のために教会を力づける」（於 CTC Bulletin）発表 フレッド・ニャベラほか編『タマル・キャンペーン――ジェンダーに基づく暴力についての文脈的聖書研究マニュアル』刊行 WCC・世界改革教会共同体（WCRC）「ポジティブ・マスキュリニティーズ」の取り組みを開始 DOVの一環として「リビング・レターズ」開始（～2010年） アン・マリー・ゲッツ「ジェンダー正義、市民権、権利――核となる概念、中心的議論、研究の新たな方向性」発表
2008	「ジャスト・ピースと障がいと共に生きる人々」に関する協議開催（ブカブ、コンゴ）（障がいと共に生きる女性に対する性暴力に焦点が当てられる） 「宗教を通して平和を創り出す女性たち」に関する協議開催（イェーテボリ、スウェーデン）（イスラームの女性たちとの対話と協力に焦点が当てられる） グローバル・アングリカン未来会議（GAFCON）開催（エルサレム） 山口里子『虹は私たちの間に――性と生の正義に向けて』刊行
2009	アジア・キリスト教協議会（CCA）「HIVエイズに関する基本方針」発表 スウェーデン教会において世界初のレズビアン主教按手（エヴァ・ブルンネ）
2010	国連CSW「北京+15」記念会合（ニューヨーク） 国際女性機関（UN Women）発足（2011年～正式な活動開始） オラフ・フィクセ・トヴェイトが総幹事に就任 世界宣教伝道会議（エディンバラ） WCC「健康と癒し」プログラム・世界学生キリスト教連盟（WSCF）・YWCA、四旬節のオンライン学習シリーズ「苦悩の叫びから希望の物語へ」実施 WCC・世界改革教会共同体（WCRC）がポジティブ・マスキュリティーズの教会マニュアル『神の像に造られて――ヘゲモニーからパートナーシップへ』刊行
2011	国連人権理事会、性的指向・性自認（SOGI）に関する初めての決議 DOVでの学びを元に作成された「ジャスト・ピースへのエキュメニカルな呼びかけ」発表 国際エキュメニカル平和会議（キングストン、ジャマイカ）で「暴力を克服する10年」（DOV）が総括される（「教会は虐待に終止符を打ち、人権、ジェンダー正義、気候的正義、経済的正義、一致と平和を促進し得る日常的な選択を識別する手助けをしなければならない」とのメッセージが発信される） インド教会協議会（NCCI）「ヒューマンセクシュアリティに関するエキュメニカル文書」発表

年	事　　項
2012	ルーテル世界連盟（LWF）が給与の平等を実現する フラタ・ルスング・モヨ「私たちは雇われる時、パンとバラを要求する——職場におけるジェンダー正義——フェミニストの倫理的視点」（於 *The Ecumenical Review*）発表
2013	「女性たちと男性たちの総会前集会」開催、男性参加者による声明文「ジェンダー正義のための共なる闘い」発表 WCC第10回総会（釜山、韓国）、「正義と平和の巡礼」（PJP）への参加が呼びかけられる 「いのちに向かって共に」（世界宣教伝道委員会）発表 「教会——共通のヴィジョンを目指して」（信仰職制委員会）発表 アグネス・アブオムが中央委員会の議長に選出される（女性初） ルーテル世界連盟（LWF）「ジェンダー正義に関する基本方針」採択 『共に立ち上がろう——世界の性的マイノリティが語る12の証し』刊行 エキュメニカル対話「教会における女性と男性のコミュニティ——相互認識と変革的正義」 「ジェンダーアドバイザリーグループ」発足へ WCC・世界学生キリスト教連盟（WSCF）『牧師たちが苛む時——女性に対する聖職者による性暴力を克服するために』刊行 香港基督教協進会（HKCC）「セクシュアルハラスメントに反対する基本方針」採択
2014	「ヒューマンセクシュアリティに関するレファレンスグループ」再発足 スティーブン・スリマンの主導により「教会と同性愛嫌悪」に関する国際会議開催（ジャカルタ、インドネシア）
2015	「北京宣言及び行動綱領」採択から20年 ラスコ・ヨビッチ「ジェンダー正義を宣教的使命として実践する——神の正義と私たちの正義」（於 *International Review of Mission*）発表 ゲイル・アラン「私たちは共に進むつもりである——ジェンダー正義の巡礼に出かけるエキュメニカルな女性たちの物語」（於 *International Review of Mission*）発表 フィリピン教会協議会（NCCP）「ヒューマンセクシュアリティを理解するためのセーフスペースを作り出す」発表
2016	国連人権理事会、SOGIを理由とする暴力と差別からの保護に関する決議 インドネシア教会共同体（CCI）「LGBTに関するCCI牧会声明」
2017	ACTアライアンス「ジェンダー正義に関する基本方針」採択 イザベル・アパウォ・フィリ「基調講演——ジェンダー正義」（於 *Reformed World*）発表 吉谷かおる「『信仰義認』とジェンダー正義」発表
2018	WCC70周年、世界宣教伝道会議（アルーシャ、タンザニア） 「主の弟子であるためのアルーシャからの呼びかけ」発表 1998年の「教会女性10年」のフェスティバルの20周年を記念する国際協議（キングストン、ジャマイカ）（「ジェンダー正義」のための8つの戦略が策定される）

年	事　項
2018	ニッキ（ニコール）・アッシュウッドが「女性と男性の公正な共同体」の責任者に就任 アジア・キリスト教協議会（CCA）が「ヒューマンセクシュアリティ」を主題とする会議を初開催 日本バプテスト連盟宣教部『ひらかれる教会を目指して —— 女性の牧師の招聘にむけて』刊行 日本聖公会『女性の司祭按手20年感謝プログラム　資料集』刊行
2019	日本キリスト教協議会（NCCJ）主催・宣教会議「NCC宣教宣言2019」 全聖公会中央協議会（ACC）『神の正義 —— 女性と男性、少女と少年の間の公正な関係』刊行 世界保健機関（WHO）国際疾病分類改訂、精神障害から「性同一性障害」を除外 WCC「ジェンダー正義に関する基本方針案」が常議員会に提出される ゲイル・アラン、アグネス・アブオム、オラフ・フィクセ・トヴェイトら「女性たちを祝い、その傷に取り組む —— 教会が女性と連帯するエキュメニカルな10年の締めくくりを記念して」（於 *The Ecumenical Reviev*）発表 全聖公会中央協議会（ACC）『セーフチャーチ —— 始め方のガイド』刊行 日本キリスト教協議会（NCCJ）主催・宣教会議「NCC宣教宣言2019」発表 アジア・キリスト教協議会（CCA）「アジア・エキュメニカル女性総会」（新竹、台湾）
2020	新型コロナウイルス感染症（COVID-19）のパンデミック発生 トヴェイトの退任に伴い、イオアン・サウカが総幹事代行に就任 ACTアライアンス「ジェンダー正義に関する実践コミュニティ（アジア太平洋）」発足 日本福音ルーテル教会社会委員会『多様な性を知るために』刊行
2021	日本キリスト教協議会（NCCJ）「ジェンダー正義に関するポリシー策定のためのワーキンググループ」発足 世界改革教会共同体（WCRC）「ジェンダー正義に関する基本方針」採択 Thursday in Black聖書研究シリーズ（第1弾）刊行
2022	WCC「ジェンダー正義に関する基本原則」採択 ヒューマンセクシュアリティに関するレファレンスグループ『巡礼路での対話 —— ヒューマンセクシュアリティの事柄についての共なる旅への招き』刊行 WCC中央委員会「性的搾取、性虐待、セクシュアルハラスメントについての声明」発表 総会前集会「女性と男性の公正なコミュニティ」開催 WCC第11回総会（カールスルーエ、ドイツ）、「正義、和解、一致の巡礼」への参加が呼びかけられる 「ジェンダー正義に関するレファレンスグループ」発足へ 全聖公会中央協議会（ACC）『神の正義 —— 神学とジェンダーに基づく暴力』刊行

年	事　項
2022	エリン・グリーン『デジタル・ジャスティス――学習と行動のためのガイド』(WCC・世界キリスト教コミュニケーション協会 (WACC)) 刊行 NCCエキュメニカル協働基金（第1期）による「青年委員会との協働による『ジェンダー正義に関する基本方針』(仮称) 策定プロジェクト」
2023	ジェリー・ピレーが総幹事に就任 全聖公会中央協議会 (ACC) (アクラ、ガーナ) がすべての管区に対して「ジェンダー正義デスク」設置勧告
2024	ニッキ (ニコール)・アッシュウッド、マシワ・グンダ『人種とジェンダーの (不) 正義を緩和する』刊行 日本聖公会「あらゆるセクシュアリティの方々の尊厳、いのちが守られるために」(主教会教書) 発表 日本キリスト教協議会 (NCCJ)「ジェンダー正義に関する基本方針」採択

人名索引

ア行

アサド，マリー（Assad, Marie） 96, 135
アザリア，V・S（Azariah, V. S.） 46-47
アピア，イヴリン（Appiah, Evelyn） 70
アブオム，アグネス（Abuom, Agnes） 17
アラン，ゲイル（Allan, Gail） 176
アワディ，マリナーズ・エル（Awady, Mahrinaz El） 159
一色義子 92
ヴァルツ，ハンス・ヘルマン（Walz, Hans Hermann） 54-55, 70
ヴァルテンベルク＝ポッター，ベーベル・フォン（Wartenberg-Potter, Bärbel von） 96, 147
ヴィッサートーフト，ヴィレム・A（Willem A. Visser 't Hooft） 39-40, 78, 80, 151-152, 177
ヴィッサートーフト＝ボダート，ヘンリエッタ（Visser 't Hooft-Boddaert, Henriette） 80-84, 192
ヴィッシャー，ルーカス（Vischer, Lucas） 115
ウィンブッシュ，ロビナ・マリー（Winbush, Robina Marie） 146
ウェデル，シンシア（Wedel, Cynthia） 89
ウェーバー，ハンス＝ルディ（Weber, Hans-Ruedi） 57-59, 61-62, 70
ウェブ，ポーリーン（Webb, Pauline） 91-92, 95-96
ウェルドン，S・ローレル（Weldon, S. Laurel） 159-160
エヴァンス，ジリアン・R（Evans, Gillian R.） 25

オウルダム，J・H（Oldham, J. H.） 52-53, 72, 78, 87, 107
オーキン，スーザン・M（Okin, Susan Moller） 156
大津健一 10
オドゥヨイェ，マーシー（Oduyoye, Mercy） 97, 100

カ行

カーカー，リチャード（Kirker, Richard） 139
カストロ，エミリオ（Castro, Emilio） 27, 96
カバート，サミュエル・マクレイ（Covert, Samuel McCrea） 84
カバート，トワイラ・マクレイ（Cavert, Twila McCrea） 84-85
神田健次 10
カン，ナムスン（Kang, Namsoon） 16, 145, 162-164, 193
キナモン，マイケル（Kinnamon, Michael） 35, 37, 103, 109
キルシュバウム，シャルロット・フォン（Kirschbaum, Charlotte von） 83
ギル，デイヴィッド（Gill, David） 50
クーリロス，ギーヴァルゲーゼ・モル（Coorilos, Geevarghese Mor） 145
クチュリエ，ポール（Couturier, Paul） 41
クレーマー，ヘンドリック（Kraemer, Hendrik） 53, 55, 78
クロフォード，ジャネット・エストリッジ（Crawford, Janet Estridge） 87
ケアリー，ウィリアム（Carey, William） 45
ゲッツ，アン・マリー（Goetz, Anne Marie） 156-159
ゴー，ジョセフ・N（Goh, Joseph N.）

160
コビア，サミュエル（Kobia, Samuel）
　　146
コンガール，イヴ（Congar, Yves）　　55

サ行

シェーロム，ウーラ（Tjørhom, Ola）　　29
シェファード，ロレイン・マッケンジー
　　（Shepherd, Lorraine MacKenzie）
　　141
ジョーンズ，シェリル・ブリッジズ
　　（Johns, Cheryl Bridges）　　29
ジョーンズ，スタンリー（Jones, Stanley）
　　74
スリマン，スティーブン（Suleeman,
　　Stephen）　　146-147, 149
セーデルブルム，ナータン（Söderblom,
　　Nathan）　　78, 105-106, 151
セニョンジョ，クリストファー
　　（Senyonjo, Christopher）　　147-148
ソアレス，ジュディス（Soares, Judith）
　　15

タ行

武田（長）清子　　87
竹中正夫　　10
タナー，メアリー（Tanner, Mary）
　　104, 129
チャッコ，サラ（Chakko, Sarah）　　85,
　　87, 89
チュクワマ，エマニュエル（Chukwama,
　　Emmanuel）　　138-139
ツツ，デズモンド（Tutu, Desmond）
　　143, 147
ディートリヒ，スザンヌ・ド（Dietrich,
　　Susanne de）　　53
デメトリウス1世（Demetrius I）　　26
デュマ，アンドレ（Dumas, André）　　118
テンプル，ウィリアム（Temple, William）

78, 107, 110, 151
トヴェイト，オラフ・フィクセ（Tveit,
　　Olav Fykse）　　146, 177-178
トゥン，マーラ（Htun, Mala）　　159-
　　160
トーマス，M・M（Thomas, M. M.）　　92

ナ行

ナーラナッカル，ジョージ・マシュー
　　（Nalunnakkal, George Mathew）
　　145
ナイルズ，D・T（Niles, D. T.）　　85
ニール，スティーブン（Neill, Stephen）
　　190
西原廉太　　10, 43, 74
ニャーナダソン，アルナ（Gnanadason,
　　Aruna）　　98, 140, 167

ハ行

パーヴェイ，コンスタンス・F（Parvey,
　　Constance F.）　　94, 113, 125
ハークネス，ジョージア（Harkness,
　　Georgia）　　86
ハマー，アンナ・カーリン（Hammar,
　　Anna Karin）　　96, 143-144
バム，ブリガリア（Bam, Brigalia）　　91,
　　93, 112
パーリン，チャールズ・C（Parlin,
　　Charles C.）　　61
バルト，カール（Barth, Karl）　　80, 82-
　　87
バロ，マドレーヌ（Barot, Madeleine）
　　58, 84, 90-91, 116
ピーコック，フィリップ・ヴィノッド
　　（Peacock, Philip Vinod）　　117
ビューリグ，マルガ（Bührig, Marga）
　　118
ピレー，ジェリー（Pillay, Jerry）　　10
フットネン，ヘイッキ（Huttunen,

234

Heikki）　146, 201
ブラッシュ，アラン・A（Blash, Alan A.）　30, 137
ブリス，キャスリーン（Bliss, Kathleen）　87-88, 90, 143
ブルンネ，エヴァ（Brunne, Eva）　146
ブレイク，ユージン・カーソン（Blake, Eugene Carson）　40
フレイザー，イアン・M（Fraser, Ian M.）　120
ブレント，チャールズ・H（Brent, Charles H.）　127
ベル＝シージェル，エリザベス（Behr-Sigel, Elisabeth）　95, 114
ホーケンダイク，J・C（Hoekendijk, J. C.）　74, 188-189
ポッター，フィリップ（Potter, Philip）　93, 95

マ行

マレー，ポール（Murray, Paul）　42
ミード，マーガレット（Mead, Margaret）　91
ムガベ，ロバート（Mugabe, Robert）　138
村瀬義史　10
ムレンガ＝カウンダ，ムタレ（Mulenga-Kaunda, Mutale）　77
メイヤー，ガブリエレ（Mayer, Gabriele）　146
モット，ジョン・R（Mott, John R.）　39, 44-45, 47-48, 51, 54, 72, 78
モルトマン，ユルゲン（Moltmann, Jürgen）　84
モレンコット，ヴァージニア・レイミー（Mollenkott, Virginia Ramey）　136
モヨ，フラタ・ルスング（Moyo, Fulata Lusungu）　166-167

ヤ行

山口里子　19
山本俊正　10
吉谷かおる　19
ヨハネ・パウロ2世（Pope John Paul II）　27
ヨビッチ，ラスコ（Jovic, Rastko）　166, 170-173, 199

ラ行

ラーナー，ゲルダ（Lerner, Gerda）　163
ライザー，エリザベス（Raiser, Elisabeth）　40
ライザー，コンラート（Raiser, Konrad）　25, 66-69, 71, 98-99, 137, 141
ラプスリー，マイケル（Lapsley, Michael）　131
ラミス，リサ・B（Lamis, Liza B.）　165-166
ラムジー，マイケル（Ramsey, Michael）　111
ランゲ，エルンスト（Lange, Ernst）　36
ランシー，ロバート（Runcie, Robert）　26-27, 30, 95
リベリス，レオニー・B（Liveris, Leonie B.）　145
リューサー，ローズマリー・ラドフォード（Ruether, Rosemary Radford）　15
レイモンド，ジャニス（Raymond, Janice）　197
ルート，マイケル（Root, Michael）　26, 38
レンカブラ，プレン（LenkaBula, Puleng）　155
ロビンソン，ジーン（Robinson, Gene）　142

事項索引

あ行

ACTアライアンス　　17-18, 199
アジア・キリスト教協議会（CCA）
　　14, 18, 43, 165-166
アングリカン・コミュニオン　　17-18,
　　138-139, 142, 193, 199
イエス・キリスト　　10, 30, 32-33, 41-
　　42, 44, 74, 79-80, 95, 97, 99, 113, 115-
　　116, 124, 153, 175, 181, 188-189, 201
異性愛規範　　134, 173, 193
異性愛主義　　102, 136-137, 146, 163,
　　184, 193
いのちに向かって共に　　9, 49, 77
イマゴ・デイ　→　神の像
インクルーシブコミュニティ　　9, 17,
　　64-66, 77-78, 167, 202
インクルーシブコミュニティに向けた信
　　徒の参加　　21, 40, 64, 68, 70-71, 77,
　　192, 200
インターセックス　　13, 186, 193
英国教会　　52, 87, 91, 104, 107, 110-
　　111, 123, 125, 129, 139, 143, 151
エキュメニカル対話　　17, 145, 148, 162,
　　166-168, 170
エキュメニカル・フォーメーション
　　11, 36

か行

学生キリスト者運動（SCM）　　44, 46,
　　51, 72, 79
カナダ合同教会　　14, 111, 123, 141, 176
神の像　　80, 83, 167, 175, 179-181, 183,
　　201
神の民　　21, 39-40, 43, 49, 51, 56, 60,
　　62, 66-67, 70, 113, 137, 175, 192
キリスト教女子青年会（YWCA）　　18,
　　44, 51, 79, 84, 147

キリスト教青年会（YMCA）　　44-45,
　　51, 72, 151
教会が女性と連帯するエキュメニカルな
　　10年（教会女性10年）　　21, 64, 70,
　　79, 97-102, 139, 143, 155, 162, 174,
　　178, 180, 192-194
教会、家族、社会における男性と女性の協
　　力に関する部門　　111
教会と社会における女性　　93, 96, 112-
　　113, 166, 198
教会と社会における男性と女性の協力に関
　　する部門　　39, 58, 90, 132
教会における女性と男性のコミュニティに
　　関する研究（コミュニティスタディ）
　　21, 64, 93-96, 112-114, 169, 192
教会における女性の生活と実践に関する委
　　員会　　85, 180
教会における女性の役割に関する委員会
　　87-88, 90
教会における信徒の重要性に関する委員会
　　39, 53-54, 191
キリストの体　　35, 41, 54, 84-86, 118,
　　152, 180, 201
グローバル・クリスチャン・フォーラム
　　（GCF）　　38
グローバルサウス　　95, 149, 193
国際エキュメニカル平和会議（キングスト
　　ン、2011年）　　102
国際宣教協議会（IMC）　　11, 22, 28, 32,
　　47-48, 52, 72-73, 75, 105, 107, 132,
　　153-154, 188, 190
子どもたち　　42, 102, 136, 182, 186-
　　187, 193, 195, 199-200
コミュニティスタディ　→　教会における
　　女性と男性のコミュニティに関する研
　　究
国連女性機関（UN Women）　　16, 18,
　　43, 156

さ行

Thursdays in Black　　174, 178, 180, 194, 198
暫定委員会　　53, 84, 87, 151
シェフィールド会議（1981年）　　95-96, 114, 134, 169
ジェンダーアドバイザリーグループ　　15, 17, 168, 176-178, 193
ジェンダー公正　　16, 158-159, 161, 176
ジェンダー正義　　13-20, 22, 42-43, 102, 109, 148, 155-160, 162-185, 187, 191, 193-199, 201-202
ジェンダー正義に関する基本原則　　13, 16, 22, 155, 166, 178-180, 183-184, 191, 193-194, 198, 201
ジェンダー多様性　　13, 194, 197
ジェンダーに基づく暴力　　18, 102, 157, 161, 169, 176, 185-186, 193
ジェンダーに基づく暴力に反対するアクティビズムの16日間　　43, 198
ジェンダー平等　　77, 157-161, 168
ジェンダー平等と女性のエンパワーメントのための国連機関　→　国連女性機関
巡礼路での対話　　184-185, 187
障がい者　　65-66, 70, 192
女性蔑視　　97, 141, 145
女性に対する暴力　　43, 94-95, 97-101, 137, 192, 195
女性の按手　　12-13, 21, 29-31, 42, 85, 91, 95-96, 101, 109-126, 129-130, 132, 140, 144, 146, 173, 179, 184, 191-192, 200-201
神学的還元主義　　34
神学的グローバリズム　　170
信仰職制委員会　　31, 49, 59, 64-65, 93-94, 96, 104, 111-114, 128-129, 136
信仰と職制　　11, 21-22, 26, 28, 30, 32-33, 35, 37, 41, 53, 59, 62, 64, 67, 79, 105-106, 108-111, 127-130, 151-152, 154
信徒の再発見　　50, 55-56, 59, 67, 191
信徒の働きのための事務局　　54-55, 57, 70
信徒部門　　21, 39-40, 55, 57-59, 61-63, 70
スウェーデン教会　　91, 96, 105, 111, 143, 146
スーパーチャーチ　　31, 153
スピリチュアル・エキュメニズム　　37, 39, 41-42
生活と実践　　11, 22, 28, 32-33, 35, 37, 41, 52, 105-108, 110, 128, 151-152, 154
正義と平和の巡礼　　177, 179, 194
正教会　　26, 28, 30-31, 33, 45, 67, 85, 87, 95-96, 100-101, 106, 111-114, 123, 125, 127-129, 131, 135, 137-140, 144-147, 150, 153, 166, 170, 173, 184, 193-194, 199-201
正教会の参加に関する特別委員会　　144
性自認　　16, 19, 131, 160-161, 169, 173, 185, 194, 198
聖職者主義　　50, 145
聖職者中心主義　　12, 50
性的指向・性自認（SOGI）　　16, 19, 131, 146, 184
性的指向・性自認・性的特徴・性表現（SOGIESC）　　185-186, 198, 200
性とジェンダーに基づく暴力　　148, 150, 168-170, 174, 183, 195
性とジェンダーに基づく暴力のない空間　　148, 150, 169
性別二元論　　20, 136, 168, 173, 177, 184, 193, 196
性暴力　　14, 19, 103, 174, 186, 198-200
世界学生キリスト者連盟（WSCF）　　44, 51, 79-80, 151, 198

世界キリスト教教育協議会（WCCE）　63
世界宣教会議（エディンバラ、1910年）　11, 28, 41, 44-48, 51, 72, 79, 105, 127
世界宣教伝道会議（アルーシャ、2018年）　77, 177
セクシュアルハラスメント　19, 98-100, 103, 176
世俗的エキュメニズム　32-33, 67
セーファースペース　150, 186-187, 197-200
セーフスペース　19, 139, 141, 145, 147, 168, 175, 182, 186-187, 193
洗礼、聖餐、職務（リマ文書）　21, 28, 31, 49, 51, 67, 96, 109, 114, 129, 192
相補性　117, 124

た行

第二バチカン公会議　25, 28, 41, 59, 67, 121, 123
ディスエンパワーメント　71, 77, 126, 160, 200
同性愛　12-13, 19, 21, 29-31, 34, 131-133, 135-139, 141-144, 146, 148-150, 160, 186, 191-193, 200-201
同性愛嫌悪（の暴力）　21, 136, 139, 141, 145-147, 149-150, 174, 184, 193
トランスジェンダー　165, 185-186, 193, 197-198
トランスフォビア　135, 174, 198

な行

西ベルリン会議（1974年）　92-93, 133, 192
ノンバイナリー　14, 170, 194, 196

は行

バイセクシュアル　165, 186

万人祭司　31, 50, 121
ヒューマンセクシュアリティ　12, 18-19, 21, 29-30, 42, 101, 131-132, 135-136, 140-142, 144-146, 149-150, 184-185, 191-192
ヒューマンセクシュアリティに関するレファレンスグループ　22, 141, 146, 149, 184-185, 187, 193
フェスティバル（ハラレ、1998年）　100, 102, 139-140, 174-175, 192
プロテスタント・エートス　144, 150, 200-201
ポジティブ・マスキュリニティーズ　16, 117, 148, 181-182
ボセー・エキュメニカル研究所　53, 55, 58, 66, 74, 141

ま行

ミッシオ・デイ　22, 129, 188-190

や行

より若い教会　46, 48, 73-74, 87

ら行

リビング・レターズ　99-100
リマ文書　→　洗礼、聖餐、職務
ルーテル世界連盟（LWF）　17-18, 26, 96, 167, 199
ローマ・カトリック教会　26, 28-31, 42, 45, 55, 59, 67, 106-107, 111, 113, 122-123, 125, 128-129, 152-153, 199

わ行

若者　51, 65, 120, 122, 176, 186-187, 193, 200

著者紹介

藤原佐和子（ふじわら・さわこ）

映像プロダクション勤務を経て、同志社大学大学院神学研究科博士課程修了。博士（神学）。専門分野は現代神学。同志社大学神学部特任助教、東北学院大学文学部専任講師・宗教主任などを経て、現在、立教大学文学部キリスト教学科ほか兼任講師、同志社大学一神教学際研究センター（CISMOR）研究員。エキュメニカル運動ではアジア・キリスト教協議会（CCA）常議員などを経て、2021年より日本キリスト教協議会（NCC）書記。著作に、富坂キリスト教センター編『日本におけるキリスト教フェミニスト運動史――1970年代から2022年まで』（共著、新教出版社、2023年）、関西学院大学キリスト教と文化研究センター編『エコロジカル聖書解釈の手引き』（共著、キリスト新聞社、2024年）などがある。

現代エキュメニカル運動史
―― ジェンダー正義の視点から読み解く

2024年9月30日　第1版第1刷発行

著　者　藤原佐和子

発行者　小林　望
発行所　株式会社新教出版社
　〒112-0014　東京都文京区関口1-44-4
　電話（代表）03（3260）6148
　振替 00180-1-9991

印刷・製本　モリモト印刷株式会社

ISBN 978-4-400-31102-7 C1016
©2024 Sawako Fujiwara